유럽의 역사 화해와 지역 협력

유럽의 역사 화해와 지역 협력
동아시아 평화 공동체 수립에 대한 함의

지은이 / 김남국 외
펴낸이 / 강동권
펴낸곳 / (주)이학사

1판 1쇄 발행 / 2019년 10월 30일

등록 / 1996년 2월 2일 (신고번호 제1996-000015호)
주소 / 서울시 종로구 율곡로13가길 19-5(연건동 304) 우 03081
전화 / 02-720-4572 · 팩스 / 02-720-4573
홈페이지 / ehaksa.kr
이메일 / ehaksa1996@gmail.com
페이스북 / facebook.com/ehaksa · 트위터 / twitter.com/ehaksa

© 김남국 외, 2019, Printed in Seoul, Korea.

ISBN 978-89-6147-348-4 93300

이 책의 저작권은 저자가 가지고 있습니다.
저작권법에 의해 보호를 받는 저작물이므로 이 책 내용의 일부 또는 전부를 재사용하려면
저작권자와 (주)이학사 양측의 동의를 얻어야 합니다.

* 책값은 뒤표지에 표시되어 있습니다.

이 도서의 국립중앙도서관 출판예정도서목록(CIP)은 서지정보유통지원시스템 홈페이지
(http://seoji.nl.go.kr)와 국가자료공동목록시스템(http://www.nl.go.kr/kolisnet)에서 이용
하실 수 있습니다.(CIP제어번호: CIP2019041409)

유럽의 역사 화해와 지역 협력

동아시아 평화 공동체
수립에 대한 함의

김남국 외 지음

일러두기

1. 이 책은 2017년 동북아역사재단의 지원에 의해 이루어진 연구과제 '유럽의 역사 화해와 지역 협력'을 수정·보완한 것이다.
2. 부호의 쓰임은 다음과 같다.
    『 』: 책, 신문, 잡지 제목
    「 」: 논문 제목
    〈 〉: 예술 작품 제목
    …: 인용문에서 인용자의 중략

차례

7 책머리에

11 서론: 역사 화해와 지역 협력의 필요성 김남국
21 제1장 독일-프랑스 관계 정상화와 유럽 통합 김유정
55 제2장 독일-프랑스 영토 분쟁과 라인강 상류 광역 지역 만들기 박선희
81 제3장 독일-폴란드 국경선 분쟁과 슐레지엔 문제 박채복
117 제4장 독일-네덜란드 역사 청산과 네덜란드의 인식 변화 고주현
153 제5장 독일-덴마크 국경분쟁과 슐레스비히-홀슈타인문제 윤성원
193 제6장 오스트리아·헝가리 이중 제국의 한계와 가능성 김새미
233 제7장 영국-아일랜드 역사 갈등과 북아일랜드 평화 프로세스 김남국
283 제8장 러시아-핀란드 국제 관계와 핀란드 외교정책 변화 안상욱
311 결론: 유럽의 사례와 동북아 평화 공동체 구상 김남국

331 참고 문헌
355 지은이 소개

책머리에

　미중 패권 경쟁의 격화 속에 한일 관계의 악화도 심상치 않다. 적극적인 관계 개선의 노력 없이 한일 관계가 현재와 같은 정체 상태가 지속되는 원인에 대해 세력전이론에 기반한 설명이 있다. 압도적인 패권 국가가 존재하고 이 국가와 주변 국가들 사이의 힘의 불균형 속에 오히려 평화가 유지된다는 세력선이론에 따르면 동아시아 지역은 일본에서 중국으로 패권 국가의 지위가 넘어가는 상황이고 그런 가운데 갈등이 심화되고 있다.

　1895년 청일전쟁 승리 이후 동아시아에서 지속되어온 일본의 패권적 지위는 2010년 중국의 GDP가 6조 1천억 달러로 일본의 5조 7천억 달러를 추월하면서 처음으로 역전되었다. 한국과 중국, 일본의 GDP는 1990년 당시 한국을 기준으로 대략 1 대 1.3 대 11.2였으나 2010년에는 1 대 5.6 대 5.2로 변화하였다. 2010년을 기점으로 중국과 일본 사이에 일어난 세력 전이도 놀랍지만 한국과 일본의 힘의 크기도 1910년 이후 가장 근접한 상태가 되었다. 이러한 세력 전이와 힘의 변화가 오히려 동아시아에 구조적인 갈등의 심화를 가져오고 있는 것이다.

한일 관계 악화의 더 직접적인 원인은 오늘날 한일 양국을 비롯한 동아시아에서 여전히 '과거를 인질로 삼은 현재'가 계승되는 현실, 즉 역사 화해의 부재에서 찾을 수 있다. '과거는 공유하지만 그 해석은 공유하지 못하는' 아시아 국가들의 불신과 증오가 아시아 미래의 발목을 잡고 있는 셈이다. 피해자는 누구나 정당한 복수를 꿈꾼다. 그러나 복수가 복수를 불러오는 사회 붕괴의 위기 속에서 가해자와 피해자는 화해의 필요성을 자각하고 공감하게 된다.

한나 아렌트의 주장처럼 과거에 대한 '용서'와 새로운 미래에 대한 '약속'은 정치의 부재를 극복하고 정치적 권위를 성립시키는 조건이 된다. 인간은 불완전한 존재이고 미래를 향한 존재이다. 이러한 사실에 대한 충분한 이해 속에 어떤 행해진 일, 돌이킬 수 없는 잘못으로부터 인간 행위를 해방시키는 것이 곧 '용서'이고, 행위의 예측 불가능성을 극복하기 위한 것이 '약속'이며, 사유하고 행위하는 '인간의 정치'는 이를 통해 완성된다.

역사 화해는 기본적으로 정치적 관용을 의미하는 근대적 가치이며 전근대적인 도덕적, 종교적 용서와는 다르다. 화해에 이르기 위한 사과와 배상, 용서의 틀은, 도덕적 비난에 기초한 복수를 꿈꾸거나 교환경제로서 조건적 용서를 강조하다보면 정치적 목적을 위해 용서를 강요하는 용서의 정치적 수단화에 빠지게 된다. 또한 화해는 일회적인 행사나 하나의 협약으로 완성될 수 있는 문제가 아니고 새롭게 추가되는 역사적인 발견과 변화하는 인식을 전제로 가해자와 피해자의 대화 속에서 지속되는 과정이다.

지구적 차원의 정의는 실현 가능한 정치적 차원과 근본적인 선을 추구하는 윤리적 차원의 경계에서 섬세한 균형을 필요로 한다. 이러한 균형을 고려하면서 이제 일본과 비슷한 실력을 갖게 된 한국은 역사 화해의 문제를 주도적으로 해결해나갈 필요가 있다. 예를 들어 우선 시민교육이 중요하고 초국적 제도화가 중요할 것이다. 교육의 예로서 동아시아연구원과 겐론이 실시한 여론조사에 따르면 한국과 일본 국민들의 서로에 대한 호감과 비호감도는 매우 분명한 두 가지 특징을 보인다. 첫째는, 세대가 어릴수록 상대 국가에 대한 호감도가 높고, 둘째는, 상대 국가를 방문한 경험이 있는 사람일수록 호감도가 높은 것으로 나타난다. 그러므로 우리 교육의 한 부분은 젊은 세대에 초점을 맞춰 이웃국가를 방문하는 경험을 갖게 하는 데 투자되어야 한다.

한일 관계의 악화를 걱정하는 사람들은 민주주의와 시장경제를 공유하는 두 나라가 협력하여 동아시아 질서를 수도해나갈 필요가 있다는 점을 강조한다. '인도태평양 전략'과 '일대일로'를 둘러싼 미중 패권 경쟁의 격화 속에 한일 양국은 양자택일의 상황보다는 국제 규범과 국제 제도의 강조를 통해 국제 연대의 틀을 모색함으로써 미중 대결 구도를 협력 구도로 바꾸기 위해 공조해야 한다. 대립과 갈등 그리고 불신으로 얼룩진 과거를 뛰어넘어 새로운 가능성의 공간으로서 동아시아를 만들어나가야 할 필요성이 그 어느 때보다 절실한 것이다.

이 책은 한일 간 역사 화해의 방법에 어떤 대안들이 있을까라는 질문을 염두에 두고 비슷한 환경에서 다양한 지역 협력을 통해 역사 갈등의 문제를 풀어낸 유럽의 사례들을 여덟 명의 학자가 공동연구한 것이다. 이 연구는 내가 한국유럽학회 회장을 맡고 있던 2017년에 동북아역사재단의 지원을 받아 이루어졌다. 당시 재단 이사장이었던 김호섭 중앙대 교수님과 재단의 근현대연구실 남상구 실장님께 깊은 감사를 드린다. 또한 공동연구 작업의 실무 책임을 맡아준 한국유럽학회 사무국장 오창룡 박사께도 감사드린다. 이 책이 한반도 평화 프로세스의 진전과 동북아시아에서 역사 화해 및 지역 협력이라는 어려운 문제를 해결하는 데 조금이라도 도움이 되기를 바란다.

2019년 10월 10일
저자들을 대표하여

김남국 씀

서론: 역사 화해와 지역 협력의 필요성

김남국

> 유럽 국가들을 하나로 통합하기 위해서는 무엇보다 독일과 프랑스 간 오랜 갈등의 역사를 청산해야 한다. 이 새로운 화해의 관계 속에서 프랑스는 유럽의 평화 정착에 앞장설 수 있을 것이다.
> — 장 모네(Jean Monnet), 1950년 4월 28일

최근 들어 동아시아 지역에서는 경제 교류뿐만 아니라 인적 교류와 대중문화 교류도 급증하고 있다. 사회경제적 협력과 교류가 활발해지고 국가들 간 상호 의존이 가속화되고 있으며 그런 가운데 한중일 3국을 포함한 동아시아 공동체 구상도 활발하게 논의되기 시작했다. 그러나 경제협력이나 공동체를 통한 경제·안보의 실익이 매우 클 것이라는 자명한 기대에도 불구하고 현실은 아직 이렇다 할 진전이 없다. 그 이유는 무엇보다 공동체 구상에 앞서 3국의 역사 갈등이 해소되지 않고 있고 그 위에 정치, 외교, 안보 분야의 문제가 복잡하게 얽혀 있기 때문이다. 특히 영토 분쟁이나 역사 인식의 충돌은 이 지역을 하나로 묶는 지역적 연대감이나 정체성의 확립에 큰 장애가 되고 있다. 다시 말해 어느 일방의 잘잘못 여부를 떠나 현실적으로 역사 갈등이 정치와 외교 관계를 악화시키고 더 나아가 아시아의 평화를 가로막는 결정적인 역할을 하고 있

는 것이다. 한일 양국을 비롯한 동아시아 국가들 사이에서는 여전히 '과거를 인질로 삼은 현재'가 계승되고 있다. '과거는 공유하지만 그 해석은 공유하지 못하는' 아시아 국가들의 불신과 증오가 아시아의 미래의 발목을 잡고 있다 해도 과언이 아닌 셈이다. 따라서 대립과 갈등 그리고 불신으로 얼룩진 과거를 뛰어넘어 새로운 가능성의 공간으로서 동아시아를 만들어나가야 할 필요성이 그 어느 때보다 절실하다.

유럽의 역사 화해와 지역 협력을 주제로 한 우리의 연구는 이와 같은 문제의식에서 출발하여 장기간의 식민지 지배, 전쟁에서의 막대한 피해, 전후 영토 분할 문제로 상호 적대적이었던 유럽의 국가들이 어떻게 증오와 불신을 넘어 정치적 협력 관계로 전환할 수 있었는지 그리고 그 동인은 무엇인지 추적하는 것을 목표로 한다. 즉 대립과 갈등 그리고 불신으로 얼룩진 과거를 청산하고 새로운 가능성의 공간을 만들어가고 있는 유럽의 구체적인 사례들에 대한 연구를 통해 전쟁과 식민지 논의에서 벗어나지 못하는 한일 관계 및 동아시아 국가들의 불통과 갈등을 해결하기 위한 구체적인 함의와 시사점을 찾고자 하는 것이다.

우리는 유럽 사례의 유형을 1) 역사 화해를 통한 지역 협력의 사례, 2) 분쟁 지역 관리 사례, 3) 역사 청산 및 영토 분쟁 해결 사례로 나누고 이들 주제 아래 8개의 세부 사례를 선정하여 공동 연구를 수행하였다.

우선 첫 번째 역사 화해를 통한 지역 협력의 사례 유형에서는 상호 적대적이었던 유럽의 국가들이 증오와 불신을 넘어 정치적 협력 관계로 전환한 구체적인 경험을 살펴본다. 가장 대표적인 사례로는 프랑스와 독일의 관계 정상화를 꼽을 수 있다. 1950년대 유럽 통합의 아버지로 불리는 장 모네가 고안하고 당시 프랑스 외무장관인 로베르 쉬망의 발표를 통해 이루어진 유럽석탄철강공동체(European Coal and Steel Community) 구상은 사실상 독일과 프랑스의 오랜 역사적 갈등을 청산하고 유럽의 경제 발전을 공동으로 이루자는 메시지를 담고 있었다. 모네는 유럽의 영구적인 평화 정착과 번영을 위해서 무엇보다 독일과 프랑스의 새로운 관계 정립이 필수적이라고 주장하였다. 특히 그는 프랑스가 독일에 대한 증오와 불신을 해소하고 유럽의 평화 정착과 발전에 앞장서야 한다는 소신을 강력히 피력했다. 그렇다면 전쟁의 상흔이 여전히 남아 있고 더군다나 독일 재건에 대한 두려움이 거의 국민적 강박관념 수준인 상황에서 어떻게 프랑스는 독일을 품고 미래를 설계할 수 있었을까? 그리고 이를 가능하게 한 '협력의 동인'은 무엇일까? 첫 번째 유형의 사례연구들에서는 이에 해당하는 유럽의 구체적인 경험을 살펴본다.

두 번째 분쟁 지역 관리 사례 유형에서는 유럽인들이 분쟁 지역 문제를 해결하기 위해 기울인 구체적인 노력의 내용과 국민국가를 넘어선 화해와 연대가 성사되는 과정을 살펴본다. 분쟁 지역이 공존 지역으로 전환하여 새로운 시대를 이끌게 된 대표적인 사례로는 독일과 프랑스 간 접경 지역인 알자스-로렌(Alsace-Lorraine)을 들 수 있다. 알자스-로렌은 특히 1870년 프로이센-프랑스 전쟁 후 프로이센에 합병된 것을 시작으로 제2차 세계대전의 종결에 이르기까지 독일과 프랑스 사이에서 점령과 재점령, 합병과 재합병의 형식으로 4차례에 걸친 국가 귀속의 변화를 경험한 지역이었다.

그러나 알자스-로렌은 최근 '라인강 상류 지역' 공동 사업이 구체화되면서 국민국가를 넘어선 화해와 연대를 이룬 대표적인 사례로 변화하고 있다. 오랜 분쟁의 땅에서 지난날의 갈등을 뒤로하고 공존의 공간, 화해의 공간으로 재탄생하고 있는 것이다. 이러한 분쟁 지역에 대한 전환적 인식이 유럽 통합 과정에서 국가들 간 화해를 유도하는 중요한 계기가 되었음은 자명한 사실이다.

   세 번째는 역사 청산과 영토 분쟁 해결 유형의 사례연구들이다. 역사 화해의 실천 방법은 공동으로 참배할 수 있는 기념관 건설, 역사 화해를 제창하는 공동선언, 화해위원회의 공동 설치, 화해의 실천 방법을 논하는 공동 회의, 축제, 공연, 강연 등 여러 가지가 있겠으나 여기서는 일회성에 그치지 않고 장기적이고 지속적인 결과를 도출할 수 있는 방법을 모색한다. 유럽은 공통의 교과서 개정 및 제작을 통해 배타적 국수주의를 극복하고 역사 화해를 달성하였다. 대표적으로 폴란드와 독일은 영토 문제를 둘러싸고 얽혀 있는 감정의 실타래를 풀기 위해 공동의 역사 교과서를 집필하여 평화와 공존의 연대감 구축을 위한 노력을 실천하였다. 1993년 독일은 유럽의 맥락에서 폴란드의 역사와 독일-폴란드 관계사를 연구하는 독일사연구소를 바르샤바에 세웠다. 이 연구소를 통해 그간 독일-폴란드 관계사가 깊이 있게 연구될 수 있었다. 자국 중심주의의 닫힘을 넘어선 지역사, 지역주의의 열림을 통해서 공통의 역사 인식, 집필, 편찬의 과정을 이끌어낼 수 있었다. 양국 관계사는 일국/자국을 넘어선 지역사의 관점을 지닐 때 비로소 진정한 모습을 드러낼 수 있다. 이처럼 교과서 대화를 통해 상대방의 입장에서 자신을 바라보는 역지사지의 자세는 두 나라가 '불행한 역사'를 극복하고 역사 화해와 정치 협력의 시대를 이끌어내는 중요한 계기가 되었다. 우리의 연구에서 다루는 8개의 유럽 사례연구 대상과 그 내용을 표로 정리하면 다음과 같다.

〈유럽의 8개 사례연구〉

연구 대상	■ 사례연구 1: 독일-프랑스 관계 정상화와 유럽 통합 ■ 사례연구 2: 독일-프랑스 영토 분쟁 ■ 사례연구 3: 독일-폴란드 국경선 분쟁 ■ 사례연구 4: 독일-네덜란드 역사 청산 ■ 사례연구 5: 독일-덴마크 국경분쟁 ■ 사례연구 6: 오스트리아 · 헝가리 분리 · 독립 ■ 사례연구 7: 영국-아일랜드 역사 갈등 ■ 사례연구 8: 러시아-핀란드 국제 관계

이 책의 첫 번째 세부 주제는 독일-프랑스 관계와 유럽 통합에 관한 연구이다. 지난 60년간 프랑스와 독일의 '특별한 관계'는 유럽에서 평화 정착과 유럽 통합의 견인차 역할을 해왔다고 평가받는다. 두 나라의 정상들은 오랜 분쟁과 갈등의 역사를 청산하고 긴밀한 협력과 공존의 길을 모색하면서 위기 때마다 또는 유럽 통합의 결정적인 순간에 협력의 리더십을 보여주었다. 1963년 아데나워와 드골은 엘리제조약을 통해 갈등이 아닌 협력과 화해의 관계를 마련하였고, 1970년대에 슈미트와 데스탱은 유럽화폐제도를 추진하였다. 1990년대 초 미테랑과 콜은 유럽연합을 출범시켰고, 2000년대에 슈뢰더와 시라크는 노르망디 상륙작전 60주년 기념식에 함께 참석하여 두 나라가 하나의 역사적 운명 공동체 안에 있음을 대내외에 새롭게 각인시켰다. 독일-프랑스 관계는 유럽 통합의 시작

단계에서부터 '쌍두마차' 혹은 '공동 집행부(Directoire)'로 불릴 만큼 유럽 통합사 발전의 중요한 기축(axis) 또는 모터(motor)로 여겨져왔다. 유럽 통합을 통한 유럽에서의 영구적 평화 정착은 무엇보다 독일과 프랑스의 관계 정상화가 그 기초였으며, 특히 두 나라가 역사 갈등을 넘어 새롭게 재정립한 협력 관계를 통해 달성되었다고 볼 수 있다.

두 번째 세부 주제는 독일-프랑스 접경지대인 알자스-로렌에 관한 연구이다. '라인강 상류 지역'인 알자스-로렌은 프랑스와 독일의 접경지대로 두 나라가 정치적 귀속을 놓고 공방을 벌여온 대표적인 분쟁 지역이다. 그러나 이 지역은 지난날의 갈등을 뒤로하고 공존의 공간, 화해의 공간으로 새로이 재발견되고 있다. 즉 과거의 '분쟁 지역'이 현재 '공존 지역'으로 전환하여 새로운 시대를 이끄는 대표적인 역사 화해 지역이 된 것이다. 여러 차원의 공동 사업이 구체화되면서 국민국가를 넘어선 화해와 연대를 성공적으로 달성한 이 지역의 사례연구를 통해 우리는 동아시아 공동체 구축을 위한 공동 사업 및 프로그램 대안을 얻을 수 있을 것이다.

세 번째 세부 주제는 독일-폴란드의 접경 지역인 슐레지엔(Schlesien)에 관한 연구이다. 20세기 폴란드와 독일은 양차 대전과 그에 따른 국경선 변경 및 분쟁을 겪었고 슐레지엔은 그러한 두 나라의 첨예한 갈등의 역사를 보여주는 대표적인 사례였다. 그러나 이 지역은 공통의 역사 교과서 집필을 통해 두 나라 사이의 역사 화해와 정치 협력을 성공적으로 이끈 대표적인 사례로 거듭났고, 이는 한일 양국이 식민지 문제 청산과 역사 화해를 모색하며 참고할 만한 가장 적절한 사례라고 할 수 있다. 특히 독일과 폴란드가 교과서 대화를 통해 상대방의 입장에서 자신을 바라보는 역지사지의 자세를 취하여 '불행한 역사'를 극복하고 역사 화해와 정치 협력의 시대를 이끌었다는 점에서 이 사례연구는 우리에게 중요한 시사점을 제공할 것이다.

네 번째 세부 주제는 독일-네덜란드 관계에 관한 연구이다. 역사적인 면에서 독일-네덜란드 관계와 한국-일본 관계는 서로 유사한 부분이 많다. 제2차 세계대전 당시 네덜란드는 나치 독일에 의해 전 국토가 짓밟히는 아픔을 겪었고, 남녀노소를 가리지 않고 노동력을 착취당하며 오랜 수난의 시절을 보냈다. 이러한 역사로 인해 감정의 골이 매우 깊을 수밖에 없었지만 두 나라는 제2차 세계대전 후 역사 청산과 역사 화해를 위해 노력하여 새로운 공존의 길을 찾았고 이 또한 아시아 지역에서 식민지 역사 청산과 공존의 길을 모색하는 데 중요한 사례연구가 될 것이다.

다섯 번째 세부 주제는 독일-덴마크, 슐레스비히-홀슈타인 접경지대의 국경 문제 및 소수민족문제 해결에 관한 연구이다. 독일과 덴마크의 국경 지역인 슐레스비히-홀슈타인은 유럽 내에서 국경분쟁 문제가 성공적으로 해소되고 아울러 양국 내에 존재하는 소수민족의 처우와 관련해서도 성공적인 해법을 찾은 사례로 손꼽히는 지역이다. 즉 슐레스비히-홀슈타인 사례는 상이한 민족과 문화가 서로 충돌하거나 갈등하는 국경 지역이 다양한 가능성을 열어가는 곳으로 변모할 수 있음을 보여주었다는 점에서 국경분쟁 및 소수민족문제 해결을 위해 본떠야 할 모범 사례로 꼽히고 있다.

여섯 번째 세부 주제는 오스트리아·헝가리 관계에 관한 연구이다. 1867년 대타협을 통해 오스트리아·헝가리제국이 탄생하기 전까지 이 지역은 하나의 제국이었다. 제국 내 복잡한 민족 구성 때문에 갈등과 분쟁이 끊이지 않자 오스트리아는 헝가리를 끌어안고 그들에게 왕을 제외한 나머지 권한을 이양하였다. 이후 오스트리아 제국은 오스트리아·헝가리 이중 제국으로 불리며 사실상 헝가리가 오스트리아 본국과 거의 동등한 결정권을 가지게 되었다. 이 사례연구에서는 변방이며 소수민족이었던 헝가리가 제국 오스트리아에 대항해 분리·독립하기까지의 과정을 살펴본다.

일곱 번째 세부 주제는 영국-아일랜드 관계에 관한 연구이다. 영국은 800년 넘는 오랜 기간 아일랜드를 지배했고, 이 기간 세 차례 이상에 걸쳐 아일랜드의 독립 시도를 무력으로 잔인하게 진압했다. 20세기에 들어서 영국과 아일랜드는 다양한 채널을 동원해 분쟁을 종식하고자 노력했다. 영국과 아일랜드는 지속적인 대화 모색을 통해 1985년 영국-아일랜드협정에 합의하였고 다시 오랜 인고 끝에 1998년 성금요일협정을 성사시켰다. 북아일랜드를 중심으로 두 나라는 이후에도 식민지 지배 및 피지배 문제를 해결하고 갈등 해결과 평화 정착을 위해 노력했고 이들의 사례 또한 우리에게 중요한 시사점을 제공할 것이다.

이 책의 여덟 번째이자 마지막 세부 주제는 러시아-핀란드 관계에 관한 연구이다. 핀란드는 한반도와 마찬가지로 19세기 이후 미국 등 해양 세력과 러시아 등 대륙 세력이 패권을 다투는 지정학적 위치로 인해 주변 강대국들의 역학 관계에 큰 영향을 받아왔다. 핀란드는 서쪽으로는 스웨덴, 동쪽으로는 러시아와 긴 국경을 접하고 있다. 핀란드의 입장에서 러시아는 좋든 싫든 숙명처럼 공존해야 할 이웃의 강대국이자 예나 지금이나 최대의 잠재적 안보 위협국이기도 하다. 한반도처럼 강대국 사이에 낀 채 풍파를 견디며 발전을 모색한 핀란드의 경험을 통해 우리는 한반도의 평화 정착 및 동북아 지역의 정치 협력에 대한 시사점을 찾을 수 있을 것이다.

이상과 같은 여덟 사례를 통해 우리는 역사로 갈등하던 유럽이 어떤 정책과 프로그램을 통해 역사 화해에 이르렀고 지역 협력을 가속화했는지 그리고 평화 체제 구축에 성공했는지를 추적하고자 한다. 이러한 연구는 궁극적으로 한반도와 동북아시아의 평화와 번영을 위해 우리가 선택해야 할 정책과 대안에도 중요한 시사점을 제공해줄 것이다.

제1장 독일-프랑스 관계 정상화와 유럽 통합

김유정

I. 서론

1957년 로마조약을 체결한 지 60여 년이 지났다. 이제 유럽 통합의 역사를 살펴보며 유럽 통합 과정에 대한 새로운 문제 제기 및 평가가 필요한 시점에 이르렀다고 본다. 지난 유럽 통합의 가장 중요한 성과 중 하나로 우리가 주목해야 할 점은 유럽에서 오랜 역사적 갈등과 분쟁이 극복되고 마침내 평화가 정착되었다는 사실이다. 평화와 공존을 상징하는 도시 브뤼셀의 회의장이 예나, 워털루, 베르됭, 노르망디와 같은 유럽의 유명했던 많은 전장을 대신하고 있다는 사실(Dinan, 2004: 326)만 보아도 현대사에서 유럽 통합이 갖는 의미는 매우 크다. 오늘날 유럽은 과거의 오랜 갈등과 반목을 뒤로하고 국가들 사이의 불필요한 경쟁을 줄여가면서 새로운 정치·경제적 공간을 만들어왔다. 역사적 분쟁과 갈등이 가장 치열했지만 드라마틱한 반전을 통해 지난 반세기 유럽 통합을 주도해온 두 국가가 프랑스와 독일이다. 19세기 이래 프랑스와 독일은 유럽 내 주도권 경쟁과 전쟁으로 인해 대표적인 숙적 관계였다. 그러나 20세기 중반 이후 두 국가는 오랜 갈등 관계를 청산하고 긴밀한 협력과 공존의 길을 모색하면서 유럽 통합 발전의 중요한 '기축' 또는 '견인차' 역할을 할 수 있었다.

전후 프랑스-독일 양국의 정상들은 위기 때마다 또는 결정적인 순간에 공존의 길을 모색하면서 유럽에서의 평화 정착과 유럽 통합 발전을 위한 협력의 리더십을 보여주었다. 1963년 아데나워(Konrad Adenauer)와 드골(Charles de Gaulle)은 '엘리제조약'을 통해 협력과 화해의 관계를 구축하였고, 1970년대에 슈미트(Helmut Schmidt)와 지스카르 데스탱(Valéry Giscard d'Estaing)은 유럽화폐제도를 주도적으로 추진하였다. 그리고 1990년대 초 미테랑(François Mitterrand)과 콜(Helmut Kohl)은 유럽연합(European Union, EU)의 출범에 중요한 역할을 담당하였다. 이처럼 양국이 오랜 역사적 갈등을 극복하고 지역의 평화 정착 및 협력을 모색할 수 있었던 주요 동인은 무엇이었을까?

독·불 화해와 유럽 통합에 관한 연구는 유럽뿐만 아니라 국내에서도 지속적인 관심을 받으며 계속되어왔다. 왜냐하면 이 주제가 초기 단계 유럽 통합 발전 과정을 이해하는 핵심 주제일 뿐만 아니라, 민족주의적 긴장을 초월한 지역의 평화 정착 및 협력 과제를 안고 있는 우리에게 많은 시사점과 함의를 제공할 수 있는 주제이기도 하기 때문이다. 그러나 기존의 국내 다수 연구는 대부분 유럽 통합 발전의 초창기를 다루고 있기 때문에 양국의 정상화 과정에 대한 전체적인 조망을 제시해주지는 못하고 있다. 연구가 주로 종전 직후나 1960년대 독·불 관계의 새로운 전기를 마련한 드골과 아데나워의 '엘리제조약'에 집중되어 있고, 연구의 중심도 관계 정상화의 동인이나 추진 배경보다 결과에만 집중되어 있다. 보다 긴 호흡과 역사적 관점에서 두 국가의 관계 정상화의 추진 동인 및 유럽 통합 발전의 상관관계를 규명하는 체계적인 연구는 거의 찾아보기 힘들다. 전쟁의 상흔이 여전히 남아 있었고, 독일 재건에 대한 두려움이 거의 국민적 강박관념 수준에 이르렀던 상황에서 프랑스가 독일을 품고 미래를 설계하게 만든 '협력의 동인'은 무엇이었을까? 독일과 프랑스 관계 정상화에 대해 이 글이 제기하는 근본적인 문제의식은 이와 같은 질문에서 시작된다.

이 질문의 답을 찾기 위해 이 글은 제2차 세계대전 후 프랑스가 직면한 '외교정책의 딜레마' 및 '안보 위기'와 관련하여 이를 해결하기 위한 프랑스의 노력에 주목한다. 종전 이후부터 미테랑 정부에 이르기까지 프랑스의 대(對)독일 외교정책에 대한 고민과 유럽 통합 과정에서의 프랑스의 역할을 구체적으로 살펴봄으로써 양국 정상화와 유럽 통합 정책의 근본적인 추진 동인을 규명할 것이다. 독·불 관계 정상화와 유럽 통합의 상관관계를 살펴볼 이 글이 특히 프랑스를 중심으로 1945년부터 1992년까지의 시기를 다루는 주된 이유는 다음과 같다. 우선적으로 이 시기는 유럽 통합 과정에서 프랑스가 주도적인 역할을 할 수 있었던 시기였고, 특히 독·불의 화해와 협력이 유럽 통합의 동력으로 주요하게 작용했던 시기였기 때문이다. 다음으로 이 시기는 독일통일이 되기 전까지 양자의 관계가 정치적으로는 프랑스가 우위를, 반면 경제적으로는 독일이 우위를 나타내는 등 어느 정도 '균형'을 이루었던 시기로 볼 수 있기 때문이다.

이 글은 오랫동안 숙적 관계를 지속해왔던 양국을 화해와 협력의 새로운 관계로 이끈 동인을 특히 프랑스를 중심으로 규명하는 것을 주요 목표로 하고 있다. 이를 통해 여전히 전쟁과 식민지 역사에만 집중된 논의에서 벗어나지 못하고 있는 한일 관계의 정상화를 위한 보다 실질적이고도 구체적인 함의와 시사점을 제공하고자 한다. 물론 독·불 관계 정상화와 유럽 통합 발전의 상관관계를 규명하기 위해 프랑스뿐만 아니라 독일의 이해와 전략 또한 구체적으로 설명되어야 할 필요성도 제기되지만 이 글에서는 다루지 않고자 한다.[1] 왜냐하면 이 글은 전후 프랑스가 힘으로나 외교적으로 어찌할 수 없는 '독일문제'를 어떠한 해결책을 가지고 주도적으로 접근했는지에 대해 집중적으로 살펴보기 때문이다.

II. 전후 '독일문제'에 대한 프랑스의 고민과 유럽 통합

이 글은 종전 이래 프랑스가 직면한 외교 및 안보에 대한 고민과 유럽 통합 발전의 상관관계를 규명하는 데 집중되어 있다. 독일에 대한 프랑스의 외교적 고민의 성격이 각 시기마다 모두 같았다고 볼 수는 없지만, 프랑스가 유럽 통합을 주도했던 근본적인 이유가 독일문제 해결에 있었다는 것이 이 글의 중심 테제이

---

[1] 독일의 관점에서 바라본 양국 관계는 신종훈(2015) 참조.

다. 이러한 설명을 위해 우선적으로 살펴볼 논점은 프랑스 역사가 보쉬아(Gérard Bossuat)와 영국의 경제사가 밀워드(Alain S. Millward)가 주장한 "자기 구제를 위한 유럽적 자구책"의 활용이라는 테제2이다. 두 역사가의 테제를 간단히 정리하면 다음과 같다. 제2차 세계대전 후 프랑스뿐만 아니라 유럽 각국의 유럽 통합 정책은 유럽 통합에 대한 열망이나 이상보다는 전후 유럽 국가들이 위기에 직면하여 이를 적극적으로 해결해나가는 방향 속에서 추구된 것이다. 특히 보쉬아의 주장에 따르면 "프랑스는 자국의 안보, 경제, 외교 문제가 해결되는 차원에서 유럽 통합을 '유럽적 해결책'으로 인식하여 유럽 통합을 적극적으로 주도하였다."3 즉 유럽 통합의 주요 발전 동인이 초국가성을 내포하고 있는 연방주의 사상이 아니라 '국가의 이해' 또는 '전략'이었다는 것이다. 이와 같은 주장들

2 1945년 이후의 유럽 통합 발전에 주목했던 밀워드는 '국가의 이해(national interests, 최근에는 national strategies로 정의)'가 유럽 통합을 이끄는 강한 동기였다고 설명하고 있다. 더 나아가 국민국가의 이해관계가 배제된 유럽 통합은 존재할 수 없으며 초국가적 유럽 통합은 국민국가를 대체해야 할 상위 조직이 아니라 오히려 전후 국민국가를 위기에서 구원한 '유럽적 해결책(European rescue)'이었다고 주장하고 있다(Milward, 1984: 100-106). 밀워드 테제가 오늘날까지 역사가들에게 강한 영감을 주는 이유는 그것이 오늘날 유럽연합의 성격을 잘 설명해주기 때문이다. 유럽연합의 정책 과정만 보아도 브뤼셀의 초국적 기구에 의해 일방적으로 주도되는 것이 아니라 각 회원국 정부의 의사가 깊이 고려된다는 점에서 '국가의 이해'가 유럽 통합 정책과 방향에 적극 개입되고 있다.
3 1955년 프랑스 외무부(Quai d'orsay) 문서 자료를 분석한 프랑스의 유럽 통합사가 보쉬아는 프랑스 제4공화국의 유럽 통합 정치의 본질적인 목적이 통합 그 자체에 있었다기보다는 우선적으로는 프랑스의 경제 회복과 이를 기반으로 한 유럽 및 국제 무대에서의 영향력 행사를 제고하는 데에 있었고, 다음으로는 독일에 대한 안보 및 경제 문제를 해결하는 데 있었다고 설명하고 있다(Bossuat, 1996: 436-437).

을 토대로 이 장에서는 전후 독일문제 해결을 위한 "프랑스의 외교 전략"을 중심으로 독·불 관계 정상화와 유럽 통합 과정을 살펴볼 것이다.

19세기 이래 프랑스와 독일은 유럽 내 주도권 경쟁과 전쟁으로 인해 대표적인 숙적 관계였다. 나폴레옹 프랑스의 독일 정복과 지배, 1870-1871년의 프로이센-프랑스 전쟁, 제1차 세계대전 그리고 제2차 세계대전 동안의 히틀러 독일의 프랑스 점령 등과 같이 양국은 전쟁과 복수로 점철된 오랜 적대 관계를 이어왔다. 이 네 번의 큰 전쟁에서 프랑스는 단 한 번의 나폴레옹전쟁을 제외하고 통일된 독일에 의해 파리가 두 번이나 함락되는 등 큰 패배를 경험해야만 했다. 20세기 초 뒤늦게 산업화되어 군사 강대국으로 성장한 독일은 프랑스뿐만 아니라 유럽의 평화와 안전을 위협했다. 제1차 세계대전을 통해 경험했듯이 프랑스에게 독일문제는 힘이나 외교적인 방법으로는 어찌할 수 없는 극복하기 힘든 과제였다. 독일의 세력 확대에 프랑스는 매번 속수무책으로 패배를 경험해야 했다. 제1차 세계대전 후에는 전승국들과의 적극적인 협조 체제를 통해 무력으로 유럽의 주도권을 쟁취하려는 독일의 시도를 막아보려고 했으나 제2차 세계대전 동안 히틀러 치하 독일의 유럽 정복과 반인륜적인 범죄를 결국 막지 못했다.

제2차 세계대전 직후 프랑스는 이 민감하고도 어려운 "독일문제(Question Allemande)"에 다시 봉착하게 되었다. 본질적으로 독일문제란 독일이 막대한 경제적 잠재력을 통해 유럽에서의 헤게모니를 장악함과 동시에 유럽의 불균형을 초래하는 것이었다. 전후 유령처럼 다시 떠오른 독일문제는 패전국인 독일이 전후에도 인구

〈그림 1〉 1940년 6월 25일 프랑스 점령 후 에펠탑을 배경으로 기념 촬영을 하고 있는 히틀러

와 경세력에서 프랑스를 압도하리라는 사실이었다. 전후 독일에 대한 프랑스인들의 불안증은 제국이 된 독일과의 '3세대에 걸친 3번의 전쟁'에 대한 역사적인 트라우마뿐만은 아니었다. 독일인들의 민족의식 또는 민족주의에 대한 프랑스인들의 두려움은 거의 강박관념 이상이었고(Weisenfeld, 1989: 13), 그것이 과거에만 국한되는 것이 아니라 프랑스의 미래와 직결된다는 현실 인식이 더 큰 두려움으로 다가왔다. 1966년 2월 4일 한 연설을 통해 프랑스에게 '더 큰 독일문제는 과거가 아닌 미래'라고 언급했던 드골의 고민은 다음과 같다. "독일은 신성로마제국 이래 지정학적으로 유럽

의 중심국으로 자리 잡아왔으며, 근대부터는 사상과 철학 및 과학 발전의 선두에 있었고, 비스마르크에 의해 통일(1870)된 독일은 강한 경제력과 군사력으로 유럽을 줄곧 위협해왔다. 향후 독일통일, 독일 정치 및 독일의 국제적인 역할 등과 같은 문제에 독일인들이 느끼는 불안감은 프랑스는 물론이고 유럽 대륙 전체가 가지는 불안감으로 이어질 수 있다."

사실 "독일문제"가 과거가 아닌 미래가 될 수 있다는 프랑스의 고민은 전쟁이 끝나기 전부터 제기되었다. 1944년 당시 프랑스 임시정부의 수장이었던 드골은 외무장관 비도(Georges Bidault)와 함께 그의 외교 협력자들 앞에서 프랑스가 전쟁을 하는 주요 목적에 대해서 다음과 같이 설명하였다. "[우리의 국경이] 라인(Rhin) 경계에 접해 있는 한 우리 프랑스의 안보는 절대로 보장될 수 없다." 프랑스의 가장 큰 고통이 라인 경계로부터 온다는 드골의 이와 같은 우려는 당시 프랑스인들 대부분이 느끼는 심각한 위기의식이었다. 1944년 2월부터 프랑스는 본격적으로 서유럽과 전략적이고 경제적으로 긴밀하게 연결되어 있는 라인을 독일제국으로부터 분리하여 독일의 부활 또는 세력화를 막는 것에 집중하였다. 일명 '독일의 분할' 정책으로 불리는 이 외교정책은 독일 최대의 산업지역인 루르 지역의 산업을 독일로부터 분리하여 프랑스가 주도적으로 통제하고 관리하는 동시에 독일 최대 지하자원 매장 지역 중 하나인 자르와 알자스-로렌 지역을 자국에 예속시키는 것이었다(Weisenfeld, 1989: 30). 즉 독일 군수산업 및 경제의 중핵이자 핵심자원인 석탄과 철강 생산능력을 제한하여 독일을 경제적으로 무력화시키는 것이 전후 프랑스의 대독일 정책의 중요한 목표였다.

그러나 전후 냉전의 조짐이 가시화되는 상황(1947-1948)에서 독일문제 처리에 대한 연합국들의 입장이 크게 엇갈렸다.[4] 가장 대표적으로 미국은 소련과의 대결 상황을 유리하게 끌고 가기 위해서 서유럽 국가들의 조속한 경제 회복이 필요하다고 보았고, 이는 독일의 자원과 산업을 활용하지 않고서는 가능하지 않다고 판단하기 시작했다. 1947-1950년 미국은 몇 가지 단계적인 원칙을 세워 당시 가장 중요한 외교적 현안이었던 독일문제를 해결하고자 했다. 첫째, 서독의 재건, 둘째 독·불 관계의 화해, 그리고 셋째는 이를 바탕으로 한 서유럽의 재건이었다(FJME AMF 23/4/177). 그러므로 독일을 분할해서 독일 경제를 무력화하고자 했던 프랑스의 주장은 번번이 미국의 반대에 부딪힐 수밖에 없었다. 프랑스는 독일문제에 대한 자국의 이해관계를 관철시키기 위해 미국과 몇 차례에 걸쳐 협상을 벌였으나 결국 별다른 성과를 내지 못했다.[5] 프랑스에 더 심각한 문제는 냉전의 긴장이 고조되는 상황에서 미국이 프랑스의 동의 없이도 독일의 재무장을 단행할 것이라는 점이었다(FJME AMI 4/5/4; Guillen, 1996: 28).

전후 독일 처리 문제와 관련한 이와 같은 불일치로 인해 프랑스

---

[4] 프랑스는 1945년 2월 얄타회담에서는 아무런 역할을 할 수 없었지만, 동년 7-8월 포츠담회담에서는 패전국으로서는 유일하게 연합국으로서 독일문제에 직접 관여할 수 있게 되었다.

[5] 독일에 대한 전후 처리 과정에서 주도권은 어디까지나 미국에 있었고, 미국과 프랑스 정책 결정자들은 종종 긴장 관계를 형성하기도 했다. 전후 프랑스는 심각한 패배를 경험한 중견 국가에 불과했고, 국제사회의 인정을 받는 구성원이 되기 위해서는 상당한 굴욕을 감수해야 했다. 따라서 프랑스 정책 입안자들은 미국의 의도에 어긋나는 정책을 추진하는 데 큰 부담을 느낄 수밖에 없었다(Gillingham, 1991: 151).

가 크게 긴장했던 것은 사실이었다. 독일을 어떤 식으로든 견제해야 할 필요성과 그에 대한 연합국들과의 이견으로 인해 프랑스는 외교적 딜레마에 봉착하였다. 급기야 1949년 프랑스는 자국의 루르 정책이 미국의 독일 정책과의 견해차를 극복할 수 없을 것으로 판단하기 시작했다. 이와 같은 외교적 어려움 속에서 독일과의 새로운 관계 정립을 통해 딜레마에 처한 프랑스 외교 정치와 독일문제를 동시에 해결하자고 제안한 인물이 모네였다. 현실주의자이자 실용주의자로 공동의 이익을 체계화하는 데 탁월한 능력이 있었던 모네는 독일과의 새로운 관계 정립과 구체적인 통합 플랜을 통해 위기를 타계할 돌파구를 제안하였다. 1950년 4월 28일 당시 외무장관 쉬망과 전 외무상 비도에게 보낸 모네의 편지는 이와 같은 내용을 잘 담고 있다.

> 유럽 국가들을 하나로 통합하기 위해서는 무엇보다 독일과 프랑스 간의 오랜 갈등의 역사를 청산해야 합니다. 이 새로운 화해의 관계 속에서 프랑스는 평화의 유럽을 만드는 데 앞장 설 수 있을 것입니다. … 프랑스와 독일의 석탄·철강 생산 권한을 고등 관리청 위원회와 같은 기관의 공동관리에 맡긴다는 것은 더 이상 그 둘 간의 전쟁을 생각할 수 없게 하는 것이며 유럽의 평화 정착을 위한 밑거름이 될 것을 확신합니다 (FJME AMG 5/1/3).

프랑스는 점차 독일문제를 전향적으로 생각하기 시작했다. 모네의 표현을 빌리자면 프랑스에게 독일문제는 이제 원인이 아니라 목적이 된 셈이다(Monnet, 1976). 요컨대 프랑스에게 독일은 전쟁의 원인을 추궁하는 대상이 아니라 새로운 유럽 계획을 위한 목적이 되었다고 볼 수 있다. 모네가 제안한 초국가적인 유럽 통합 방식은 독일 경제력을 효과적으로 통제할 수 있을 뿐만 아니라 동시에 독일 경제를 활용할 수 있다는 점에서 큰 설득력을 지녔다.[6] 유럽 통합사가 디낭(Desmond Dinan)도 지적했듯이 "유럽의 정치 또는 경제 통합은 서독을 포함한 모든 독일문제가 해결되지 않았다면 본격적으로 시도될 수 없었을 것이다."(Dinan, 2004: 28) 이처럼 모네가 고안하고 쉬망이 발표함으로써 시작된 유럽석탄철강공동체(European Coal and Steel Community, ECSC)는 프랑스의 고민을 독일의 석탄·철강 산업의 공동관리를 통해 달성하고자 했던 '유럽적 자구책'이었다고 볼 수 있다.

결론적으로 프랑스는 유럽 통합을 통해 독일문제에 관한 미국과의 마찰을 극복하고 유럽의 협력 관계에서 리더십을 발휘할 새로운 기회를 얻게 되었다. 동시에 석탄을 안정적으로 공급받는 한편, 높은 경쟁력을 가진 독일 철강 산업이 초래할 수 있는 위협을 최소화할 수 있게 되었다. 쉬망플랜은 프랑스의 독일 정치의 딜레마, 즉 독일 세력 견제와 프랑스뿐만 아니라 유럽 경제 회복을 위한 독일 경제 활성화와 활용이라는 상반된 당면 과제를 동시에 해결해주는 유럽적 해결책이었던 것이다. 그 과정에서 독·불 관계가 '숙적 관계'에서 '협력 관계'라는 새로운 관계로 정상화되는 발판이 마련될 수 있었다.

---

6 이와 관련해서는 김유정(2012) 참조.

III. 1960년대 드골의 유럽 통합 정책과 "엘리제조약"

1963년 1월 22일 독일연방공화국 초대 수상 아데나워(1876-1967)와 프랑스 제5공화국 초대 대통령 드골(1890-1970)은 '프랑스-독일의 우호와 협력 조약'(이하 '엘리제조약')을 파리에서 체결하였다.

'엘리제조약'에 대한 일반적인 이해는 이 조약이 보불전쟁 이후 80년 이상 지속된 프랑스와 독일의 대립을 해소하고 역사적인 화해의 길을 여는 데 결정적인 기여를 했다는 것이다. 이 조약을 계기로 두 나라 국민들은 상대방을 '잠재적 적국'이 아닌 '신뢰할 수 있는 동반자'로 받아들이기 시작했다(이용재, 2008: 192)는 것이 일반적인 인식이다. 그러나 '엘리제조약'에 대한 역사적 평가는 크게 엇갈린다. 한편에서는 프랑스-독일 커플(couple franco-allemand)이라 일컬어질 정도로 두 나라가 긴밀한 유대를 형성하는 데에 결정적인 초석을 놓은 '외교 혁명'이라는 평가가 있는 반면, 다른 한편에서는 이 조약을 정치적 사산아(enfant mort-né)에 비유하며 처음부터 실현 가능성이 없었던 협정이라 평가절하하기도 한다. 관련 외교문서가 공개된 1990년대 중반 이후부터 동 주제에 대한 본격적인 연구가 발표되고 있으며, 특히 '엘리제조약' 체결 40주년과 50주년을 맞이했던 2003년과 2013년도에 '엘리제조약'을 새롭게 재조명하는 시도가 이어졌다. 그러므로 '엘리제조약'에 대한 평가는 현재 진행 중이라 할 수 있으며, 여전히 논쟁 중인 다양한 쟁점을 형성하고 있다(이재승 외, 2016: 88). 이 절에서는 '엘리제조약'의 역사적 평가를 논의하기보다 1960년대 드골이 '엘리제조약'을 추진하게 된 계기와 동력을 살펴보고자 한다. 우선적으로 1950년대

〈그림 2〉 1962년 7월 프랑스 랭스대성당의 화해의 미사에 참석한 드골과 아데나워의 역사적인 화해 장면(왼쪽 아데나워, 오른쪽 드골)

와 다른 드골의 외교 전략을 통해 1960년대 독·불 관계 정상화와 유럽 통합 발전의 상관관계를 살펴보고자 한다.

항독 레지스탕스 운동의 계보를 잇는 드골은 종전 직후에는 저항 프랑스의 지도자로서 독일에 대한 증오를 감추지 않았다. 1945년 임시정부 대통령으로 선출된 드골은 "독일이 지난 145년 동안 프랑스를 일곱 번(1792, 1793, 1814, 1815, 1870, 1914, 1940) 침략하고 파리를 네 번(1814, 1815, 1871, 1940) 점령했다"라는 사실을 재차 상기시켰다. 그리고 프랑스의 안전을 위해 독일의 회생 가능성을 미연에 차단해야 한다고 역설하곤 했다. 이후에도 독일에 대한 이와 같은 강경 입장과 경계를 늦추지 않았던 드골은 계속해서 "독일이 통일된 중앙집권 국가 즉 제국(Reich)으로 재건되는 것을 막고, 비스마르크에 의한 통일 이전의 상태로 되돌려야 한다"고 주장하곤 했다(de Gaulle, 1970a: 13-14). 그리고 프랑스와 독일의 화해와 협력을 핵심으로 담고 있는 ECSC나 유럽방위공동체(European Defense Community, EDC)와 같은 초국가적 성격의 유럽 통합에 대해서도 줄곧 비판적인 입장을 나타냈다. 그런데 1960년대 드골은 이와 같은 대독일 강경 정책을 버리고 대독일 유화정책으로 방향을 바꾸었다. 동시에 경제적인 유럽 통합을 수용 또는 적극적으로 관리하였고, 더 나아가 '국가들의 유럽'은 필요하다는 입장을 표명하며 정치적인 유럽 건설을 주도하려는 입장을 보였다(Touchard, 1978: 212-213).[7] 드골이 독일문제와 유럽 통합에 대한 이전의 강경한 태도로부터 한 발 물러선 이유는 무엇 때문일까?

1950년대 말 프랑스는 도미노 현상처럼 연이어 발생한 식민지 국가들의 독립 전쟁으로 인해 탈식민화의 위기에 처하게 되었다. 프랑스는 이와 같은 위기에 직면한 프랑스를 구할 인물로 제2차 세계대전의 영웅 드골을 주목했다. 프랑스 정치 세력들이 그에게 전권을 위임하였고, 특히 새로운 헌법을 제정할 권한까지 부여했다는 측면에서 이와 같은 위기의 심각성을 알 수 있다(이용재, 2009: 165). 심각한 위기 상황에서 '국가의 구원자'로 권좌에 다시 오른

---

[7] 연방주의적이고 유럽주의적이었던 지스카르 데스탱이나, 1980년대 '유럽 통합의 건설자'임을 자처했던 미테랑과 비교해볼 때 과도한 민족주의자 프레임에 갇힌 드골은 종종 유럽 통합의 '제동자'로 평가받기도 했다. 그러나 드골의 유럽 통합 정책을 구체적으로 살펴볼 때 그를 유럽 통합의 반대자 또는 제동자로만 평가하기 어렵다. 물론 드골은 유럽 통합의 선구자들(Founding Fathers)이 주장했던 연방주의적 유럽 통합에 찬성하지는 않았다. 그러나 그는 권좌에서 직접 유럽 정치를 진두지휘할 때 경제적인 유럽 통합을 수용 또는 적극적으로 관리하였고, 더 나아가 공동시장 및 공동농업정책을 출범시키는 데 기여하였다(김유정, 2017: 139).

드골은 무엇보다 제국의 탈식민화를 안정적이고 빠르게 추진하고자 했다. 이전의 제4공화국이 계속되는 식민지 국가들의 독립 전쟁에도 불구하고 유럽 통합을 통해 탈식민화의 돌파구를 찾으면서 제국과 유럽의 양립을 시도했다면,[8] 드골은 탈식민화가 더 이상 불가피하다고 판단했다. 1958년 알제리전쟁이 터지자 드골은 이 문제를 신속하게 정리하고 이후에는 자신만의 외교정책에 몰두하고자 노력했다(조홍식, 2008: 42). 더 이상 제국과 유럽의 양립이 어렵다고 판단했기 때문이었다.

1960년대에 제국을 버려야 하는 불가피한 상황에서 드골은 유럽을 선택함으로써 '위대한 프랑스'를 실현하고자 했고, 그것이 시대에 부응한 적절한 해결책이라고 여겼다. "위대함이 없는 프랑스는 프랑스가 아니다"라고 강조했던 드골의 '프랑스의 위대함(Grandeur)' 비전은 이처럼 제국을 포기해야만 하는 역설적인 현실에서 출현한 것이었다. 드골은 유럽이라는 무대에서 프랑스가 강대국의 체면을 유지하는 것이 급선무라고 판단했다. 그래서 1950년대에 ECSC나 EDC에 대해서 크게 비판적이었던 것과는 달리, 1960년대에는 유럽경제공동체(European Economic Community, EEC, 1958)를 수용하였고, 더 나아가 공동농업정책(Common Agricultural Policy,

---

[8] 제2차 세계대전 이후 프랑스가 직면한 가장 큰 외교 문제 중 하나는 탈식민화였고 다른 하나는 유럽 통합이었다. 전후 프랑스는 식민 제국이라는 이미지를 청산하면서도 동시에 정치, 경제, 문화적으로 식민지 체제를 유지하고자 했다. 그 결과 1946년 프랑스 연합(Union française)이 창설되었다. 그러나 이후 프랑스는 인도차이나전쟁(1946-1954), 모로코 독립전쟁(1947-1956), 튀니지전쟁(1949-1956)으로 프랑스 연합이 와해되는 상황에 직면하게 되자 그 돌파구를 유럽 통합을 통해 찾으려고 했다(박지현, 2015).

CAP, 1965)과 관세연맹(Tariff Union, 1967) 체결에 중대한 역할을 하였다. 이뿐만 아니라 그는 정부간주의(Intergovernmentalism)의 형식을 통한 정치적 부분에서의 통합도 시도하였다(Su, 1998: 139). 드골은 자신의 주요 정책 기조인 '프랑스의 위대함'을 외치며 프랑스의 주권과 위대함을 고취시키고, 군사력을 증진하여 외교 무대에서 특권을 행사하고자 하였다(Martin, 2010). 왜냐하면 드골은 프랑스가 유럽의 중심 국가가 되기 위해서는 유럽 통합이 실현되어야 한다고 판단했기 때문이다. 1960년대 드골의 유럽 통합 정책을 부르랑주(Jean-Louis Bourlange)는 다음과 같이 지적하고 있다. "프랑스의 유럽에 대한 의지는 드골이 용기를 가지고 추진했던 프랑스 제국의 상실을 잊기 위해 설계된 제국의 대용물이다."(Bourlange, 1996: 124)

프랑스가 통합 유럽의 기수로서 유럽에서 주도권을 쥐고 있어야 한다는 드골의 의도를 가장 잘 보여주는 것이 바로 푸셰플랜(Fouchet Plan, 1960)이다. 집권 이후 국내의 알제리 문제를 수습하자마자 드골은 영국과 미국에 '삼두 지도 체제(troika)'를 설립하여 세 국가가 국제 문제를 주도적으로 해결할 것을 제안했다. 드골은 미국과 영국이 주도하는 국제 질서에 프랑스가 동등한 입장으로 참여하길 원했고, 이를 통해 유럽 내 나토(북대서양조약기구, NATO, 1949)의 개입을 축소할 수 있을 것으로 판단했다. 이와 같은 드골의 전략을 눈치 채고 있었던 영국과 미국은 드골의 제안을 거절하였다. '삼두 지도 체제'가 영·미의 거부로 좌절되자 드골은 차선책으로 유럽 차원에서 이와 비슷한 기구를 설립하고자 모색했다. 그 결과가 푸셰플랜이었다. 이 플랜이 담고 있는 '유럽인의 유럽

(Europe européenne)' 또는 '국가들의 유럽(Europe des états)'은 미·소 양대 진영에서 제3블록(세력)으로 자체 방위를 담당하는 유럽이었다. 푸셰플랜은 EEC 6개국이 참여한 정치 연맹(political union)의 내용을 담고 있었다. 이는 국방과 외교 문제를 포함한 모든 문제에 대해서 회원국들의 논의를 통해 공동 입장을 취하자는 것이었다(안병억, 2008: 108-109). 그러나 푸셰플랜은 앞서 언급한 삼두 지도체제에 대한 거부의 대안이었으며 어디까지나 프랑스 중심의 유럽을 만들기 위한 드골의 외교정책의 하나였다고 볼 수 있다. 결론적으로 드골의 저의를 눈치 챈 주변 유럽국들은 드골의 제안을 받아들이지 않았고, 이 제안은 결국 실패하고 말았다.

독일에 대한 드골의 강경 정책의 변화도 이러한 맥락에서 이해된다. 초기 나토 내 미국-영국-프랑스가 이끄는 삼각 리더십을 구성하려는 계획이 좌절되고 정치 연맹을 구축하여 독일을 통제하고자 했던 푸셰플랜이 좌초하자 드골은 방향을 바꾸어 프랑스의 동반자로 독일을 지목하기 시작했다(Dinan, 2004: 102). 1962년 5월 15일 기자회견을 통해 드골은 새로운 독·불 관계를 표현하기도 하였다. "독일과 프랑스 사이에는 연대 의식이 있습니다. 두 나라 국민의 안전은 … 따라서 유럽 전체의 운명이 이 연대 의식에 달려 있습니다."(de Gaulle, 1970b: 411) 그리고 동년 9일 독일을 방문한 드골은 대중들 속에서 독·불 관계의 "화합", "우애", "공영"을 외쳤다(de Gaulle, 1970c: 13). 마침내 1963년 1월 22일, 프랑스 엘리제궁에서 '프랑스-독일의 우호와 협력 조약'이 체결되었다. '엘리제조약'은 앞으로 두 나라가 1) 모든 주요 외교 현안들에 대한 정책을 서로 자문하고, 2) 전략과 전술 및 군 장비 부문에서 공동 작업을 도모하며, 3) 청소년의 교육과 교류를 증진하기 위한 다양한 민관 기구를 창설하는 데 합의한다고 규정했다(이용재, 2008: 211).

1963년 드골이 유럽을 위해 함께할 동반자로 영국이 아닌 독일을 선택한 이유는 유럽이라는 정치 공간을 구축하여 그 안에서 독일에 대한 우위를 확보하고 프랑스를 '유럽의 중심 국가'로 만들기 위해서였다. 드골에게 유럽이나 독·불 관계는 그 자체가 중요한 정치적 목표였다기보다는 어디까지나 프랑스를 유럽의 중심 국가로 만들기 위한 중요한 수단이었다. 이와 같은 점은 드골이 1960년대부터 독일문제와 유럽 문제를 동일시하고 새로운 접근 방식을 통해 두 문제를 해결하고자 했던 모습을 통해서 분명히 알 수 있다(Guillen, 1996: 7). 그러므로 '엘리제조약'을 독·불 관계의 긴밀한 유대를 형성하는 결정적인 초석을 놓은 '외교 혁명' 또는 분수령으로 과대평가하는 것은 좀 무리가 있다. 왜냐하면 독일-프랑스 관계의 재정립은 '엘리제조약'에서 처음 시작된 것이 아니며, 이는 독일과 프랑스의 화해를 핵심으로 담고 있는 1950년대 유럽 통합 계획들로부터 진척되어온 두 나라 사이의 화해 노력의 결실로 보아야 하기 때문이다. 게다가 앞서 구체적으로 살펴보았듯이 '엘리제조약'은 드골이 야망을 갖고 추진한 푸셰플랜의 실패로 인한 반작용이었음을 상기할 필요가 있다. 그럼에도 '엘리제조약'이 독·불 관계에서 중요한 계기를 제공했다는 점에서 그 의미를 평가할 수 있는 여지는 충분하다. 왜냐하면 당시 '엘리제조약'은 단순한 (경제적) 협력을 넘어 신뢰를 기반으로 한 새로운 동반자적 관계의 개념을 정립하였기 때문이다.

IV. 1970년대 위기와 지스카르 데스탱의 유럽 통합 정책

쉬망플랜과 '엘리제조약'을 통해 새로운 동반자적 관계 정립을 꾸준히 도모해왔던 두 국가는 1970년대 세계 경제 위기 속에서도 협력 관계를 지속적으로 발전시켰다. 그다지 원만하지 못했던 퐁피두(Georges Pompidou)와 브란트(Willy Brandt) 시기(1969-1974)[9]를 제외하고, 양국은 더욱 긴밀한 협력 관계를 발판으로 1970년대의 새로운 도전과 위기를 함께 극복해나갔다고 볼 수 있다. 프랑스에서는 1974년 5월 퐁피두가 돌연 사망하여 지스카르 데스탱이 새 대통령으로 선출되는 한편, 서독에서는 브란트의 뒤를 이어 슈미트 내각이 구성되었다. 사실 지스카르 데스탱은 보수주의자(보다 구체적으로는 중도 자유주의자)[10], 슈미트는 사회민주주의자여서 서로 정치적 노선이 명백히 달랐지만 이 둘은 국가의 정상에 오르기 이전부터 재무장관을 역임하면서 이미 친밀한 관계를 유지하고 있었고 유럽 문제와 관련해서도 많은 경험을 공유하고 있었다. 모네 또한 이 둘의 협력을 프랑스와 독일의 공동 행동을 이끌 수 있는 매우 고무적인 조합이라고 보았다(Monte, 1992: 231).

청년 시절부터 지스카르 데스탱은 모네가 창설한 '유럽합중국위원회(Le Comité D'Action pour l'Europe des Etats-Unis, 1955)' 회원으로 활동할 정도로 유럽 통합 운동에 대해서 매우 적극적이었다. 게다

---

[9] 퐁피두는 브란트의 동방정책 및 외교정책에 대해서 그리 달가워하지 않았다 (Weisenfeld, 1989: 134).
[10] 프랑스 역사학자 보쉬아는 그를 중도 자유주의자(Libéral centriste)로 설명하고 있다(Bossuat, 2012: 162).

가 메시나회의(1955)부터 로마조약(1957)에 이르기까지 그는 프랑스 정부 관료로서 중요한 역할을 담당하였고, 이후 프랑스 재무 및 경제·재무장관직을 역임하면서[11] 1960년대 모든 독·불 정상회담에 거의 참석하였다(Bossuat, 2012: 161). 다시 말해 프랑스 정상이 되기 이전부터 그는 유럽 통합과 독·불 관계 문제에 있어 많은 경험과 전문성을 가지고 있었다고 볼 수 있다. 이러한 경험은 대통령이 된 이후의 외교 활동에서도 연속성을 보여주었다. 그 연속성은 다음의 두 가지로 요약할 수 있다. 1) 독·불 협력 관계 유지, 2) 우호적인 독·불 관계를 바탕으로 한 유럽 통합 정책.

지스카르 데스탱이 슈미트와의 긴밀한 협력 관계를 통해 달성한 유럽 통합의 중요한 성과는 크게 두 가지로 요약할 수 있다. 첫째, 유럽이사회(Conseil européen, 1974)의 정례화. 둘째, 유럽통화제도(European Monetary System, EMS, 1978) 창설. 그가 대통령으로 당선되었을 때 유럽공동체(European Community, EC)는 영국과 함께 아일랜드, 덴마크 등 3개국이 이미 가입함으로써 회원국이 6개국에서 9개국으로 확대되어 있었다. 또한 그리스, 포르투갈, 스페인 등과 같은 지중해 지역의 국가들이 EC의 문을 두드리고 있는 상황이어서 유럽의 확대 문제와 관련한 유럽의 제도적 개혁이 시급한 상황이었다. 지스카르 데스탱은 당시 침체 상태에 놓여 있었던 유럽 통합 운동을 활성화하기 위한 방안을 적극 모색하면서 무엇보다 유럽 정부들을 견고하게 묶어줄 새로운 제도 개혁이 필요하다고 생각했다. 이와 같은 지스카르 데스탱의 생각에 모네가 동참했

---

[11] 1959년 재무장관, 1962년 및 1969-1974년 경제·재무장관직 역임.

다. 1950년대부터 모네와 꾸준히 친밀한 관계를 유지해왔던 그는 드골과는 달리 영국의 EEC 가입에 대해서도 매우 호의적이었을 뿐만 아니라, 모네가 여러 번 강조했던 '견고한 유럽 통합 제도'[12]에 대해서도 생각을 공유하였다.

> 모네는 여러 번 내가 있던 엘리제를 방문했다. 나는 그를 만나 대화하는 것을 아주 좋아했다. … 나는 종종 그에게 유럽 통합의 발전을 더욱 가속화할 수 있는 방법에 대해서 묻곤 했다. 그는 이미 나이가 들었고 또 그래서 약해 보였지만 오히려 나는 그를 통해서 많은 용기를 얻곤 했다. 그는 유럽이사회의 창설에 대해서 나와 의견을 같이했다. 이 새로운 제도를 통해 내가 얻고자 했던 것은 유럽 국가들의 수뇌부들을 정기적으로 한자리에 모이게 하는 것이었다. 유럽 지도자들의 모임을 정례화하면 유럽의 제도를 통해 유럽 지도자들의 결속력을 더욱 강화시킬 수 있는 장점이 있다고 나는 판단했다. 결론적으로 나는 이것이 상지석 협력의 길을 더욱 심화하는 과정으로 귀결될 것이라고 보았다(d'Estaing, 1989: 10).[13]

---

[12] 모네는 유럽 통합 발전에 있어 무엇보다 중요한 것이 견고한 제도를 갖추는 것이라고 여러 번 주장하였다(Monnet, 1976: 360). 다양한 정책과 공동행위를 수행할 수 있는 제도의 확립은 1950년 쉬망플랜 이래 유럽 건설이 지향해온 목표 중 하나라고 볼 수 있다(이종광, 2010: 252).

[13] 유럽 통합 발전을 위한 정치적 추진력을 얻기 위해서는 유럽 정치가들의 결속이 중요하다는 생각은 사실 모네로부터 시작되었다. 모네는 비공식적인 유럽합중국위원회 활동을 통해서 이미 유럽 정치가들의 결속력이 유럽 통합의 발전에 결정적인 요인이 된다는 인식을 했고, 1973년부터 유럽 임시정부(Gouvernement provisoire européen) 프로젝트를 준비하기 시작했다. 그리고 동

지스카르 데스탱은 제도 개혁을 위해 우선적으로 기존의 부정기적인 EC 정상 회합을 정례화하고 정치적인 합의체에 지나지 않았던 EC 회담을 제도화하는 방안으로 유럽이사회의 창설을 제안하였다. 이 제안은 유럽 통합 발전을 위한 정치적 추진력을 얻어야 한다는 현실적인 필요성에 근거한 것으로[14] 슈미트의 전폭적인 지지를 받으면서 다른 회원국들의 합의를 이끌어낼 수 있었다. 사전에 슈미트와의 비공식적인 대화를 통해 합의를 약속받은 지스카르 데스탱은 1974년 12월 9-10일 파리에서 개최된 EC 정상회담에서 유럽이사회를 제도화할 것을 제안하였다(d'Estaing, 1989: 11). 유럽이사회는 회원국 정상들이 외무장관을 동반하여 매년 3회 회합하며, 필요한 경우 매 회합 시 정치적 협력이라는 차원에서 각료이사회도 개최할 수 있도록 하였다. 여기에 참석하는 외무장관들에게는 각료로서가 아니라 행정부 수장 자격을 부여하였다. 비록 유럽이사회가 조약에 의해서가 아니라 EC 정상들의 합의

년 8월 유럽 임시정부 구성 및 행동 계획(Constition et action d'un gouvernement européen provisoire)이라는 문서를 작성하여 유럽 정치가들에게 배포하였다. 이 문서에서 모네는 기존의 ECSC나 EEC에서 추구했던 신기능주의적 접근 방식을 버리고 정부간주의적인 방식을 제안하였다. 유럽 통합 방식에서 모네의 이와 같은 방향 전환이 다소 의아할 수도 있겠으나, 우리는 이를 통해 그가 유럽 통합과 관련하여 이상주의적 접근보다 1970년대 현실을 반영한 실용주의적인 접근을 시도했음을 알 수 있다(Monte, 1992: 222-231).

[14] 부정기적이었던 기존의 EC 정상회담은 1961년 2월 파리에서 회원국의 내각 수반 또는 대통령 회의를 개최하면서 시작되었다. 이 정상회담은 새로운 제안을 하는 역할을 담당했지만 정상회담에서 내리는 결정 사항은 법적 구속력을 지니는 것이 아니라 어디까지나 정치적 약속에 가까운 합의를 이끌어내는데 지나지 않았다. 따라서 EC 정상회담에서 합의한 사항이더라도 회원국 해당 장관들이 모이는 각료이사회에서 그 합의 내용대로 결정되지 못하면 법적 효력을 지니지 못하는 한계가 있었다(이종광, 2010: 255).

에 따라 창설되었지만, 각료이사회에서 결정될 수 없었던 공동체의 문제에 대해 최종적인 협의를 하거나 지침을 내림으로써 유럽이사회는 점차 공동체 발전의 핵심적인 역할을 수행하는 기구로 자리 잡게 되었다(이종광, 2010: 257). 유럽이사회는 이후 거듭 발전하여 유럽 통합에 필요한 추진력을 부여하고 정책 방향을 제시하면서 매우 중요한 역할을 수행하는 기구로 발전하였다. 특히 유럽 통합 문제와 관련하여 전체적인 차원에서 문제의 접근을 꾀하면서 회원국들의 민감한 문제에 대한 정치적 합의를 도출해낼 수 있는 길을 열어주었다고 평가받고 있다.[15]

한편 1970년대 초 유럽 경제는 황금기(1950-1960년대)를 끝내고 침체기로 접어들었다. 경제 침체의 가장 큰 요인은 1973년 아랍-이스라엘 전쟁으로 인한 제1차 석유파동과 1979년 아랍 석유 산유국들이 석유 생산을 제한한 제2차 석유파동이었다. 그 결과 유럽의 경제성장은 둔화되어 실업률이 급증하였고 인플레이션 또한 심화되었다. 그뿐만 아니라 1960년대 말부터 국제통화의 위기가 진행되어 1971년 브레든우즈체제(Bretton Woods System)는 사실상 막을 내렸고 국제통화는 극도로 불안정한 상태에 놓이게 되었다. 이로 인해 EC의 교역은 크게 위협받게 되었다. 1972년 EC가 회원국 화폐 사이의 환율 변동 폭을 줄이기 위해 스네이크제도(Snake System) 통화 체계를 창설 운영하기도 했지만 크게 효능을 발휘하지 못했다. 지속적인 경기 침체와 국제통화 체계의 혼란에 직면하여 지스카르 데스탱은 역내 교역의 안정과 공동시장 운영에 필수

---

[15] 유럽의회에 대한 평가와 관련해서는 이종광(2010) 참조.

불가결한 안정된 통화 체계를 갖춰야 한다고 판단했다. 슈미트 또한 유럽 통화 통합의 필요성을 공유했다. 1978년 지스카르 데스탱은 슈미트의 지지와 동의를 얻어 유럽통화제도의 창설을 제안하였다. 보다 긴밀한 통화 협력 관계를 확립할 것을 결정함에 따라 유럽통화단위인 Ecu(European Currency Unit) 창출과 환율 조절 장치(Exchange Rate Mechanism, ERM)를 근간으로 하는 통화제도를 발족시켰다. 통화제도가 발족되는 과정에서 영국의 반대가 거셌지만 슈미트 수상의 지지를 등에 업고 회원국 정상들로부터 동의를 얻을 수 있었다.

1970년대 지스카르 데스탱이 추진한 EC의 제도 개혁과 경제 통화 동맹 수립은 앞서 살펴보았듯이 서독의 지지 가운데 또는 지지를 기반으로 이루어졌다 해도 과언이 아니다. 지스카르 데스탱은 독·불 협력 관계가 무엇보다 중요하다고 판단했고 유럽 통합의 발전을 위해서 이를 적극적으로 활용하고자 하였다. 결론적으로 양국 정상의 협조 모드는 독·불 관계의 발전뿐만 아니라 유럽 통합의 심화·발전에 결정적인 기여를 했다고 볼 수 있다. 그가 이처럼 유럽 통합을 발전시키는 과정에서 독·불 협력 관계를 그 무엇보다 중요하게 인식했던 이유는 무엇일까? 바이젠펠트(Ernst Weisenfeld)에 따르면 본질적으로 지스카르 데스탱은 독일이 막대한 경제적 잠재력을 통해 유럽의 헤게모니를 장악하는 동시에 유럽의 불균형을 초래하는 것을 원하지 않았기 때문이라고 설명하고 있다(Weisenfeld, 1989: 136). 즉 지스카르 데스탱도 '독일문제'에 대한 위기의식으로부터 자유롭지 못했다는 것이다.

3절에서 살펴보았듯이 1960년대 드골이 유럽이라는 정치적 공간을 통해 독일 우위에서 독일을 견제하고자 했다면, 이와는 조금 다르지만 1970년대 지스카르 데스탱도 유럽이라는 공동의 정치적 공간을 통해 독일과의 균형을 도모하였다고 볼 수 있다. 그것이 독일과 프랑스의 균형을 유지하는 방법이면서 동시에 독일을 견제할 수 있는 방법이라고 판단했기 때문이다. 1970년대 세계 경제 위기 속에서 유럽 통합의 새 국면 전환을 도모했던 지스카르 데스탱은 보쉬아가 단언하듯 유럽 이념에 기초하는 유럽 통합의 이상을 추구했다기보다는 프랑스가 당면한 독일에 대한 외교적 딜레마와 당시 유럽이 당면하고 있었던 경제적 위기 문제 해결에 우선순위를 둔 유럽 정치를 추구했다고 볼 수 있다. 보쉬아가 그를 유럽주의자로 볼 수는 있지만 연방주의자로 평가할 수는 없다고 한 이유(Bossuat, 2012: 162)는 여기에 있다.

V. 1980년대 독일통일에 직면한 미테랑의 고민과 유럽

독·불 정상의 협조 무드는 1980년대 미테랑과 콜 총리 시대에도 이어졌다. 미테랑은 사회주의자였고 콜은 기독 민주주의자였지만 이념의 차이가 두 지도자의 긴밀한 협력 관계에 장애 요소로 작용하지는 않았다. 1984년 9월 22일 두 정상은 제1차 세계대전 당시 양국의 처참한 전투 현장이었던 베르됭(Verdun)에서 거행된 전몰 용사 위령제에 나란히 손을 잡고 등장하였다. 이 장면은 오늘날까지도 갈등과 반목의 역사에서 벗어나지 못하고 있는 분쟁 국가들에게 큰 역사적 모델이 되고 있다. 그뿐만 아니라 1980년대 두 정상의 우의와 협력은 유럽단일의정서(1986)와 유럽연합(1992)이 현실화되는 데 결정적인 역할을 하였다. 이후 두 정상은 'EU 시대의 동반자'로 불리며 당시 유럽집행위원장 들로르(Jacques Delors)와 함께 유럽 통합 발전의 '제2의 도약기'를 견인하는 중요한 역할을 담당한 주역으로 인식되고 있다.

  1981년에 집권한 미테랑은 들로르와 호흡을 맞추며 유럽 건설을 위해 매진하였다. 그는 "유럽 통합의 아버지", 장 모네의 시신을 판테온으로 이장하는 국장을 주도하면서 '위대한 유럽인' 또는 '유럽의 건설자' 이미지를 최대한 선전하기도 하였다. 1980년대 유럽 통합 과정에서 미테랑은 영국의 EC 가입 후 지속적으로 대두되어 왔던 예산 문제를 해결하고, 유럽단일의정서와 유럽연합조약의 형성에 크게 기여하는 등 유럽 문제에 대해서 보다 적극적이고 주도적인 역할을 담당하였다. 하지만 그가 진정한 유럽주의자였는가에 대한 평가에 있어서는 이견이 분분하다. 그에게 유럽은 그 자체가 중요한 정치적 목표라기보다 당시 프랑스가 직면한 어려운 상황을 타파하고(조홍식, 2008: 36), 자신의 국내 정치적 기반을 유지하고 재선에 성공하기 위한 도구였다는 설명도 제기되기 때문이다. 특히 1990년대 독일통일에 대한 그의 모호한 태도 역시 그에 대한 분명한 평가를 어렵게 만들고 있다.

  1980년대 '유럽의 재도약' 과정에서 빛을 발했던 독·불 협력 모드는 1989년부터 전개된 냉전의 종식과 1990년 독일통일 문제에 직면하여 다소 난항을 겪게 되었다. 미테랑의 전기 작가 루셀(Éric Roussel)은 "이와 같은 상황을 미테랑은 생각하지도 않았고, 원하지도 않았다"(Roussel, 2015: 513)고 언급하고 있다. 독일통일에 대해

〈그림 3〉 1984년 베르됭에서 거행된 전몰 용사 위령제에 나란히 손을 잡고 등장한 미테랑과 콜(왼쪽 미테랑, 오른쪽 콜)

서 수많은 언론인이 호의적 반응을 보였던 것과는 달리 미테랑은 물론 공식적으로는 독일통일에 대해서 반대하는 입장을 나타내지 않았지만 매우 침착하고 방관자적인 태도로 일관했다(Roussel, 2015: 514). 그는 1989년 7월 5명의 유럽 언론인 앞에서 침착한 어조로 다음과 같이 말했다.

> 독일통일은 모든 독일인을 사로잡고 있는 관심사입니다. 물론 충분히 이해는 됩니다. 그렇지만 분명한 것은 이 양도할 수 없는 권리가 어떤 강제를 통해 이루어져서는 안 된다는 점입니다. 우선적으로 독일 두 정부의 합의를 통해서 이루어져야 하고 그 어떤 정부도 다른 정부를 강요해서는 안 됩니다(Roussel, 2015: 515).

같은 해 11월 3일 본(Bonne)을 방문한 미테랑은 콜 수상 앞에서도 이와 같은 견해를 반복했다.

> 아니요, 나는 독일통일에 대해서 두려워하지 않습니다. 역사는 바로 우리 곁에 있고 나는 그것을 겸허히 받아들이고 있습니다. 내 생각에 독일통일에 있어 근본적으로 제기되는 문제는 독일인들이 그것을 진정 원하는지 또는 그것을 실현할 수 있는지에 달려 있다고 봅니다(Roussel, 2015: 515).

공식적으로 미테랑은 독일통일에 대해서 찬성하는 의사를 줄곧 표명했지만 비공식적이고 사적인 자리에서는 독일통일에 대한 두려움을 숨기지 않았다. 과거 드골이 그랬듯이 독일통일에 대해서 매우 상반된 이중의 감정을 가지고 있었던 것이다. 드골은 표면적으로 독일통일에 대한 전망을 태연하게 받아들이는 것처럼 보였어도 그의 동료인 라랑드(Le général Lalande)에게 "나는 독일이 두 개의 체제로 분단되어 있기를 원한다"(Journal du général Lalande, 12 septembre 1967(service historique de la Défense); Roussel, 2002: 842에서 인용)고 언급할 정도로 독일통일에 대해서 그리 달가워하지 않았다. 미테랑 또한 유럽 통합의 방향성에 대해서 적극 지지하고 동참했으며, 또 유럽 통합이 우호적인 독·불 협력 관계를 통해서 달성될 수 있다는 것을 그 누구보다 잘 알고 있었지만 드골과 마찬가지로 전쟁의 참혹한 기억을 간직하고 있었던 인물이었다. 개인적으로 독일 전쟁과 포로 생활에 대한 기억을 간직하고 있었고, 비록 독일이 이전과는 다른 화해와 협력의 대상이라는 점을 잘 알고 있었지만 다른 한편 독일 세력에 대한 두려움을 극복하지 못했던 것이다(Roussel, 2015: 515). 1990년대 새롭게 제기된 독일통일 문제에 대한 미테랑의 애매하고도 방관자적인 태도는 이와 같은 심리에서 비롯된 것임을 알 수 있다.

그렇지만 결국 미테랑은 독일통일을 수용하고 동시에 유럽연합 조약을 적극 추진하는 능숙한 외교능력을 보여주었다. 1990년 3월 18일 국민의회 선거를 실시한 뒤, 그는 독일통일에 대한 애매한 입장을 버리고 통일 독일이 유럽의 강력한 동반자가 되었음을 인정하였다. 1990년 10월 3일 양국 수뇌부는 공동체의 심화 및 확대의 촉진을 공동으로 제안하고, 1991년에는 외교 안보 군사정책에 관한 공동 제안을 발표하면서 EU 출범을 앞둔 마지막 문제를 해결하는 데 적극 협력하였다. 그리고 1992년 마스트리히트조약에 서명하여 통화 연합의 출범 일정에 합의함으로써 유럽 통합의 진일보한 발전을 완성하였다.

지금까지 살펴보았듯이 미테랑은 이전 지스카르 데스탱과는 달리 독·불 우호 관계를 기반으로 한 유럽 통합의 발전에 최우선순위를 두지는 않았다. 그는 1990년대에 새롭게 제기된 독일통일과 독일 세력화의 우려에 직면하여 유럽 통합을 적극 활용하면서 당면 과제를 해결하고자 하였다. 즉 유럽이라는 정치적 구속력을 통해서 통일 이후 독일의 세력화를 견제하고 프랑스와의 균형을 유지하고자 하였던 것이다. 그러므로 우호적인 독·불 관계를 토대로 한 유럽 통합의 달성 자체가 미테랑의 중요한 정치적 목표는 아니었다고 볼 수 있다. 그렇지만 그는 프랑스 민족의 이익을 위해 유럽 통합을 적극 지지했고 유럽 통합의 발전에 주요한 역할을 담당했던 인물로 평가될 수 있다.

VI. 결론: 독·불 관계 정상화가 한일 관계 및 동북아 지역 협력에 주는 시사점

제2차 세계대전 후 프랑스와 독일은 영구적인 평화 정착 및 지역 협력 계획들을 통하여 1950년대 '협력 관계', 1960년대 '신뢰할 수 있는 동반자 관계', 1970년대 '위기의 시대 동반자 관계' 그리고 1980년대 'EU 시대 동반자 관계'와 같이 단계적인 관계 정상화를 모색해왔다. 프랑스를 중심으로 무엇이 구체적으로 이와 같은 관계 정상화를 가능하게 하였는지를 살펴보면서 한·일 관계 정상화 및 아시아의 영구적인 평화 정착을 위한 노력에 중요한 함의와 시사점을 찾고자 한다.

첫째, 제2차 세계대전 후 프랑스의 유럽 통합 정책은 독일문제를 해결하는 유럽적 해결책으로 인식되어 추진 동력을 얻을 수 있었다. 즉 프랑스의 유럽 통합 정책은 힘으로나 외교적으로 어찌할 수 없는 독일문제를 유럽적 공간의 창출을 통해 해결하고자 했던 외교적 노력의 일환으로 볼 수 있다. 이와 같은 과정을 통하여 프랑스는 과거 독일문제에 관한 미국과의 마찰을 극복하고 유럽의 협력 관계에서 리더십을 발휘할 새로운 기회를 얻게 되었다. 동시에 석탄을 안정적으로 공급받는 한편, 높은 경쟁력을 가진 독일 철강 산업이 초래할 수 있는 위협을 최소화할 수도 있게 되었다. 쉬망플랜은 프랑스의 독일 정치의 딜레마, 즉 독일 세력의 견제와 프랑스뿐만 아니라 유럽 경제 회복을 위한 독일 경제 활성화와 활용이라는 상반된 당면 과제를 동시에 해결해주는 유럽적 해결책이었던 것이다. 그 과정에서 독·불 관계 또한 '숙적 관계'에서 '협력 관계'라는 새로운 관계로 정상화되는 발판이 마련되었다.

둘째, 1960년까지 지속적으로 강조되어온 프랑스의 대독일 외교 정책의 중요한 목표는 독일을 통제하고 견제하는 데에 있었다. 그런데 드골은 유럽을 위해 함께할 주요한 동반자로 제2차 세계대전의 동맹국이었던 영국이 아닌 독일을 선택하였다. 그 이유는 유럽이라는 정치 공간을 구축하여 그 안에서 독일에 대한 우위를 확보하고 '프랑스를 위한 유럽'을 건설하는 것이 유리하다고 드골이 생각했기 때문이었다. 드골에게 유럽이나 독·불 관계 정상화 그 자체가 중요한 정치적 목표는 아니었고, 그는 유럽 통합을 통하여 종전부터 지속적으로 제기되어왔던 독일문제는 물론이고 프랑스의 안보, 경제 및 외교 문제를 해결하기를 원했다. 다시 말하자면 드골에게 유럽 통합은 "자기 구제를 위한 유럽적 자구책"의 활용이었던 것이다. 그 과정에서 독·불 관계는 단순한 협력을 넘어 신뢰를 기반으로 한 새로운 동반자적 관계로 발전하였다고 볼 수 있다.

셋째, 프랑스는 우호적인 독·불 관계를 기반으로 하여 1970년대에 직면한 세계 경제 위기 및 도전을 극복해나갔다. 지스카르 데스탱은 정치가들의 결속을 위한 제도 개혁(유럽이사회의 창설)과 유럽통화제도의 창설을 통해 유럽 통합의 심화·발전에 크게 기여했다. 그는 독·불 협력 관계가 무엇보다 중요하다고 판단했고 유럽 통합의 발전을 위해서 이를 적극적으로 활용하고자 하였다. 결론적으로 양국 정상의 협조 모드는 독·불 관계의 발전뿐만 아니라 유럽 통합의 심화·발전에 결정적인 기여를 했다고 볼 수 있다.

넷째, 1980년대 '유럽의 재도약' 과정에서 빛을 발했던 독·불 협력 모드는 1989년부터 전개된 냉전의 종식과 1990년 독일통일 문제에 직면하여 다소 난항을 겪기도 했지만, 미테랑은 유럽 통합을 통하여 새롭게 제기된 독일통일 문제를 해결하고자 노력하였다. 그는 유럽이라는 정치 및 경제적 공간을 통하여 통일된 독일의 세력화와 유럽에서의 불균형을 견제하고자 했던 것이다. 이와 같은 과정을 통하여 미테랑은 '제2의 도약기'로 불리는 유럽 통합 발전에 결정적인 역할을 한 인물로서뿐만 아니라, 독·불 관계에 있어서도 'EU의 동반자 관계'를 구축한 인물로 평가되고 있다.

결론적으로, 유럽 통합을 추진했던 프랑스의 가장 큰 동인은 "독일문제" 해결에 있었다는 점을 알 수 있다. 물론 각 시기마다 독일에 대한 프랑스의 외교적 고민과 성격이 모두 같았다고 볼 수는 없지만, 프랑스는 유럽의 새로운 정치 및 경제적 공간을 만들어 독일이 잠재적인 경제력을 기반으로 하여 세력화되는 것을 막고 불균형이 초래되는 것을 견제하였다. 이처럼 독·불 관계 정상화 과정은 오랜 지역 협력 계획들로부터 진척되어온 두 나라 정상들의 노력의 결실이었다는 점을 상기할 필요가 있다. 이와 같은 내용을 하나의 표로 정리하면 아래와 같다.

반면 오늘날 한일 양국은 여전히 '과거를 인질로 삼은 현재'를 계승하고 있다. 양국의 불신과 증오가 양국뿐만 아니라 아시아의 미래의 발목을 잡고 있다 해도 과언이 아니다. 대립과 갈등 그리고 불신으로 얼룩진 과거를 청산하고 새로운 가능성의 공간을 만들어나가야 하지만 현실적으로 이렇다 할 진전이 없다. 이와 같은 상황에서 전쟁에서의 막대한 피해, 영토 문제로 인해 상호 적대적이었던 프랑스와 독일이 증오와 불신을 넘어 경제 및 정치적 협력

시기	주체	프랑스 외교의 딜레마 & 위기	독·불 관계의 성격	유럽 통합 성과
전후-1950년	아데나워, 장 모네, 로베르 쉬망	전후 독일의 재무장과 독일 경제의 활성화	'숙적 관계'에서 (경제적) '협력 관계'	쉬망플랜, ECSC
1960년대	드골-아데나워	탈식민화의 위기	'잠재적 적국'에서 '신뢰할 수 있는 동반자 관계'	CAP(1965), 관세연맹(1967)
1970년대	지스카르 데스탱-슈미츠	세계경제 및 국제통화의 위기	'위기의 시대 동반자 관계'	유럽이사회를 통한 유럽 정치가 모임의 정례화
1980-1990년대	미테랑-콜	독일통일	'EU 시대 동반자 관계'	EU의 탄생

관계로 전환할 수 있었던 역사적 배경과 추진 동인을 살펴보는 것은 큰 의미가 있다. 앞서 살펴보았듯이 프랑스는 다양한 지역 협력 계획을 통하여 대립과 갈등 그리고 불신으로 얼룩진 과거를 청산하고 독일 세력의 견제와 유럽의 영구적인 평화 정착을 주도했다. 이를 통해 프랑스는 독일 세력을 견제하는 것을 넘어 새로운 경제협력 관계에서 새로운 리더십을 발휘할 기회를 얻었다. 프랑스가 양국 정상화의 문제를 유럽의 새로운 평화 질서 및 협력을 제안하는 '유럽적 해결책'을 통해 해결해나간 것에서 볼 수 있듯이 한국이 보다 적극적인 '아시아적 해결책'을 통해 한일 양국이 처한 외교적 딜레마와 위기를 극복하고 아시아 지역 협력에 있어 주도적인 리더십을 발휘할 기회를 얻기 바란다.

제2장 독일-프랑스 영토 분쟁과 라인강 상류 광역 지역 만들기*

박선희

I. 서론

알자스(Alsace) 지역의 수도인 스트라스부르(Strasbourg)의 공화국 광장(Place de la République)에 가면 〈두 아들〉이라는 제목의 석상이 눈에 띈다.[1] 죽은 두 아들을 안고 슬퍼하는 어머니의 모습을 담고 있는 이 석상은 스트라스부르의 역사를 함축적으로 보여준다. 두 아들은 각기 독일과 프랑스를 위해 싸우다가 죽음을 맞이했고 어머니는 그 비극적 죽음을 애통해하고 있다. 마치 성모마리아가 예수님의 주검을 안고 비통해하는 모습을 담은 〈피에타(Pieta)〉 상을 연상시키는 이 석상의 두 아들은 서로의 손을 놓지 않고 있다.

---

* 이 보고서의 초기 판본은 『통합유럽연구』 제8권 2집에 실렸다.
1 1936년 레옹 에르네스트 드리비에(Léon Ernest Drivier)가 제작했다.

석상이 있는 공화국광장은 이전에 황제광장(Kaiserplatz)으로 불리었다. 신생 독일제국의 도시계획의 일환으로 조성된 광장은 독일제국의 힘을 드러내기 위해 1887년에 황제광장이라 명명되었다. 이후 황제광장은 제1차 세계대전에서 독일이 패망하여 알자스의 운명이 다시 프랑스로 돌아오자 공화국광장으로 불리었다. 제2차 세계대전 중 프랑스가 독일에 합병되면서 다시 이 광장을 '비스마르크광장(Bismarckplatz)'으로 부르던 시기가 있었고 마침내 제2차 세계대전이 마무리된 1945년 이후 지금까지 공화국광장으로 부르고 있다. 스트라스부르의 '공화국광장' 명칭의 변천사에서 알 수 있듯이 알자스 지역을 방문하게 되면 프랑스와 독일의 영토 분쟁 흔적을 경험하지 않을 수 없다. 이처럼 알자스 지역을 둘러싼 프랑스와 독일 간의 분쟁은 이 지역이 1945년 제2차 세계대전의 종결과 함께 프랑스로 재편입될 때까지 지속되었다. 양국 모두 이 지역을 자국의 영토로 편입시키기 위해 경쟁적 방식으로 각기 자기 민족사 속으로 끌어들이려 했다. 정치인에서부터 역사학자 그리고 예술가에 이르기까지 민족주의적 정서를 자극하여 알자스를 자국 민족사로 편입하기 위한 논리적 정당성을 설파하였다.

분쟁의 역사로 점철된 프랑스-독일 간 갈등에 대해서 제2차 세계대전으로 아들은 잃은 알자스의 극작가이면서 풍자극 연출가인 제르맹 뮐러(Germain Muller)는 1960년대에 다음과 같은 내용을 담은 시를 쓰기도 했다.

만약 스트라스부르대성당에 탑이 두 개 있었다면, 당신은 탑 하나에는 독일 국기를, 또 다른 탑에는 프랑스 국기를 꽂을 수 있었으리라!

　이처럼 뿌리 깊은 양국의 갈등으로 인한 영토 갈등의 문제가 제2차 세계대전 이후로 협력의 기류로 돌입할 수 있었던 방법은 무엇일까? 프랑스와 독일의 대표적 영토 분쟁 사례인 알자스 지역에 대한 연구는 독도 문제와 같이 영토 분쟁이 여전히 첨예한 우리나라에서 관심을 갖지 않을 수 없다. 따라서 이 글은 프랑스와 독일이 영토 갈등의 고리를 끊고 공존이 가능한 공간을 모색할 수 있었던 방법에 대해 고찰하고자 한다. 알자스 지역에 대한 영토 분쟁 문제는 국내에서 서양사학자 중심으로 연구되어온 바 있다. 자민족 중심의 역사 기술 방식의 문제점에 대한 연구의 일환으로 알자스에 대한 연구가 진행된 것이다. 특히 독일사 측면에서 박용희(2008: 101-160)는 민족 차원의 정체성을 전제로 한 배타적 지역 정체성의 문제점과 그 극복 과정으로서의 다원적 정체성의 논의를 고찰하였다.

　이 글은 프랑스와 독일 간 영토 갈등이 해소될 수 있었던 중요한 지점으로 초국경 협력 사업을 통한 접경 지역의 상호작용에 대해 고찰하고자 한다. 국가 간 교류가 심화되면서 국경 경계가 점점 허물어져가고 있는 현상을 지구촌 곳곳에서 발견할 수 있으며 이는 특히 유럽에서 뚜렷하게 나타나고 있다. 국가 간의 상호 의존도 증가로 인한 광역적 공간 조직 재편과 '초국경 지역(cross-border or trans-border regions)'[2]의 등장은 새로운 현상으로 주목받고

2　두 용어의 의미상 차이는 거의 없다. 이 글에서는 '월경' 지역이라는 용어보

있다(Paasi, 2002: 197-201). 프랑스와 독일뿐 아니라 스위스를 포함하여 공존이 가능한 접경 지역으로서 라인 상류 지역(Upper Rhine Region)³이란 공간적 단위가 새롭게 생성될 수 있었던 요인도 이와 같은 흐름 속에서 설명될 수 있다. 라인강 상류 지역에 해당하는 프랑스의 알자스, 독일의 바덴(Baden), 스위스의 바젤(Basel) 지방을 중심으로 협력적 교류의 장이 구축될 수 있었던 것은 접경 지역 간 교류 활성화를 주축으로 한, 오늘날 메트로폴리탄 지역(Metropolitan Region)⁴이라 불리는 구상에 의해 가능했다. OECD에 의하면 메트로폴리탄 지역이란 일반적으로 인구가 집중되어 있고 경제활동 영역이 넓게 분포되어 있어 기능적 경제 공간을 구성하는 곳을 일컫는다(OECD, 2006: 31). 2004년 유럽경제사회위원회(European Economic and Social Committee)가 정의한 바를 통해 더 살펴보면 "메트로폴리탄 지역(Metropolitan Area)은 중점 지역, 도심 지역(agglomération urbaine)이나 중점 지역에서부터 떨어져 있는 도시, 주변부, 연결선상에 있는 도시의 합으로 구성되며 이 지역의 경제활동인구의 상당 부분은 매일 중점 지역으로 통근한다."(Comité économique et social européen, 2004: 3) 메트로폴리탄 지역을 정의하는 데 있어 중요한 기준은 인구수를 바탕으로 한 노동시장의 크기와 유동 인구의 흐름을 보여주는 출퇴근 근로자의 수다. "흐름의 공간(space of flows)"(Coombes, 2007)이라고 정의되기도 하는 메트로폴

다는 '초국경' 지역이라는 용어를 사용할 것이다.
3 불어로 Rhin supérieur, 독일어로는 Oberrhein이라 한다. 라인 상류 지역과 관련된 다양한 기구는 공식 언어로 프랑스어와 독일어만 사용한다.
4 이 글에서는 Metropolitan Area와 Metropolitan Region을 동일 개념으로 본다.

리탄 지역은 정치·행정적 통합 없이도 경제·사회 통합을 통해 포괄적인 지역 간 통합을 이룰 수 있다는 것을 의미한다.

라인강 상류 지역에서 메트로폴리탄 지역을 구축하는 것이 처음부터 3국 간의 협력의 동력이 되지는 않았다. 메트로폴리탄 지역이란 개념 자체가 등장한 것은 훨씬 더 후인 1990년대부터다. 하지만 이 글은 제2차 세계대전 이후 라인강 상류 지역에서 점진적으로 진행된 3국 간의 교류 활성화가 마침내 2008년 1월 라인강 상류 3국 메트로폴리탄 지역(Region metropolitaine trinationale du Rhin superieur, RMT)을 구축하여 이 지역에 지속적인 평화 정착을 진작하였음을 살펴볼 것이다. 라인강 상류 지역의 초국경 상호 협력 발달 요인으로 국가 하부의 지역적 층위부터 정부 간 층위 그리고 EU 층위까지 다층적 협력 의지와 강력한 제도화 의지가 중요하게 작용하였음을 중점적으로 분석할 것이다.

II. 라인강: 배타적 공간에서 유럽적 공간으로

19세기 후반기부터 20세기 전반기까지 프랑스와 독일 각국의 민족주의적 역사 기술과 역사교육에 의해 형성된 국민적 정체성은 그 안에 분쟁의 씨앗을 안고 있었다. 프랑스와 독일은 각기 자기에게 유리한 역사 서술을 채택함으로써 타자에 대한 적대적 정체성을 형성하는 데 기여하였다. 독일에서 라인강은 프랑스가 주장해온 '자연 경계(frontière naturelle)'론의 대항 담론으로서 '독일의 강' 그리고 '독일 자체'로 표상되었다. 한편 19세기 프랑스 역사

학자 앙리 마르탱(Henri Martin)이 1883년과 1886년 사이에 저술한 『프랑스사』는 라인강을 독일과 프랑스의 자연적 경계로 규정하였으며, 이 경계를 따라 형성된 민족적 정체성의 영속성을 주장하였다(Sahlins, 1990: 1448). 19세기 프랑스 역사학자 알베르 소렐(Albert Sorel)의 입장도 이와 유사하다. 1885년에 그는 "프랑스 정치를 규정짓는 것은 지리"(Sorel, 1885: 244-337, 246)라고 주장하며 16세기부터, 아니 어쩌면 12세기부터라 해도 틀리지 않은데, 프랑스는 국토의 자연적 경계인 대서양, 라인강, 알프스 그리고 피레네산맥까지 확보하려고 끊임없이 노력했음을 고찰하였다(Sahlins, 1990: 1423-1451). 16세기 물리학자 장 르봉(Jean Le Bon)은 1568년에 쓴 책 『라인강을 왕에게(Le rhin au Roy)』에서 "파리가 라인강에서 물을 들이마시게 되면 거기가 골족의 마지막 지점이 된다(Quand Paris boira le Rhin. Toute la Gaule aura sa fin)"고 기록함으로써 골족으로 상징되는 프랑스의 경계가 라인강임을 강조한다. 자연 경계론은 17세기 절대왕정 시기의 리슐리외 수상에서부터 18세기 프랑스혁명의 주역인 당통까지 이념적인 차이와 관계없이 공유된 생각이었다. 17세기의 정부 공식 지도 제작자이면서 상업적인 지도 제작으로도 저명한 니콜 상송(Nicole Sanson)은 과학적 근거를 갖고 지도 제작에 심혈을 기울였음에도 불구하고 사실상 존재하지 않는 산맥을 그려 넣기까지 하면서 자연적인 경계로 정치적 경계를 확정 지으려고 했다(Sanson, 1683). 이처럼 자연적 경계론은 비단 민족주의적 사관이 뚜렷했던 19세기만의 담론이 아니라 프랑스에서 그 역사적 뿌리가 깊다.

 19세기를 거쳐 20세기 전반기에도 여전히 타민족의 결점을 부각하고 구분 짓는 경향이 강했다. 하지만 이 시기에 접경 지역에 대한 새로운 연구를 가능케 한 프랑스 학자가 뤼시앙 페브르(Lucien Febvre)다. 페브르 시대에도 지난 세기처럼 접경 지역에 대한 논의는 여전히 국민국가 간 경계를 둘러싼 치열한 공방을 되풀이하지만 페브르는 접경 지역에 대한 새로운 인식을 가능케 했다. 페브르는 라인강 유역을 아우르는 공동의 정체성이 존재했음을 주장하고 있다. 그는 경계 지대에 사는 사람들이 인종이나 민족 혹은 언어와 같은 요인에 의해 좌우되는 것이 아니라는 논리로 국경에 대한 새로운 시각을 제공하였다. 접경 지역에 대한 새로운 연구의 기원이 된 책 『라인강, 역사와 경제 문제』에서 그는 라인강을 '유럽의 강'으로 보고 있다(Febvre, 1935). 페브르에 이어 스트라스부르대학에서 13년 동안 역사학을 가르쳤던 젤러(Zeller)는 평생 자연 경계론의 허상을 지적하는 연구에 심혈을 기울였다(Zeller, 1933: 305-33; 1936: 115-131). 그는 특히 19세기와 20세기 초반에 넓게 펴져 있던 자연 경계론이 역사적 사실을 토대로 하기보다는 국민 정체성을 기반으로 한 역사 교과서 제작과 민족주의를 부추기는 신문기자의 구미에 더 부합되는 것임을 주장했다.

페브르와 젤러의 역할은 20세기 전반기의 상황으로 봤을 때 여전히 선구적이었다. 오늘날에도 라인강을 배타적 민족주의적 공간이 아닌 상호 협력이 가능한 유럽적 공간으로 인식하는 데 있어 역사학자들의 역할이 크다. 특히 프랑스에서는 라인강의 지리적, 역사적 공간과 밀접한 스트라스부르대학의 역사학자들을 중심으로 라인강 일대 지역을 초국경 유럽 지역으로 파악하려는 연구가 진행되고 있다. 비록 최근 행정 자료를 공개하지 않는 문헌 자료 공개 원칙 때문에 자료 수집에 어려움이 있어 연구가 지체되고 있지만 라인강을 국가 간 경계가 아니라 유럽의 공동의 강으로 인식하게 하는 데 역사학자들은 큰 역할을 하고 있다. 특히 유럽 통합사의 초기 과정을 집대성한 알자스 출신의 레이몽 푸아드뱅(Raymond Poidevin) 교수(Poidevin, 1986: 26-30)의 연구 그룹에서 배출한 역사학자들의 연구 활동이 오늘날에도 이 영역에서 중요한 영향을 미치고 있다(Wassenberg, 2010a; 2010b).

III. 공존의 공간 구상: 국경 간 교류 활성화

라인강 상류 지역은 라인강을 구심점으로 동쪽으로는 남서 독일의 슈바르츠발트(Schwarzwald), 서쪽으로는 프랑스 동북부의 보주(Vosges)산맥 지대 그리고 남쪽으로는 스위스 서북부의 쥐라(Jura)산맥에 걸친 지역으로 프랑스의 알자스 지방, 독일의 바덴 지방, 스위스의 바젤 지방을 포함한다.[5] 2014년 기준으로 인구가 600만 명인 이 지역은 310만여 명의 경제활동인구가 지역 내 총생산(GRDP)으로 2,450억 유로를 창출한다. 이 지역 전체 면적은 2만 1,527km다.

라인강 유역 갈등의 직접 당사국인 독일과 프랑스만이 아니라 스위스의 바젤이 접경 지역 간 교류에 적극적으로 참여하였다는

---

[5] 그 외에 독일의 라인란트팔트주(Rheinland Pfalz) 지역과 스위스의 아르가우(Aargau)와 졸로투른(Solothurn) 지역까지 포함한다.

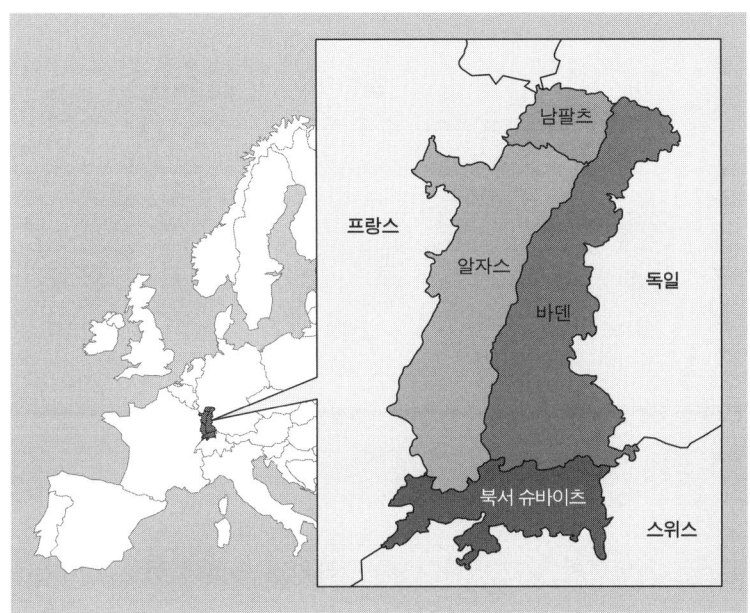

⟨그림 1⟩ 라인강 상류 지역
출처: BAK Basel Economics(2006: 17).

것은 주목할 만하다. 이는 이 교류의 중심에 경제 활성화라는 자연스러운 동인이 작용하고 있음을 알 수 있게 한다.

⟨그림 2⟩가 보여주듯이 상류 라인 지역에서 1인당 소득이 가장 높은 곳은 바젤이 중심인 북서 슈바이츠(Schweiz)다.[6] 북서 슈바이츠 지역의 1인당 국민소득은 2010년에 5만 5,000유로에 육박하였고 2014년에는 6만 유로를 넘었다. 이는 알자스와 남팔츠 지역의 1인당 국민소득의 두 배에 해당된다. 주지하듯이 네 가지 요소(노동, 자본, 상품, 서비스)의 자유로운 이동을 전제로 한 유럽연합에 스

---

6 북서 슈바이츠는 바젤 지역과 아르가우 지역을 통칭하는 용어다.

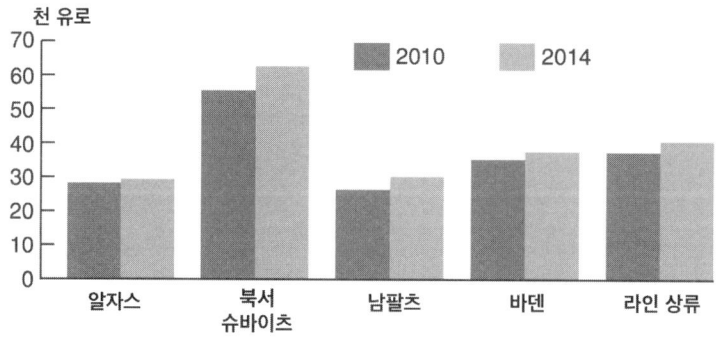

<그림 2> 라인강 상류 지역의 지역별 1인당 국민총생산

출처: Offices statistiques du Rhin supérieur(2016: 10).

위스는 가입하지 않고 있다. 하지만 라인강 유역의 독일 지역이나 프랑스 지역보다 경제지표가 월등히 좋은 스위스의 바젤 지역의 참여는 라인강 상류 지역의 경제협력의 장을 구상하는 데 있어서 가장 중요한 요인 중 하나다.

2014년 기준 이 세 지역의 경제활동인구는 310만여 명으로 이 중 매일 다른 지역으로 출퇴근하는 근로자의 수는 9만 3,300명을 기록하고 있다. 2002년에 비해서는 7퍼센트 증가한 것으로 나타난다(Offices statistiques du Rhin supérieur, 2016: 11). 라인강 상류 지역의 국경 통근 근로자의 수를 나타내고 있는 <그림 3>에 의하면 프랑스 지역인 알자스에서 독일 지역인 남팔츠로 출퇴근하는 사람의 수는 그 역방향보다 10배나 더 많다. 알자스에서 또 다른 독일 지역인 바덴 지역으로 매일 출퇴근하는 근로자 수는 그 역방향보다 22배나 더 많다. 이와 같은 상황은 스위스 북서 슈바이츠 지역과의 관계에서는 훨씬 더 심해져서 그 역방향과는 300배가 넘는 차

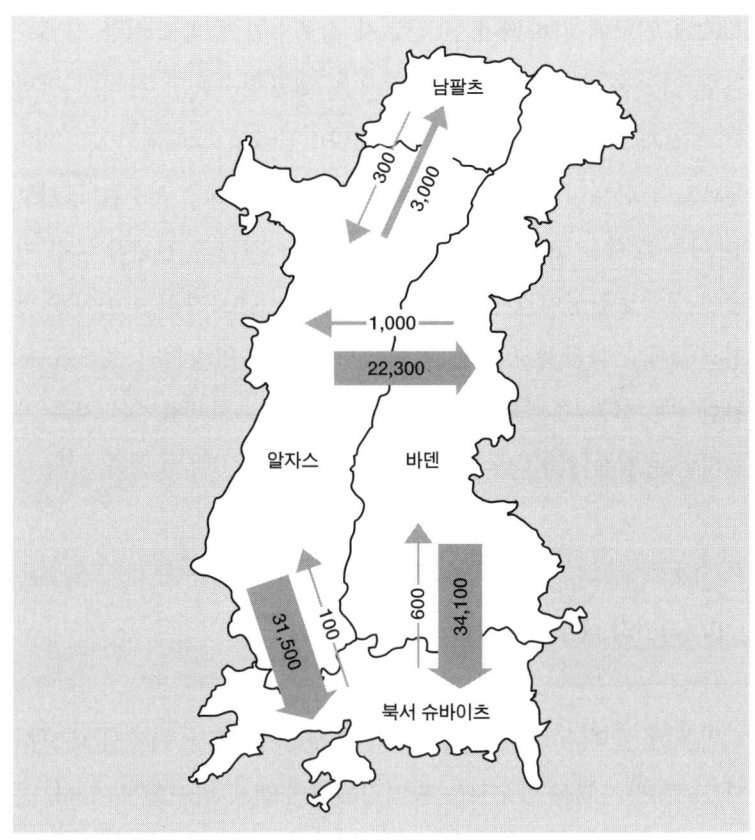

〈그림 3〉 국경 통근 근로자의 수

출처: Offices statistiques du Rhin supérieur(2016: 11).

이를 나타내는 것으로 드러나고 있다.

이렇듯 국경을 넘는 통근 근로자 수의 차이가 크게 벌어지는 배경으로 프랑스, 독일 그리고 스위스 간의 현저한 임금격차와 스위스 바젤 지역에 조성되어 있는 경쟁력 있는 화학·약학 단지 등의 다양한 일자리를 꼽을 수 있다. 이 지역의 비대칭적인 통근 근로자의 이동성 문제에 대한 에데르와 산트너(Eder and Sandtner)의

2002년 연구에 의하면 통근 근로자 경우와는 반대로 상품 구매를 위한 이동은 스위스보다 상대적으로 생활필수품의 가격이 저렴한 독일과 프랑스 쪽으로 이루어진다(Eder and Sandtner, 2002: 148). 에데르와 산트너는 통근 근로자, 상품 구매 그리고 거주를 근거로 한 이동 방향을 고찰함으로써 라인강 상류 지역의 일상적 국경 이동에 상호보완성이 있음을 밝혔다. 즉 통근 근로자의 이동이 일방향적임에도 불구하고 다른 영역에서 그러한 일방적인 흐름을 보완한다는 것을 고찰함으로써 이 지역의 상호 경제협력이 지속 가능하다는 점을 밝힌 것이다.

IV. 라인강 상류 메트로폴리탄 지역 구상

위에서 살펴본 세 지역 간 역내 교류는 한 국가 내에서 대도시와 그 주변 지역을 아우르는 광역경제권 구성에 비견할 수 있다. 인구와 산업이 집적된 중심 도시와 인근 지역이 연계하여 성장 잠재력을 극대화하는 것이 많은 국가의 지역 발전 전략이 되었고 이러한 광역 지역 구상이 1990년대 말부터 지역의 핵심 경제단위로 부상했다. 메트로폴리탄 지역은 광역경제권 내에서 성장, 고용, 혁신의 잠재력을 극대화하여 대도시지역의 성장 역량을 강화하는 동시에 주변 지역과의 동반 발전을 견인하는 역할을 담당할 수 있게 된다. <표 1>처럼 주요 선진국은 1990년대 말부터 이러한 추세를 반영하여 기능적, 지리적으로 관련이 높은 지역을 연계한 광역 발전 정책을 시행하고 있으며 라인강 상류 지역에서는 1950년대 이후부터 이에 비견할 만한 3국 간의 교류 활성화가 일어나기 시작했다.

〈표 1〉 세계 각국의 광역경제권 성장 전략

영국	42개 카운티를 9개 광역권으로 통합(1997). 런던 및 남부 지역에 비해 상대적으로 낙후된 지역의 경제 활성화를 위해 맨체스터, 리즈, 리버풀 등 북부 지역의 주요 도시를 중심으로 8개 도시권(City-region)을 전략적으로 육성.
프랑스	22개 레지옹(region)을 6개 광역권으로 통합 구상(2002). 행정구역별 16개 대도시 공동체(Communauté urbaine)를 운영(2009). 대도시권 경쟁력 강화를 위해 11개 메트로폴(Métropole) 육성 제안(2009).
독일	대도시권 중심 광역경제권의 성장 잠재력 극대화를 위해 11개 메트로폴리탄 지역을 주요 거점으로 지칭(2005).
네덜란드	란트슈타트(Randstadt) 지역을 암스테르담, 로테르담, 댄하그, 위트레흐트 등 여러 개의 소규모 거점 도시로 구성된 네트워크 도시로 발전 추진.
일본	전국을 8개의 권역으로 나누어 광역 지방 계획을 수립(2009). 수도권, 오사카권, 나고야권 등 3개 대도시권 중심 성장 추진.
중국	주장 삼각주, 창장 삼각주, 징진이(베이징, 톈진, 허베이) 등 3대 핵심 도시군을 포함, 전국 10개 도시군을 중심으로 국가 발전 전략 수립.
미국	11개 메가리전(Megaregion)을 설정하고 대도시권과 인근 도시권을 광역교통망으로 연결. '메트로폴리탄 국가론(Metropolitan Nation)'은 광역경제권 중심으로 경제 회복을 추진하는 국가 경제성장 정책.

출처: 민경태(2014: 119).

광역경제권 전략을 정책적으로 적용하려는 시도는 유럽에서 먼저 시작되었다. 유럽의 경우 광역 지역이란 명칭 대신 메트로폴리탄 지역(대도시권 지역)이라고 칭하는데, 이는 독일과 프랑스가 미국에서 통용되고 있는 메가 지역(Mega Region)이란 명칭 대신 메트로폴리탄 지역이라는 명칭을 사용하고 있기 때문이다. 독일이 메트로폴리탄 지역 구상을 가장 먼저 추진했는데 이는 독일통일에 따른 지역 간 경제 격차의 심화뿐 아니라 행정구역의 재정비 필요성에 대응하기 위해서였다. 독일은 1997년에 7개의 메트로폴리탄 지역을 설정하였으며 2005년에 4개 지역을 추가 지정함으로써 총 11개의 메트로폴리탄 지역을 지정하였다(김동주 외, 2010: 51). 프랑스는 본토를 22개의 지역(Region)으로 구획 지었다가 2015년에 이를 6개의 메트로폴리탄 지역으로 바꾸었다. 프랑스와 독일의 예처럼 메트로폴리탄 지역이란 국가 내부의 도시지역을 구획 짓는 용어이면서 동시에 초국경 간 협력 지역을 일컬을 수도 있다. 국가 내부의 대도시권 지역 육성이 국가 경쟁력 강화를 위한 것이라면 국경 간 대도시권 지역 육성 사업은 국제 협력 네트워크 구축을 통해 초국경 간 지역 발전을 제고하기 위한 것이다. 이와 같은 전 세계적인 분위기 속에서 2008년 1월 이 지역은 마침내 라인강 상류 3국 메트로폴리탄 지역이라 명명되기에 이르렀다.

V. 라인강 상류 메트로폴리탄 지역의 특징: 다층적 구성

라인강 상류 지역은 초국경 상호 협력을 진행시켜온 모델 지역이다. 라인강 상류 지역의 초국경 협력이 시작된 시기는 비엔나회의(Congress of Vienna)를 통해 라인강 수상교통중앙위원회(Central Commission for Navigation on the Rhine River)가 설립된 1815년까지 거슬러 올라갈 수 있다. 제2차 세계대전 직후 1950년 7월 11일에는 라인강 유역의 나라(독일, 프랑스, 스위스, 네덜란드, 룩셈부르크)가 모두 참여하여 라인강 환경오염 문제 등 라인강 수질 보호 공동관리 문제를 논의하였다. 하나의 유럽을 만들려는 유럽 통합 구상과 달리 라인강 유역의 초국경 간 협력은 정부 차원의 공식적 수준의 협력에 많은 기대를 걸 수 없었지만(Libera, 2014: 154) 그럼에도 불구하고 다양한 층위에서 협력 의지가 분출되었다. 제2차 세계대전 종료 후 특정 분야에 대한 접경 국가와의 협력 필요성이 점차 증대하기 시작했다. 그 예로 프랑스와 독일의 국경 지역인 켈(Kehl) 항구 공동관리나 프랑스의 뮐루즈(Mulhouse) 지역과 스위스의 바젤 지역의 공동 공항 설립을 꼽을 수 있다.7 협력해야 할 이유가 자연스럽게 발생하면서 함께 살아나갈 공존의 공간을 구축하는 안이 활력을 얻을 수 있게 되었으며 마침내 이 지역을 2008년 1월부터는 라인강 상류 3국 메트로폴리탄 지역이라 일컫게 되었다. 라인 지역위원회와 라인 평의회(Rhine Council)로 확장된 이 지역의 초국경 협력 전개 과정은 편의상 다음과 같이 3단계로 설명할 수 있다.

1. 1956-1975년 이전까지: 민간 중심의 초국경적 협력

1956년부터 정부 차원의 협력 틀이 만들어지는 1975년까지는 민간 차원의 협력이 중점적으로 모색되었다. 대표적인 단체는 레지오 바질리엔시스(Regio Basiliensis), 레지오 오랭(Regio Haut-Rhin) 그리고 알자스-브라이스가우 이익공동체(Community of Interest middle Alsace Breisgau, CIMAB)로 초국경 협력을 용이하게 하기 위해 만

---

7   바젤-뮐루즈-프라이부르크 공항이라 명명하게 되었다. 1930년대 이미 프랑스와 스위스는 공동 공항 구축 구상이 있었으나 전쟁으로 계획이 무산되었다.

든 민간단체다(Kiss and Prieur, 1976). 먼저 바젤의 기업인을 중심으로 1963년에 설립된 레지오 바질리엔시스는 유럽에서 가장 오래된 월경 협력 기구(cross-border association)로 독일의 바덴 지역과 프랑스의 알자스 지역이 초국경 협력을 용이하게 하기 위해 만들었다. 민간 협력 기구인 레지오 바질리엔시스는 라인강 유역의 3국 간의 경제·정치·문화 발전에 있어 걸림돌을 제거하는 데 주안점을 두고 활동했다. 다음으로 1965년에 설립된 레지오 오랭은 프랑스의 뮐루즈를 중심으로 한 민간 차원의 월경 협력 기구이며 프랑스, 스위스, 독일 3국의 지역 간 월경 협력을 용이하게 하기 위해 만들었다. 앞서 두 협회가 각기 스위스와 프랑스 중심의 민간단체였다면 마지막 CIMAB는 프랑스와 독일 간의 월경 협력을 돕는 단체이다. CIMAB는 특히 프랑스와 독일 양국 간의 교류를 위해 교통, 경제, 환경문제 등 월경 근로자들이 겪을 수 있는 문제를 주로 다뤘다.

 이와 같은 민간 차원의 초국경 협력 움직임이 긍정적으로만 해석되는 것은 아니었다. 경제적 측면에서 관련국 일부에게는 위협적으로 느껴지기도 했는데, 특히 프랑스 정부에서는 국경 간 협력으로 바젤 지역이 광역경제권으로 부상하여 인근 지역이 이 지역의 위성도시가 되는 것을 염려하였다. 프랑스는 이와 같은 알자스와 바젤의 초국경 협력이 중앙정부 차원에서 1963년에 조직한 국토 및 지역개발 기획단(Délégation Interministérielle à l'Aménagement du Territoire et à l'Attractivité Régionale: DATAR)의 활동과 경쟁적 구도를 만들 수도 있다는 점에서 경계하기도 했다(Koukoutsaki-Monnier, 2015: 221).

2. 1975-1991년: 정부 간 협력을 통한 제도화

프랑스와 독일이 중심이 된 논의가 3국 국경 간 협력으로 공식적으로 출범한 것은 1975년 본(Bonn)협약을 통해서다. 본협약을 통하여 프랑스-독일-스위스 각국 대표단으로 구성된 정부위원회(French-German-Swiss Government Commission)가 구성되었고, 이후 현재의 프랑스-독일-스위스 라인 상류 지역회의(Franco-German-Swiss Conference of the Upper Rhine)[8]를 설립하기에 이른다. 상류 지역회의는 마침내 1996년에 스트라스부르와 인접해 있는 독일의 켈에 사무국을 설치하였다. 1975년 본협약은 3국 정부 간 협력을 통해 초국경 협력을 공식적으로 발족시키는 데 성공했다.

또한 프랑스가 1980년에 지방분권화법을 통화시킨 것도 3국 간 협력에 힘을 실어주는 중요한 요인이 되었다. 독일이나 스위스와 달리 강력한 중앙 통치 전통을 갖고 있던 프랑스가 지방자치단체에 자치권을 부여하는 법을 통과시킴으로써 지방 차원, 즉 도(Region)에 이전보다 큰 권한을 부여한 것은 3국 간의 협력을 심화시킬 수 있는 요인으로 작용했다. 독일의 주(Land)와 스위스의 주(Canton) 그리고 프랑스의 도(Région)가 힘을 얻으면서 1988년부터는 마침내 지방 차원의 3자회의(Tripartite Congress)가 발족했다. 1988년 '교통'을 주제로 개최된 3자회의는 그후 지금까지 문화, 환경, 경제, 청년, 교육과 고용, 공예와 상업 등 다양한 의제를 논하는 기구가 되었다. 1975-1991년은 특히 협력을 위한 제도적 기틀

[8] http://www.conference-rhin-sup.org/fr/home.html

을 구축하는 시기였다.

3. EU 차원의 INTERREG 지원부터 현재까지[9]

제3기는 EU 차원의 지역 간 협력 프로그램(Interregional Cooperation Programme, INTERREG)이 도입되어 EU 차원의 다수의 지원 정책이 실시된 시기다. INTERREG란 유럽연합 역내뿐 아니라 역외의 국경 간 협력 프로그램을 포함하는 포괄적인 지역 협력을 의미한다. INTERREG가 개시된 1989년부터 현재까지 라인강 상류 지역 국경 협력 사업에 EU가 적극적인 재정 지원을 함으로써 3국 협력 계획을 강화시킬 수 있었다(아래 〈표 2〉 참조).

〈표 2〉 INTERREG를 통한 EU의 지원금

기간	EU의 지원금	공동 지원 프로젝트 수
INTERREG I: 1990-1993	13,253,000유로	50
INTERREG II: 1994-1999	40,800,000유로	126
INTERREG III: 2000-2006	46,000,000유로	127
INTERREG IV: 2007-2013	140,000,000유로	115

이로써 EU는 초국경 협력 사업의 중요한 행위자가 될 수 있었다. 한편 EU 측 회원 국가가 아닌 스위스는 프로젝트 진행에 있어서 INTERREG의 예산을 받지 못하고 스위스연방의 예산 지원을

[9] http://www.interreg-rhin-sup.eu/connaitre-le-programme/presentation/

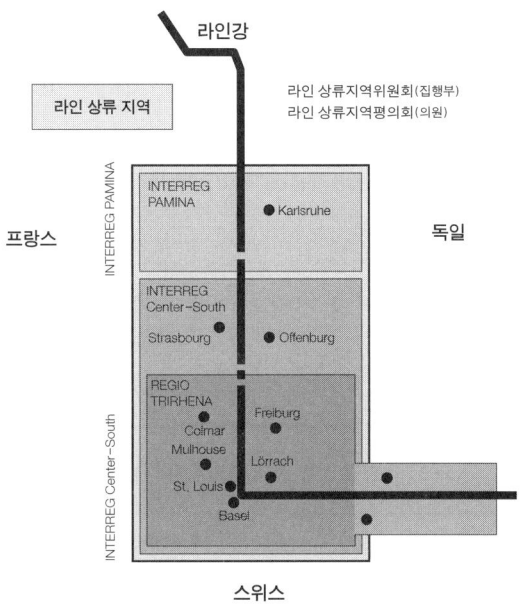

〈그림 4〉 라인강 상류 지역의 중층성

출처: Schneider-Sliwa(2010: 7)를 바탕으로 수정.

지원받는 형식으로 참여하였다. 유럽연합은 1989년부터 이 지역에 지원금을 줄 때 편의상 PAMINA와 Centre South로 지역을 나눴는데 PAMINA 지역은 INTERREG 초기 파일럿 사업의 대상지였다. 하지만 유럽연합은 2007년부터는 더 이상 PAMINA 지역과 Centre South 지역을 구분하지는 않았는데, 이는 명실상부한 공동의 라인강 상류 지역을 구상하기 위해서였다.

이렇듯 하나의 라인강 상류를 구상하는 안에도 불구하고 지역 내 교류가 다른 곳보다 특히 두드러지게 활발히 이뤄지는 곳이 바로 트리레나(Trirhena) 지역이다. 이곳은 바젤을 중심으로 프랑스의 뮐루즈와 독일의 프라이부르크(Freiburg) 지역을 포함하는 남부 지역으로 라인강 상류 지역 중에서도 경제성장 동력이 가장 강해 3국 간 협력을 견인하는 핵심 지역이다. 이 지역은 여전히 INTER-REG에 의해 지속적으로 지원을 받고 있으며 레지오 바질리엔시스의 공간과 일치한다.

위에서 살펴봤듯이 중앙정부 차원, 지방자치단체 차원, 민간단체 차원 그리고 EU 차원의 지원과 같은 다층적 협력 체제는 라인강 상류 지역 구상 방식의 특징이다.

<표 3> 라인강 상류 지역 협의체의 다층적 체제

유럽 차원: 집행위원회(INTERREG)
국가 차원: 정부간위원회(Intergovernmental Commission)
지역 차원: 라인강 상류 위원회(Upper Rhine Conference)
　　　　　　 라인강 평의회(Rhine Council)
지방 차원: 주요 3개 지역　　　중앙부 지역　　　북부 지역
　　　　　　 (Regio Trirhena)　 (Regio Centre)　 (Pamina)

라인강 상류 지역의 또 다른 특징으로는 강력한 제도화를 꼽을 수 있다. 라인강 상류 지역은 마침내 1997년에는 라인강 평의회를 발족하기에 이른다. 71명으로 구성된 지역 차원의 초국경 의회[10]는 라인강 상류 지역에 거주하는 사람들의 이익을 대변하기 위해 1년에 적어도 두 번 모인다. 라인강 평의회는 전국구 차원의 의원이 아니라는 점에서 한계가 있지만 특히 라인위원회에 민주주의적 요인

---

[10] 라인강 평의회의 구성은 알자스 지역 26명, 바덴 지역 25명, 스위스 북서 지역 11명 그리고 남팔츠 지역 8명이다.

을 적용케 한다는 점에서는 큰 의미가 있다. 정치적 지도력이나 권한이 막강하지는 않지만 라인강 평의회에서 채택하는 결의안과 권고문은 지방자치단체뿐 아니라 중앙정부 차원에서도 중요한 문건으로 기능할 수 있다는 점에서 라인강 평의회의 유용성을 평가할 수 있다.

〈표 4〉 이상적 유형의 초국경적 정치기구

	공식적/견고한 기구	비공식적/느슨한 기구
제도적/ 통제적	위원회형(Commissions) 정확한 지식/규범 전문가: 기술자, 법률가	커넥션형(Connections) 유용한 지식/자원 중개인: 계획가/개발업자
상징적/ 이념 지향적	협의형(Consociations) 정치적 상징물 통합주도자: 지역의 지도자급 정치인	연립형(Coalitions) 가치, 이념 조직인: 정당 및 이익단체 대표

출처: Blatter(2003: 191).

라인강 상류 지역은 초국경 의회까지 조직하는 등 제도화의 수준이 다른 초국경 기구에 비해 매우 높다. 블레터(Blatter)의 초국경 기구의 유형 분류에 의하면 라인강 상류 지역은 위원회를 통한 구속력 있는 결정이 가능할 만큼 제도화의 수준이 높다. 이처럼 라인강 상류 지역은 다른 초국경 기구와 비교했을 때 안정적이며 견고하게 상호 교류를 이어갈 수 있는 제도를 이미 구축하고 있다.

IV. 결론

　유럽 통합이 진행되는 과정 속에서도 오랜 영토적 갈등은 여전히 분쟁의 요인으로 남아 있다. 유럽 통합 과정에서 EU는 회원국 간의 자유로운 이동과 자유무역의 장애 요인을 제거하는 것을 가장 주요한 목표로 삼고 있지만 개별 국가의 민감한 문제인 영토 분쟁의 문제로 들어가면 이에 대한 해법을 찾기가 간단하지 않다. 프랑스와 독일 간의 오랜 영토 분쟁은 다양한 층위에서 비롯된 상호 협력 의지를 통해서 이 지역 사람들의 공존과 공동 번영을 위한 문제 해결의 실마리를 찾을 수 있었다. 특히 라인강 유역 갈등의 직접 당사국인 독일과 프랑스만이 아니라 스위스가 접경 지역 간 교류 활성화 방안에 참여하였다는 것은 시사하는 바가 크다. 독일이나 프랑스보다 경제지표가 월등히 좋은 스위스가 참여함으로써 라인 상류 메트로폴리탄 지역은 경제 활성화라는 목표를 강력하게 추진할 수 있는 구조를 갖추게 되었다. 그 결과 이 지역은 분쟁의 공간에서 공존의 공간으로 변모될 수 있었다. 라인강 상류 지역의 초국가적 협력의 예는 이러한 지점에서 우리에게도 시사하는 바가 크다.
　한국, 북한, 중국, 러시아 그리고 몽골 정부의 다자간 협의체인 광역두만강개발계획(Great Tumen Initiative, GTI)은 동북아 공동의 번영 공간 구축을 목표로 이 지역의 경제개발 촉진 방안을 모색하기 위해 발족되었다. 1992년 유엔개발계획(UNDP)에 의해 제안된 광역두만강개발계획은 오랫동안 의미 있는 진전을 보이지 못했지만 광역두만강개발계획이 동북아 개발 협력뿐 아니라 동북아 평화 구축을 위해 중요한 역할을 담당할 수 있을 것이라고 기대하는 이유를 라인강 유역 3국의 초국가적 협력의 예에서 찾아볼 수 있다.

한반도에서 북한의 핵개발 등으로 인해 그 어느 때보다도 긴장이 가중되고 있음에도 불구하고 동북아의 지경학적 측면에서 경제협력과 교류 확대가 심화될 수 있는 여지는 여전히 존재한다. 물론 이를 가로막는 요인도 적지 않다. 광역두만강개발계획에 있어 중국의 적극적 역할이 위협적으로 해석되기도 하며 이 때문에 중국 경계론이 득세하고 중국 주도 개발의 명암이 지적되기도 한다. 특히 이 지역 국가들의 강한 국가주의, 민족주의적 성향은 초국경 지역의 형성과 성장은 물론 이를 둘러싼 담론의 형성조차 어렵게 한다. 이러한 점에서 라인강 연안의 초국가적 지역 형성에 기여한 역사학자들의 역할에 대한 재조명이 필요하며, 우리에게는 광역 두만강 지역 형성을 위해 국가주의를 넘어서는 역사학자들의 담론 형성이 요구된다. 다른 한편으로는 이 지역의 국가, 도시, 지방 간의 경제적 격차는 두만강 인근 지역의 협력과 라인강 인근 지역의 협력을 단순 비교할 수 없게 만드는 요인이기도 하다.

하지만 광역두만강개발계획은 프랑스-독일-스위스 정부위원회가 그랬듯이 초보적인 거버넌스 구조로 출발해서 남·북·중·러·몽골 5국[11]의 다자 협의체의 초국경 협력 틀의 구성을 통해 점진적으로 순기능을 발휘할 수 있도록 추진해야 할 것이다. 두만강 유역 교통 물류 네트워크 공동 개발 사업, 나선 국제산업복합단지

---

[11] 북한은 GTI의 운영 방식에 문제를 제기하며 2009년 11월 탈퇴한 뒤 복귀하지 않았지만 동북아 공동 번영의 공간 구축을 위해서 북한의 참여는 필수적이기에 5개국으로 기술하였다.

공동 개발 사업과 함께 라인강 상류 지역 형성 과정에서 그랬듯이 두만강 유역 환경 협력 사업, 두만강 유역 수자원 개발 등을 통해 남·북·중·러·몽골 접경국이 합의하는 수준의 환경기준 설정과 환경 정화 시설 구축 등 5국의 국가 이익을 직접적으로 도모할 수 있는 기반을 구축하는 방향으로 지역 협력을 모색해야 할 것이다. 아울러 한·중, 한·러 간 공동 이해관계를 확대하여 양자 협력은 물론 남·북·중, 남·북·러 3각 협력을 추진해야 할 것이다. 또한 과거 UNDP의 구상과는 달리 북·중·러가 각기 개발의 거점들(나선 특구, 창춘-지린-투먼, 광역 블라디보스토크)을 독자적으로 개발하는 방식도 동시에 진행되고 있기에 처음부터 광역 지역 차원으로의 통합을 생각하기보다 소지역에서 광역 지역으로 확산되는 지역 협력도 상정할 수 있을 것이다.

또한 향후에는 일본을 포함하여 동북아의 모든 국가가 광역 두만강 지역 형성에 참여토록 함으로써 역내 갈등 구조를 최소화해야 할 것이다. 두만강 유역에서 동북아 6개국이 모두 참여할 수 있는 실천적 초국경 협력 사업을 발굴하여 추진 전략을 제시하고, 향후에도 후속 협력 사업을 모색하기 위한 다자간 협력 과제를 도출해야 할 것이며, 나아가 주기적으로 각국의 고위급이 참여하는 회담 및 실무자 미팅을 통한 다국적 협력 체계를 공고히 해야 할 것이다.

특히 시진핑 주석이 제안한 중국의 '일대일로(一帶一路, 육해상 실크로드)' 거대 구상과 연계하여 중앙아시아와 유럽과의 관계 강화 전략의 또 다른 연장선상에 동북아 6개 국가를 연계하는 방안에 대한 논의가 꾸준히 진행되어야 할 것이다. 지금까지의 일대일로의 전략이 중국의 동쪽에 위치한 동북아 국가를 제외한 것이라면 앞으로는 동북아 6개 국가에 대한 공동 협력 방안을 논의하여 동북아를 모두 포함하는 사업으로 업그레이드시킬 수 있는 방안을 모색해야 할 것이다. 일대일로 계획의 추진 동력으로 2013년에 아시아인프라투자은행(AIIB)이 설립되었다. 비록 일대일로 전략에 한국이 아직 포함되지 않은 상태지만 AIIB의 창립 회원 국가인 한국이 주도하는 두만강 지역 개발에 AIIB가 자금을 제공하고 협력토록 하여 두만강 유역을 포함하며 동북아의 번영 공간을 만드는 데 이바지할 수 있기를 바란다. 그리고 더 나아가 한반도 평화를 위한 밑거름이 되기를 기대해본다.

제3장 독일-폴란드 국경선 분쟁과 슐레지엔 문제*

박채복

I. 서론

독일과 폴란드는 오데르·나이세국경선(Oder-Neisse-Line)의 인정과 독일의 폴란드 침략 행위에 대한 진정한 사과와 서로에 대한 상호 인정을 통해 갈등과 반목의 역사를 넘어 역사적 화해를 위한 다양한 노력을 전개해나갈 수 있었다. 국경선에 대한 인정은 독일과 폴란드 역사 화해의 출발점이었다. 독일과 폴란드 양국은 과거 역사 문제의 교착 상태에서 벗어나 정치·경제적 차원에서, 더 나아가 역사적인 차원에서 서로의 발전을 위해 평화적 공존과 협력이 불가피함을 인정하고, 미래지향적인 관계를 설정하기 위한 전

* 이 글은 『한국정치외교사논총』 제39권 2호(2018)에 실린 「독일-폴란드 국경선 분쟁과 역사적 화해: 문화의 융합과 혼종화 그리고 새로운 정체성」을 이 책의 내용에 맞게 일부 수정한 것이다.

제 조건으로 오데르·나이세국경선을 인정하였다. 이 과정에서 독일과 폴란드는 자신들의 과거의 역사를 지우거나 왜곡하려 하지 않았다. 반대로 지난하지만 점진적인 교류와 협력의 과정을 통해 역사 분쟁을 넘어 역사 화해의 실마리를 찾으려 노력하였다.

오데르·나이세국경선 인정과 슐레지엔(Schlesien) 문제를 넘어 독일과 폴란드는 새로운 관계를 설정하고 이를 발전시켜나갔으며, 서로에 대한 불신과 부정적인 인식을 개선하기 위해 다양한 차원에서 정치·경제적 협력을 적극적으로 추진하였다. 더 나아가 관련 분야의 학자들과 전문가들이 함께 모여 학문의 장에서 다양한 역사적 화해와 협력 작업을 시도했으며 양국의 관계를 증진하기 위한 여론을 형성하고 공론화하는 일도 중점적으로 추진하였다. 특히 독일-폴란드 교과서 대화는 지속적인 대화를 통해 불행했던 과거의 역사에 대한 깊은 성찰을 가능하게 했으며, 자민족 중심의 역사 인식에서 벗어나 진정한 화해와 공통의 역사 인식의 공유 작업을 적극적으로 추진하여 독일과 폴란드 양국 간의 역사적 화해를 가능하게 했다는 점에서 그 의미가 크다.

독일과 폴란드 양국은 갈등과 반목의 역사를 넘어 서로의 다름에 대한 인정 및 역사적 과정에 대한 상호 이해의 증진과 협력의 결과, 상대국에 대한 부정적인 인식과 입장을 점진적으로 바꿔나갈 수 있었던 것이다. 역사의 왜곡을 넘어 서로의 문화의 융합과 혼종화, 더 나아가 새로운 정체성을 만들어내기 위한 다양한 논의가 진행되었다. 그 결과 독일과 폴란드는 슐레지엔 문제를 탈민족화하고 유럽 통합 과정에서 중요한 정치·경제적 동반자 관계를 구축할 수 있게 되었다. 유럽의 지역 협력과 통합 과정에 적극적으로 참여하여 독일과 폴란드의 관계 발전뿐만 아니라 유럽의 평화와 안정을 함께 도모할 수 있게 된 것이다.

독일-폴란드 국경선 분쟁 사례는 비슷한 역사적 경험을 가진 한국과 일본의 과거사 및 역사 화해 과정에 매우 많은 시사점을 제공한다. 특히 한일 관계에 다양한 정치, 경제, 안보 문제가 복잡하게 얽혀 있고, 과거사 분쟁이나 역사 인식의 갈등과 이해관계의 대립이 지속되고 있다는 점을 감안할 때, 독일-폴란드 영토 분쟁의 원인과 배경, 국경선 문제를 평화적으로 해결하는 과정을 살펴보는 것은 대립과 갈등 넘어 새로운 한일 관계를 설정하는 데 중요하다. 한국과 일본 양국의 미래 관계는 가해와 피해의 구분을 넘어 진정한 역사 화해를 통해 가능하기 때문이다.

독일과 폴란드 양국이 과거의 역사에 머물러 있지 않고 지정학적 차원에서의 서로의 중요성을 인식하고 정치·경제적 차원에서 협력을 공고히 하기 위한 지속적인 노력을 계속했다는 점에서 독일과 폴란드 국경선 분쟁 사례는 분쟁의 역사를 평화의 역사로, 불행한 역사를 함께 만들어가는 공존 가능한 역사로 전환하는 방법과 동력에 대한 심도 깊은 고민을 가능하게 할 것이다. 또한 독일과 폴란드의 국경선 분쟁 및 역사 화해 사례는 여전히 해법을 찾지 못하고 대립과 반목을 지속하고 있는 현재의 한일 갈등과 외교적 마찰을 돌파할 수 있는 해결책을 찾아보는 데 중요한 의미를 제공할 것이다.

이 글은 독일과 폴란드 관계의 걸림돌로 작용하였던 슐레지엔 문제를 중심으로 독일과 폴란드 국경선 분쟁의 평화적 해결 및 역사 화해 과정을 살펴보고 독일과 폴란드 사례가 미래지향적인 한일 관계에 주는 의미 및 시사점을 논의해보고자 한다. 슐레지엔을 둘러싼 독일과 폴란드의 영토 분쟁과 이를 평화적으로 해결하는 과정에 대한 분석 작업은 오데르·나이세국경선의 인정과 양국의 역사적 화해를 위한 다양한 노력이 전개되는 과정과 맞물려 있다. 더 나아가 역사적 과정에 대한 상호 이해의 증진을 통해 영토 분쟁의 원인과 배경, 영토 문제의 해결 과정 및 그 결과에 대한 면밀한 접근을 가능하게 한다.

독일과 폴란드의 국경 문제 중 하나인 슐레지엔 문제를 살펴보기 위해 독일과 폴란드가 어떻게 갈등과 반목의 역사를 협력의 역사로 전환하였는지 그 역사적 경로를 추적해보고자 한다. 이 과정에서 독일과 폴란드의 교과서 협력 과정을 살펴보고 현재적 의미에서 슐레지엔 문제를 조망해보고자 한다. 더 나아가 독일-폴란드 국경선 분쟁 및 교과서 대화가 한일 역사 갈등의 해소 및 미래지향적인 한일 관계의 발전에 주는 함의와 시사점을 제시해보고자 한다.

II. 독일과 폴란드 관계의 걸림돌로서의 슐레지엔

유럽의 중앙에 위치한 독일은 북쪽으로 덴마크와 북해, 발트해, 동쪽으로는 폴란드와 체코, 남쪽으로는 오스트리아와 스위스, 서쪽으로는 프랑스, 룩셈부르크, 벨기에, 네덜란드와 국경을 맞대고 있는 지정학적 위치로 인해 인접 국가들과 영토 및 국경과 관련된 문제를 안고 있었다. 독일은 역사적으로 두 개의 다른 사회 및 문화권의 접점이었던 것이다. 독일 국경은 근대국가 체제가 형성되고 독일통일, 제1차 세계대전, 제2차 세계대전 등을 거치면서 복잡한 과정을 거쳐 매우 불분명한 구획선으로 이루어졌다. 특히 폴란드와 연결되어 있는 독일 국경은 바다나 산맥 같은 자연적인 경계가 없이 평원으로 연결되어 지리적인 구분이 명확하지 않다.

슐레지엔은 남동-북서 방향으로 흐르는 오데르강의 상류와 중류 유역에 위치해 독일과 폴란드 사이의 많은 전쟁으로 인해 영토와 그 귀속성이 빈번하게 바뀌어온 대표적인 지역이다. 특히 두 차례의 세계적 차원의 전쟁으로 인해 슐레지엔은 '민족 경계'의 계속적인 변화를 겪었다. 제1차 세계대전 이후 슐레지엔은 서오버슐레지엔과 동오버슐레지엔으로 분리되었고, 상대적으로 폴란드인들이 다수 거주했던 동오버슐레지엔 지역은 민족자결주의에 따라 주민 투표를 거쳐 신생 폴란드에게 할양됐다.

독일의 폴란드 침공으로 시작된 제2차 세계대전의 결과 1939년부터 1944년까지 일시적으로 독일이 슐레지엔을 재탈환하기도 했다. 그러나 제2차 세계대전 이후 포메른(Pommern), 슐레시엔, 단치히(Danzig), 동프로이센(Ostpreussen)이 폴란드에 할양되면서 독일과 폴란드의 국경은 크게 변경되었다. 특히 접경 지역인 동오버슐레지엔이 폴란드에 할양되면서 이 지역에 거주하던 독일인들은 연합군 관리하에 그들을 독일로 보내기로 한 합의에 의해 서쪽으로 추방되었다.

이 과정에서 독일과 폴란드의 접경 지역인 슐레지엔 문제는 역사상 가장 논란이 많은 국경·영토 분쟁 중 하나가 되었다. 지배와 피지배, 침략과 피정복이라는 갈등과 증오의 역사 속에서 슐레지엔 문제는 국경을 둘러싼 분쟁뿐만 아니라 역사가 과거를 정당화하는 강력한 정치적 무기가 되는 '정치적 무기로서의 역사'(볼프룸, 2007), 즉 기억을 둘러싼 전쟁, 역사 분쟁을 야기했다. 이렇듯 엘베강 동쪽 혹은 독일 동부로 불렸던 독일-폴란드 접경 지역 슐레지엔은 독일에게는 잃어버린 땅으로 수복의 대상이었지만, 폴란드에게는 강대국 독일의 침략으로부터 자신의 역사와 정체성을 지켜내기 위한 최후의 보루였다는 점에서 서로의 인식의 차이는 단순한 국경 문제가 아닌 역사 문제라 할 수 있다.[1]

독일과 폴란드 사이에 국경을 정당화하는 과정에서 국경선 갈등으로 심화된 적대적 이미지와 경쟁적인 고정관념들이 확산되었다. 양차에 걸친 대규모 전쟁에서 패전한 '강대국 독일'과 그 강대국의 옛 영토 상당 부분을 자국 영토로 갖고 있는 '약소국 폴란드'라는 독특한 관계 속에서 서로에 대한 부정적인 이미지와 피해 의식을 극복하고 미래지향적인 관계를 수립하는 일이 쉽지만은 않았다(김승렬, 2008: 30-31). 그러나 1990년 독일통일과 함께 오데르·나이세국경선이 통일 독일의 국경으로 최종 확정되고 국경 문제가 평화적으로 해결되면서 접경 지역 슐레지엔 문제는 독일과 폴란드 양국이 민족적 갈등과 오랜 반목의 역사를 청산하고 역사 화해와 정치 협력을 이루어낸 유럽의 역사 화해의 실례가 되었다(Kamusella, 2002: 37-62; Sandberg, 2016: 66-83; Scott and Collins, 2011: 97-121).

---

1 독일과 폴란드 국경선 문제에 대한 대표적인 국내 연구로는 김승렬(2003: 139-170; 2008: 28-97); 김용덕(2005: 421-448; 2010: 231-253; 2011: 313-333); 김유정·김남국(2017: 169-199); 한운석·김용덕·차용구·김승렬(2008) 등 참조.

이 과정에서 과거 서로 빼앗고 빼앗긴 영토 분쟁의 흔적을 지우고 그 자리에 슬라브 문화와 게르만 문화의 융합과 혼종화로 새로운 정체성을 만들어가고 있는 곳, 유럽 통합의 심화와 확대 과정에서 유럽 문화와 독자적인 지역 문화가 동시에 발전하고 있는 곳이 현재의 슐레지엔이다.

III. 독일과 폴란드 국경선 분쟁의 역사

독일과 폴란드 국경선 분쟁은 매우 오랜 역사적 갈등을 가지고 있으며, 오데르·나이세국경선을 인정하는 문제가 양국의 국경분쟁의 핵심 사항이었다. 독일과 폴란드 국경선 분쟁은 갈등과 반목의 역사로 그 전개 양상은 단순히 양국에만 국한된 것이 아니라 국제 관계의 중요한 쟁점이며, 독일-폴란드 관계사에 영향을 미치는 다양한 행위자의 이해관계 속에서 복잡하게 전개되었다. 이에 이 절에서는 독일과 폴란드 국경선 분쟁의 역사를 1) 제2차 세계대전 이전, 2) 제2차 세계대전 이후, 3) 동방정책과 독-폴 관계 정상화, 4) 독일통일과 국경선 확정이라는 키워드를 중심으로 살펴보고자 한다.

1. 제2차 세계대전 이전

폴란드는 1795년까지 명목상 폴란드-리투아니아 연방으로 알려진 주권국가였으나, 1772년부터 1918년 폴란드 민족국가 성립까지 세 차례에 걸쳐 프로이센, 오스트리아, 러시아 등 주변 강대국에 의해 강제 분할(1772, 1792, 1795년)되면서 지도상에서 사라지는 비운을 경험했다(김용덕, 2010: 231-253). 700년이 넘는 역사를 가진 폴란드의 해체 이후 그로부터 1945년에 이르기까지 폴란드가 국가로서의 지위를 회복하는 일은 세 차례에 걸친 결정적인 분할을 되돌려 1772년 당시의 국경을 복구시키려는 노력과 연계되었다. 따라서 슐레지엔의 수복은 폴란드에게는 어렵지만 숙명적인 문제였다.

폴란드의 완전 해체 후 프로이센이 유럽 강국으로 등장하였으며, 이는 독일통일의 기반을 강화하였다. 폴란드 분할령에서 몇 차례 봉기가 일어나 러시아와 프로이센에 의해 진압되는 사건이 발생하였고, 1918년 폴란드가 국제 무대에 재등장할 때까지 프로이센의 폴란드 점령과 지배 역사는 독일인에 대한 폴란드의 민족주의적 감정의 근원이 되었다. 독일은 폴란드에 대한 지배와 침략을 정당화하는 수단으로 '폴란드=후진성'이라는 도식과 함께 폴란드에 대한 부정적인 이미지를 점차 확대시켜나갔다. 폴란드에 대한 독일인의 고정적 이미지는 이때부터 형성되어 독일의 침략을 정당화하는 수단으로 작용했으며, 더 나아가 폴란드의 게르만화를 필연적 과정으로 인식하게 하는 근거를 확보해나가는 과정에서 폴란드 병합의 역사화를 정당화하는 데 기여한 것도 사실이다(한운석, 2009: 77).

1871년 프로이센에 의한 독일통일 이후 폴란드의 프로이센령의 게르만화는 가속화되었다. 동시에 폴란드의 독립을 위한 노력과 게르만화에 대한 거센 저항은 1900년대 점령 지역에서의 봉기로 표출되었으며, 이에 대한 억압이 강력하게 진행되었다. 프로이센과 오스트리아의 전면적인 대결, 프로이센의 대프랑스 전쟁을 치르면서 유럽의 세력균형 체제가 좌초되었으며, 유럽 최강의 군사력을 지닌 독일제국이 출현하였다. 비스마르크는 주변 국가들의 우려와 두려움을 제거하고자 프랑스의 고립과 다각적인 동맹 체제를 통해 독일의 평화와 안전을 유지하려는 정책을 추진했으나 비스마르크와는 달리 당시 빌헬름 황제의 세계정책은 유럽 열강과의 대립을 심화시켰으며, 결국 1914년 6월 28일 오스트리아 황태자 페르디난트 암살 사건을 도화선으로 제1차 세계대전이 발발하게 되었다.

폴란드의 부활은 제1차 세계대전 이후 체결된 베르사유조약에 의해 이루어졌다. 독일과 오스트리아는 전쟁에서 패배하여 독일에서는 바이마르공화국이 성립되었다. 오스트리아 합스부르크 제국은 해체되었으며, 러시아혁명을 틈타 폴란드는 독립을 성취할 수 있었다. 독일이 보기에 폴란드는 더 이상 열등한 정복 대상이 아니라 독일 영토의 약탈자이며, 경계의 대상이었다. 독일의 이러한 부정적인 인식은 폴란드에 대한 강한 적대감으로 표출되었다. 바이마르공화국 초기에는 폴란드를 일시적인 '한철 국가(Saisons-staat)'로 격하하여 언제든 지배와 점령이 가능한 국가로 인식하는 반폴란드적 사고가 강화되면서 폴란드에 대한 강한 적대감과 증오가 표출되기도 하였다. 폴란드인을 '벌레', '야수', '폴란드 늑대', '폴란드 들쥐'로 묘사하는 증오에 찬 문구들과 캐리커처들이 신문에 자주 등장했다(한운석·김용덕·차용구·김승렬, 2008: 27).

제1차 세계대전은 유럽의 국경 변경에 지대한 영향을 미쳤다.

전후 독일의 새로운 국경은 민족자결주의라는 원칙에 입각하여 이루어졌다. 오랜 국가적 전통을 갖고 있던 폴란드는 국경에 대한 역사적 권리를 주장했으며, 1772년 폴란드의 역사적 경계가 자연적 국경(natural boundary)과 일치되어 국경선 결정의 타당성을 회복하였다. 독립된 폴란드의 국가 수립은 명백한 폴란드 주민이 거주하는 영토를 포함하되 논란이 되는 지역에 대해서는 주민 투표나 국제연맹의 중재에 의한 합의를 통해 결정한다는 원칙에 입각하여 오버슐레지엔의 일부가 폴란드에 할양되었고 단치히는 국경선이 결정되기 전까지 독일과 폴란드 어느 곳에도 속하지 않은 자유도시가 되었다.

폴란드와의 국경선을 정하는 과정에서 단치히는 지역 주민의 대부분이 독일인이었지만 폴란드에게 바다로의 접근을 가능하게 하는 통로를 제공해야 한다는 것과 민족자결주의 원칙에 따라 결국 폴란드에 귀속시키기로 결정되었다. 단치히와는 달리 오버슐레지엔에서는 국가 귀속을 결정하기 위한 주민 투표가 실시되었다. 이를 둘러싼 긴장과 갈등이 발생하여 세 차례의 봉기(1919, 1920, 1921년)가 발생했으며, 폴란드는 이 지역이 폴란드에 통합되는 것을 가시화할 목적으로 봉기를 적극적으로 지원하였다. 이로 인해 독일에게 폴란드는 독일의 강대국 지위를 빼앗아간 주범으로 간주됐으며, 독일제국의 주요 적으로 인식되기 시작했다.

이와 같이 제1차 세계대전에서의 독일의 패전과 함께 성립한 베르사유체제는 다시는 독일이 재기할 수 없도록 하기 위해 독일 침략에 대비한 국경의 안전을 시도한, 독일의 희생 위에 확립된 질서였다. 베르사유의 강제 명령의 이행을 회피하는 것이 의무로 여겨질 만큼 베르사유조약은 독일인에게 굴욕의 강화로 여겨질 수밖에 없었다. 독일은 동부 영토의 많은 부분을 폴란드에 내줘야 했는데, 독일제국 본토와 동프로이센을 분리시켰던 소위 폴란드회랑(Polnischer Korridor)과 '새 폴란드' 내 '독일인들'에 대한 처우 문제는 제1차 세계대전 이후 양국 간의 민족적인 적대적 관계를 심화시키는 데 일조하였다(이용일, 2015: 13).

국경 갈등으로 심화된 적대적 이미지는 베르사유 강제 명령의 최대 수혜자인 폴란드를 응징하고 독일의 잃어버린 영토를 수복해야 한다는 국경 회복의 정당성을 제공하였다. 독일은 폴란드 분할 당시의 프로이센까지를 독일 땅으로 간주하여 독일의 실지 수복이 역사적으로 정당하다고 생각하였다(볼프룸, 2007: 60). 이와 같은 역사 인식은 나치 정권이 역사를 국경분쟁의 도구로 동원하여 폴란드 침공을 정당화하는 데 이용되었다.

2. 제2차 세계대전 이후

나치 독일은 폴란드 침공을 폴란드에게 내어준 과거 제국의 영토를 되찾을 뿐만 아니라 동유럽으로 독일 민족의 생활공간(Lebensraum)을 확대시킬 수 있는 '정당한' 전쟁이라고 주장했다. 그러나 사실 제2차 세계대전은 군사적 팽창정책으로 유럽 대륙에서 독일의 패권을 확립하려는 나치 독일이 독·폴불가침조약을 파기하고 1939년 9월 1일 폴란드를 공격하여 영국과 프랑스가 독일에 선전포고함으로써 시작된 전쟁이다. 그 과정에서 수백만 폴란드인이 희생되었고, 살아남은 자들 역시 독일 전시경제를 위한 강제 동원과 강압적인 점령 정책을 감내해야만 했다(Eberwein and Kerski, 2001; 이용일, 2015: 13).

제2차 세계대전의 종전과 함께 1949년 독일이 두 개의 독일, 즉 독일연방공화국(Bundesrepublik Deutschland)와 독일민주공화국(Deutsche Demokratische Republik)으로 나뉘었다. 독일의 분단은 유럽의 역사를 총체적으로 변화시켰으며, 독일문제를 새로운 형태로 제기하였다. 독일의 분단이 동시에 유럽의 분단이 된 것이다. 또한 독일문제는 분단된 두 독일의 현상 유지 및 유럽 안보와 평화 질서의 핵심으로 민족국가 틀 내에서 해결될 문제가 아닌 유럽 전체의 틀 내에서 해결되어야 할 문제가 된 것이다.

양차 대전을 거치면서 전쟁 당사자로서 독일의 패전은 영토나 국경과 결부되어 폴란드와의 관계에 변화를 가져왔다. 독일문제에 대한 전후 정치의 해결 과정을 폴란드와의 국경선 문제를 중심으로 간략하게 살펴보면, 1945년 2월 4일 얄타회담에서 오데르·나이세강의 동쪽은 폴란드의 행정관리 아래 두고 동프로이센 북부는 소련의 행정관리 아래 두기로 결정하였다. 동프로이센의 소련 귀속과 폴란드의 오데르·나이세국경선의 잠정적인 인정과 이들 지역에서 살던 독일인의 강제 송환이 결정된 것이다(Nawratil, 1997). 1945년 8월 2일 포츠담회담에서 서방 연합국은 오데르·나이세국경선을 추후에 체결될 평화조약에서 최종 결정한다는 유보 조건 아래 독일과 폴란드의 국경선으로 승인하게 된다(한운석·김용덕·차용구·김승렬, 2008: 29).

폴란드는 러시아에게 폴란드 동부를 양보하는 대신 오데르강과 나이세강에 이르는 서부 지방을 새로 얻었다. 오데르·나이세국경선의 설정 결과 폴란드 동부로부터 이곳으로 폴란드인들이 대규모로 이동하였고, 1950년까지 이 지역에 살던 수백만 명의 '독일인들'은 강제 이주를 당했다. 포츠담회담의 결정으로 동유럽과 독일의 잃어버린 동부 영토로부터 대대적인 강제 이주 행렬이 그 뒤를 이었다. 이렇게 강제 이주로 독일 땅으로 들어온 독일인의 수는 대략 1,200만에서 1,400만 명으로 추산된다. 폴란드로부터의 독일인 강제 이주 행렬은 1950년에 일단 종결되었는데, 그 수는 대략 800만 명 정도로 추정된다. 1950년 종결 시점에 여전히 폴란드에 남아 있는 독일인들의 규모는 대략 30만에서 40만 명 정도였다(Faulenbach, 2002; 이용일, 2015: 16).

폴란드에 살고 있는 독일인들에게 폴란드에 편입된 영토는 오버슐레지엔과 마주렌 지역을 제외하고 수백 년 동안 독일 땅으로 여겨진 곳으로 포츠담회담에서 결정된 오데르·나이세국경선을 인정한다는 것은 그들에게 영원한 고향의 상실을 의미했다(이용일, 2015: 13). 반면 폴란드인들 입장에서는 중부 유럽 내지 유럽의 강자로 부상할 수 있는 독일로부터 새로운 국경을 인정받는 것이야말로 그들의 생존권과 직결된 문제라 할 수 있었다. 결국 오데르·나이세국경선 문제는 전후 독-폴 관계에서 양국 관계 정상화에 오랫동안 가장 큰 걸림돌로 작용하게 되었다.

오데르·나이세국경선은 제2차 세계대전 이후 1950년부터 1990년까지 동독과 폴란드 사이의 국경선이었지만, 서독 정부는 이를 공식적으로 인정하지 않았다. 1950년 7월 6일 동독과 폴란드는 영토에 관한 괴리츠협약(Görlitzer Abkommen)을 맺었으며, 이에 따라 전후 나이세 우안은 폴란드령이 되었고 좌안은 동독 영토로 분할됐다(Münch, 1971: 115-118). 전쟁 이전 오데르·나이세국경선 동쪽의 독일 영토는 전쟁 이후 폴란드와 소련의 영토가 됐으며, 전쟁 이후 얄타회담에서의 연합군 사이의 협정에 따라 동프로이센과 슐레지엔의 독일인은 오데르·나이세선 서부로 강제 이주됐다. 독일에게 슐레지엔은 잃어버린 독일 땅이었으며, 국경선 문제뿐만 아니라 폴란드 내 잔류 독일인 문제를 해결해야 하는 당면 과제로 여겨졌다.

동독과는 달리 당시 서독의 아데나워 수상은 국경선을 결정지을 수 있는 권리가 동독 정부에게 부여되지 않았다며 동독은 국경선에 대해 조약을 맺을 자격이 없으므로 근본적으로 이 조약이 유효하지 않다는 입장을 표명했다. 그 대신 서독 정부는 나치 독일의 팽창 이전 1937년 독일 국경이 계속 존속되고 있는, 역사적으로 정당한 국경선이라는 입장을 취했다. 따라서 오데르·나이세국경선은 그 최종 결정이 당사국들의 평화 회담 때까지로 미루어진 일시적인 미봉책에 불과하다는 입장을 계속 견지했으며, 그 결과 이 국경선을 인정하지 않았다. 동독 정부 역시 새로운 국경을 인정하는 게 달갑지 않았지만, 소련의 압력 속에서 국경 인정을 통한 빠른 독일-폴란드 관계 정상화를 꾀했다. 서독과는 달리 1949년 10월 12일 정부성명서에서 폴란드의 서부 국경을 인정한다고 선언한 후 동독은 폴란드와 외교 관계를 수립하였다(이용일, 2015: 20).

3. 동방정책과 독-폴 관계 정상화

제2차 세계대전 이후 '냉전'과 '데탕트'를 거치면서 독일은 동방정책(Ostpolitik)을 통해 '접근을 통한 변화(Wandel durch Annäherung)'를 바탕으로 독일과 폴란드의 관계 정상화를 시도했다. 1969년 빌리 브란트(Willy Brandt) 총리가 추진한 공산권과의 관계 정상화를 위한 외교정책인 동방정책은 서독의 긴장 완화정책을 동유럽 국가들뿐만 아니라 동독으로까지 확대하여 추진한 것이다. 이는 독일문제 해결을 위한 신뢰 구축 및 접근을 통한 변화를 위한 시도라 할 수 있다(Meissner, 1970: 380-383; Roth, 1981: 28-29).

미·소 긴장 완화에 따라 브란트 총리는 동방정책을 통해 서독과 동유럽 국가들 사이의 긴장 완화와 양자의 관계 정상화를 추진했으며, 독일 분단의 극복이 유럽의 평화와 안정 속에서 긴장 완화에 의한 평화적 방법에 의해서만 실현 가능하다고 인식하였다. 이에 동방정책은 독일문제를 유럽의 평화 질서와 연계시켜 유럽의 데탕트와 현상 유지를 기본으로 하여 해결하려는 전술적인 도구로 이해할 수 있다(Brandt, 1968; Velbinger, 1977: 78). 평화와 안보를 전면에 내세웠던 아데나워 총리의 유럽으로의 통합 정책과는 달리 동방정책은 '화해의 정치'를 동반했는데, 동서 국경을 변경하지 않고 현상 유지에 대한 상호 인정의 바탕 위에서 신뢰와 화해 증진을 서독 안보 정책의 우선순위로 인식하였다(Wolfrum, 2006: 283).

폴란드에 대한 독일의 신뢰와 화해의 정치적 제스처는 바르샤바 유대인 게토 추모비 앞에 무릎을 꿇은 빌리 브란트의 불행했던 과거에 대한 진정 어린 참회의 모습에서 시작되었다. 그러나 이에 대해 폴란드인들은 다시 강해진 독일이 빼앗긴 영토에 대한 권리를 주장할 수 있다는 의구심을 떨쳐버리지 못했다(이용일, 2015: 28). 폴란드인들은 독일과의 관계 정상화를 위해서 선행되어야 할 과제로 과거 희생에 대한 배상보다도 오데르·나이세국경선의 인정이 우선시되어야 한다고 생각했다. 따라서 폴란드는 국경 인정을 양국의 불행했던 과거를 극복하고 새로운 동반자적 평화 관계를 맺기 위한 최소한의 필수 조건으로 내걸었으며, 그것이 독일과의 관계 정상화의 출발점이 되어야 한다는 점을 분명히 하였다(Bingen, 2001: 41).

폴란드와 서독의 관계 정상화의 첫 물꼬는 1970년 12월 7일 서독-폴란드 상호 관계 정상화의 토대를 위한 조약(Vertrag zwischen der Bundesrepublik Deutschland und der Volksrepublik Polen über die Grundlagen der Normalisierung ihrer gegenseitigen Beziehungen), 일명 바르샤바조약을 통해 처음으로 오데르·나이세국경선을 인정한 것에서부터 시작됐다고 할 수 있다. 독일과 폴란드 양국은 1945년 8월 2일 포츠담회담 결의 제9장에 정해진 슈비네뮌데(Schwinemünde) 서쪽 오스트해(Ostsee)에서 시작하여 오데르강에 접한 라우지처(Lausitzer)의 나이세강과의 합류점까지 나이세강을 따라 체코슬로바키아 국경에 이르는 현존 국경선은 폴란드의 서부 국경을 형성하고 있다는 것을 확인했으며, 현존 국경의 불가침을 보장하고 영토 보전을 무조건 존중하는 의무를 가진다고 합의하게 된다(Herbert, 2014).

이로써 서독은 처음으로 오데르·나이세국경선의 인정과 영토의 불가침성을 확인했으며, 현재나 가까운 장래에 상호 영토에 대한 어떤 권리 요구도 있어서는 안 된다는 것을 천명했다. 그러나 서독 내에서 바르샤바조약의 승인은 예상보다 훨씬 더 오래 걸렸다(이용일, 2015: 20-21). 지루한 정치적 논쟁 끝에 오데르·나이세국경선을 독일통일 이후 다시 승인받아야 한다는 결정 유보 조건과 함께 바르샤바조약은 1972년 5월 17일 독일연방의회와 5월 19일 독일연방상원을 통과하여 확정될 수 있었다. 이를 토대로 1972년 9월 14일 서독과 폴란드의 외교 관계가 수립되었다. 이렇게 독일-폴란드 관계 정상화의 첫 단계가 완성된 것이다.

1972년 외교 관계 정상화 이후 독일과 폴란드 관계의 진전이 급속도로 이루어졌다. 이와 더불어 1975년 헬싱키에서 열린 유럽안보협력회의는 매우 중요한 의미를 가진다. 유럽안보협력회의(알바니아를 제외한 전 유럽 국가와 미국, 캐나다의 수뇌 참가)는 현 국경선의 존중 및 국가 간에 규정한 기본 관계에 기반하여 유럽 안보의 기초와 국가 간 관계 원칙에 관한 일반 선언으로 명명된 최종 의정서에 조인함으로써 제2차 세계대전 후 30년 동안 유럽을 지배해온 냉전이 끝났음을 선언하였다. 이를 통해 동서 유럽 국경의 안정을 기반으로 긴장 완화와 동서 화해가 이루어질 수 있는 터전이 마련되었다. 특히 폴란드에 살고 있던 독일인의 송환 문제에 대해서는 1972년 독일 적십자사를 통한 개인적 보상으로 폴란드 정부에 1억 마르크가 지불되었으며, 유럽안보협력회의에서 서독이 차관 10억 마르크, 연금 보상 13억 마르크를 폴란드에 제공하고 4년 동안 독일인의 출국을 폴란드 정부가 인정하는 데 합의하여 오랜 기간 양국의 관계의 걸림돌로 작용하였던 문제의 해결이 평화롭게 진행되었다(Hackmann, 2002: 317-319).

4. 독일통일과 국경선 확정

동유럽 사회주의 체제와 베를린 장벽의 붕괴 그리고 연이은 냉전 종식은 독일의 재통일을 가능하게 했으며, 독일-폴란드 관계는 새로운 전환점을 맞이하게 된다. 통일 독일의 국경선을 획정하는 문제가 다시 수면 위로 떠올랐다. 통일된 독일이 조만간 독일-폴란드 국경선 문제를 들고 나올지 모른다고 우려한 폴란드는 독일의 통일 회담에 부정적 태도를 보였다(김용덕, 2011: 318). 폴란드는 통일 이전에 국경선 문제를 최종적으로 확인시키는 평화조약 체결과 앞으로 진행될 독일통일에 관한 협상 참여를 요구했다. 결국 협상 과정에 폴란드가 당사자로 참여하게 되었고, 1990년 7월 17일 파리에서 거행된 제3차 "2+4 회담"에는 폴란드 외무장관이 초대되었다.[2]

"2+4회담"에서 "독일 국경의 최종 지위"를 규정하는 5대 원칙이 합의되었다. 첫째, 통일 독일은 서독과 동독 및 베를린의 영토로 구성한다. 그것의 외부 국경은 최종 협정이 효력을 발휘하는 날 통일 독일의 국경이 될 것이다. 둘째, 통일 독일과 폴란드는 국제법적으로 구속력 있는 국가 간 조약에 명시된 국경을 확정할 것이다. 셋째, 통일 독일은 앞으로 다른 국가에 어떠한 영토 요구도 하지 않는다. 넷째, 서독과 동독 정부는 통일 독일이 이러한 원칙

---

[2] 독일과의 국경선과 관련해 폴란드는 세 가지 요구 사항을 제시했다. 그것은 '독일은 국경 조약 비준 후 비로소 완전한 주권을 획득해야 한다', '국경 규정은 유럽 평화 규정의 요소로서 표현되어야 한다', '독일연방정부는 내독 관계법을 개정한다' 등이었다(김용덕, 2011: 313-333).

에 부합하지 않는 어떠한 규정도 포함하지 않을 것임을 헌법상에 보장한다. 이것은 서독 기본법의 전문과 제23조 2항 및 제146조에 명시된 규정에 적용된다. 다섯째, 소련, 미국, 영국, 프랑스 정부는 공식적으로 서독과 동독 정부의 의무와 선언을 수용하고, 독일 국경의 확정된 지위를 확인한다 등이었다(Blumenwitz, 1994: 50-53).

1990년 9월 12일 모스크바에서 개최된 "2+4회담"은 독일통일에 대한 최종 조약을 조인하였으며, 독일통일 이후인 1990년 11월 14일 바르샤바에서 오데르·나이세국경선에 의거하여 국경 조약이 체결됐다. 1991년 6월 17일 독일 본에서 체결된 독일과 폴란드의 선린 우호 관계와 우호적 협력 관계에 대한 조약은 독일과 폴란드 양국의 동반자 관계 증진과 정치적 협력 관계를 강화하는 데 기여하였다(Czaplinski, 1993: 167-173).

이를 통해 국경과 관련된 문제를 평화적으로 해결하고 선린 관계 및 협력을 약속함으로써 독일통일 이후 양국은 새로운 차원의 관계 개선을 위한 노력을 통해 과거에 유래를 찾아 볼 수 없을 만큼 긴밀한 유대를 형성하게 되었다(김용덕, 2010: 231-233). 독일과 폴란드는 정치·경제적 협력 관계를 발전시켜왔다. 특히 독일은 폴란드의 유럽연합 가입과 나토의 가입을 적극적으로 지지하였다. 1998년 폴란드의 유럽연합 가입을 위한 논의가 시작됐으며, 1999년 폴란드는 헝가리, 체코와 함께 나토에 가입하게 되었다. 2005년 5월 1일 폴란드의 유럽연합의 가입이 성사되어 폴란드는 유럽연합 회원국이 되었다.

III. 독일-폴란드 교과서 대화

1. 독일-폴란드 교과서 대화: 역사적 경로 추적

독일-폴란드 교과서 대화는 독일-폴란드 교과서위원회가 구성되어 최종 권고안이 제출되는 시기까지 진행된 대화와, 이후 최종 권고안이 실질적으로 교과서에 반영되어 실천되는 시기로 구분해서 역사적 경로를 추적해볼 수 있다. 독일-폴란드 교과서 대화는 독일과 폴란드 양국의 관계 개선과 역사 및 지리 교과서 수정을 위한 합의를 목적으로 1972년에 시작하여 최종 권고안이 제출된 1976년까지 9차례 회의를 거치며 진행되었다. 독일-폴란드 교과서 대화는 1970년대에 시작되었지만, 이미 1930년대에 교과서 대화 전사를 가지고 있었다.[3]

1920년대 후반부터 유럽에서 전개된, 국제적 합의를 통해 교과서 내용을 수정하려는 움직임에 자극을 받아 1933년 폴란드 바르샤바의 국제지적협력을 위한 폴란드위원회 내부에 교과서 문제를 다루는 분과가 설치되어 국제연맹의 산하기관으로 활동했다. 폴란드의 주도로 1937년 4월 독일과 폴란드 사이에 교과서 대화가 실현되어 독일-폴란드 공동위원회가 구성되고 다양한 주제에 대한 논의가 진행되었다. 그러나 제2차 세계대전의 발발로 구체적인 성과에 이르지 못하고 종료되었다(한운석·김용덕·차용구·김

---

[3] 독-폴 교과서 대화에 대한 국내 연구에 대해서는 김승렬(2003: 139-170; 2004a: 393-421); 니시가와 마사오(1987: 249-272); 문기상(1983: 223-257); 이민호(1990: 209-229); 한운석(2002b: 203-236) 등 참조.

승렬, 2008: 67).

1950년대 들어 독일과 폴란드의 사이에 역사 교과서에 대한 대화의 필요성은 브라운슈바이크 국제교과서연구소(Internationales Institute für Schulebuchforschung)가 주도한 독일-프랑스 간 교과서 대화가 큰 역할을 하여, 교사인 엔노 마이어(E. Meyer)의 노력을 통해 다시 제기됐다(Meyer, 1956). 국제교과서연구소는 1952년 창립 이후 국제 교과서 연구에 집중하여 역사 교과서는 민족주의적 편협성과 왜곡에서 벗어나 객관적이며 역사적 의미를 가지고 서술되어야 한다는 점을 분명히 하였다(Schueddekopf, 1966). 또한 마이어는 1955년 독-폴 관계사에 대한 47개 테제를 완성하여 역사교육에서 독-폴 관계 기술의 문제점을 상세하게 제기하고 올바른 역사교육을 위한 방향을 제시하였다(곤도 다카히로, 2006: 61-69). 이 테제는 독일과 폴란드의 관계 정상화의 걸림돌로 민족적 명예, 역사적 국경, 영토 문제 등을 지적하고 역사 문제 해결이 양국의 평화적 관계 수립을 위해 중요하다는 주장을 펼쳤다.[4]

독일-폴란드 교과서 대화에 지대한 영향을 미친 또 다른 인물로 국제교과서연구소를 설립한 게오르크 에커트(G. Eckert)가 있다. 국제교과서연구소는 에커트 사망 이후 에커트연구소로 이름을 바꾸어 독일-폴란드 교과서 대화를 이끄는 주역으로 매우 중요한 역할을 수행하였다. 에커트는 마이어 테제를 출간하고 이를 알리는 데 적극적이었으며, 역사교육을 통한 국제 이해 증진 사업에

---

[4] 엔노 마이어의 47개 테제에 대해서는 한운석·김용덕·차용구·김승렬(2008: 193-222) 참조.

관심을 가지고 적극적으로 활동해왔다. 1970년 바르샤바조약이 체결되어 독일과 폴란드 양국이 오데르·나이세국경선을 인정하고 독일과 폴란드 관계를 정상화하려고 시도했고 이는 교과서 대화를 가능하게 하는 데 결정적인 역할을 수행하였다.

특히 국제교과서연구소의 에커트가 유네스코 서독위원회의 위원장이 되면서 1970년 파리에서 열린 유네스코 16차 총회에서 에커트와 폴란드위원회 위원장인 브와디스와프 마르키에비치(W. Markiewicz)는 바르샤바조약을 통해 형성된 독일과 폴란드의 관계 정상화에 힘입어 양국의 역사 및 지리 교과서를 개선할 수 있는 가능성에 대해 의견을 교환했는데, 이를 계기로 독일-폴란드 교과서 대화는 급진전하게 된다. 국제교과서연구소는 독일-폴란드 교과서 대화의 구체적인 계획을 발전시켜나갔다. 그 결과 1972년 2월 22일부터 26일까지 바르샤바에서 첫 번째 독일-폴란드 교과서 대화가 개최되었다. 이 만남에는 독일과 폴란드의 역사가, 지리학자, 정치학자, 교육학자, 교과서 전문가 및 교과서 출판업자 등 총 40명이 모여 교과서 대화를 위한 세부 실무적 문제를 논의하고 합의 사항을 함께 모색하였다. 과거 전쟁 적대국들 사이의 역사 화해를 도모하기 위한 목적으로 독일과 폴란드 교과서 대화가 시작된 것이다.

1972년 2월 22일 유네스코의 중재로 독일과 폴란드 교과서 대화를 위한 첫 만남이 성사된 이후 같은 해 4월 10일부터 17일까지 제2차 교과서 대화가 브라운슈바이크에서 열렸다. 독일 측에서 50명, 폴란드 측에서 18명이 참석하여 제1차 권고안을 보충하고 심화시키는 작업을 진행하였다. 그리고 같은 해 10월에는 교과서 수정을 위한 교과서위원회의 활동 및 진행 방법에 관한 협정을 체결하였고(한운석, 2002b: 212), 폴란드와 독일 전문가들로 교과서위원회가 구성되었다. 교과서위원회는 매년 2회 서독과 폴란드에서 번갈아가며 회의를 갖기로 합의했으며, 공동으로 결정된 권고안들에 대해 의논하고 교과서 수정 계획을 함께 협의하는 데 의견을 같이하였다.

독일-폴란드 교과서 대화를 위해 1972년 2월부터 1976년 10월까지 9차례 회의가 진행되었다. 교과서 대화가 진행되는 동안 점차 교류가 증진되면서 신뢰를 형성할 수 있었으며, 이를 바탕으로 서로에 대한 적대적인 입장을 줄여나가고 상대방에 대한 이해의 폭을 넓히려는 노력을 계속함으로써 역사적 현안에 대한 독일과 폴란드의 관점과 입장이 균형 있게 고려될 수 있었다. 대립이 첨예화되어 대화가 중단되는 위기 상황에서도 교과서위원회는 서로에 대한 관용적 태도를 유지하려 노력하였고, 학문적 인정과 존경은 위원회의 정치적 독립성과 쌍무성을 지켜나가는 원동력이 되었다.

1975년 9월 25일에서 10월 1일까지 바르샤바에서 개최된 교과서 대화에서 양국 관계 초기부터 20세기 현대사의 문제에 이르기까지 독일-폴란드 관계사 주요 쟁점들에 대한 권고안이 완성될 수 있었다(김승렬, 2007 참조). 1976년 4월 4일에서 7일까지 브라운슈바이크에서 열린 교과서위원회는 최종 권고안에 대한 교정 및 편집 작업을 수행했으며, 독일-폴란드 교과서위원회의 향후 활동 계획을 마련하였다. 독일-폴란드 교과서 대화의 최종 권고안은 에케트연구소의 기관지인 『역사 및 지리 수업을 위한 국제 연감(Internationales Jahrbuch für Geschichts- und Geographieunterricht)』 제17권에 발표되었다. 1977년 초『독일연방공화국과 폴란드인민공화국의 역사 교과서 및 지리 교과서를 위한 권고안(Empfehlungen für Schulbücher der Geschichte und Geographie in der Bundesrepublik Deutschland und in der Volksrepublik Polen)』초판이 발간되었으며, 교과서위원회의 최종 권고안에 입각하여 교과서의 수정 작업과 이를 통한 수업이 진행될 수 있었다(한운석·김용덕·차용구·김승렬, 2008: 96-99).

최종 권고안 발간 이후에도 독일-폴란드 교과서 대화는 계속되었다. 1977년부터 1994년까지 매년 1회씩 16차례 학술대회를 개최하여 권고안에서 미진하게 다뤘던 문제들에 대한 연구가 계속 진행됐으며, 그 결과물이 발간되었다.[5] 특히 1989년 사회주의 붕괴 이후 폴란드의 유럽으로의 복귀 과정에서 독일-폴란드 관계의 질적 변화는 독일-폴란드 교과서 대화에 지대한 영향을 미쳤다. 정치적 변화에 부응하여 독일-폴란드 화해재단(Stiftung Polnisch-Deutsche Aussöhnung)이 설립되었으며, 문화재 반환 문제와 제2차 세계대전 중 강제수용소 수감자들과 강제 노동자들에 대한 보상 문제가 수면으로 급부상하였다. 이와 함께 독일과 폴란드의 과거사 문제를 해결하기 위한 일환으로 '기억, 책임, 미래재단(Stiftung Erinnerung, Verantwortung und Zukunft)'이 설립되어 민족 간의 화해 작업이 추진될 수 있는 기반을 마련하였다.

교과서위원회는 권고안으로 일궈낸 성과를 바탕으로 실질적인

---

5   독일-폴란드 교과서 대화의 최종 권고안에 대해서는 한운석·김용덕·차용구·김승렬(2008: 273-305) 참조.

역사교육에 부응하기 위한 새로운 시도로 2001년 『20세기 독일과 폴란드 관계사 교사용 안내서』를 발간하였다.6 이 안내서는 독일과 폴란드 학자들이 공동 집필하였으며, 양국의 교사들에게 다중관점(multiperspective)의 역사교육을 위한 다양한 배경지식과 활용 방법을 제공하기 위한 목적으로 집필되었다. 또한 20세기 유럽사와 독일-폴란드 관계사에서 중요한 의미를 갖는 주제들을 중심으로 연대순보다는 테마별로 구성되었다는 특징이 있다.

2. 독일-폴란드 교과서 대화의 최종 권고안: 의미와 시사점

독일-폴란드 교과서 대화를 통해 역사적 화해 작업이 가능했던 배경으로는 1970년대 동서 데탕트와 유럽에서의 평화 질서 구축이라는 시대적 상황과 이에 따른 독일 정치권의 변화를 꼽을 수 있다. 독일과 폴란드의 과거 역사에 대한 인식의 변화와 갈등의 평화적 해결에 빌리 브란트의 동방정책은 독일과 폴란드 관계 정상화에 획기적인 전기를 마련하였다. 이를 기반으로 양국 정부의 지원하에 '역사 대화'가 시작되었으며, 이와 같은 변화는 독일과 폴란드의 교과서 대화를 가능하게 하는 결정적인 추동 역할을 하였다.

정치권의 변화와 함께 개신교와 가톨릭교회의 역할도 폴란드와의 역사적 화해에 중요하다. 1962년 2월 24일 발표된 '튀빙겐 각서'

---

6 2001년 『20세기 독일과 폴란드 관계사 교사용 안내서』에 대해서는 한운석·김용덕·차용구·김승렬(2008: 306-367) 참조.

와 1965년 10월 15일에 발표된 독일 개신교평의회의 각서와 폴란드 주교들의 개신교에 보내는 서한은 폴란드와의 화해에 긍정적인 역할을 하였다. 이 밖에도 독일의 자기 성찰적인 과거 극복 노력과, 동방정책을 추진한 사민당과 자민당 연정의 지지는 많은 독일인에게 수많은 독일인 추방자 및 독일의 영토 축소, 폴란드 국경의 서부 이동을 나치 범죄의 결과로서 인식하게 하는 데 크게 기여했다. 이러한 인식의 전환이 역사교육에도 영향을 주어 서독이 나치 시기뿐 아니라 근대화 과정 전반에 대한 자기 성찰적 역사교육의 필요성을 깨닫고 시작할 수 있게 된 것이다(김승렬, 2004a: 393-421).

최종 권고안은 독일의 침략과 억압적 지배의 부당성에 대해 인정하였다. 오데르·나이세국경선을 인정하고 서로 '현재의 국경선이 지금뿐 아니라 앞으로도 침범되지 않을 것' 그리고 '영토 완전성의 무조건 존중'을 확인했다. 양국은 '결코 서로 영토를 청구하지 않고 앞으로도 하지 않을 것'을 선언하였다(김승렬, 2007: 97-123). 이를 통해 과거 영토 분쟁에 종지부를 찍고, 서로에 대한 부정적인 이미지 및 인식을 개선하고 과도한 민족주의에 대한 비판적 성찰을 할 수 있었다.

독일-폴란드 교과서 대화는 몇 가지 점에서 그 의의를 찾을 수 있다. 첫째, 독일-폴란드 교과서 대화는 양국 과거사 문제를 해결하고 미래지향적인 관계를 설정하기 위하여 독일-폴란드 관계사에서 기존 서유럽 중심 역사관에서 벗어나 폴란드의 국가 형성과 제도의 발전을 유럽 국가들과 동등하게 다루고 있다는 점에서 그 의의를 찾을 수 있다. 권고안은 독일과 폴란드의 공동 작업으로 이루어진 결과물로서 독일-폴란드 관계사를 상호 이해와 평화의 관점에서 다루고자 했으며, 이를 통해 민족주의적 대결이나 불관용적 태도에서 벗어나고자 노력하였다. 독일과 폴란드는 교과서 대화를 통해 이미 존재하는 정보에 대한 보다 상세하고 객관적인 서술을 시도하여 독일-폴란드 관계사의 정보를 보강하려 하였다. 더 나아가 독일-폴란드 관계사 속에 존재하는 부정확한 정보를 교정하고 의도적인 왜곡을 최소화하려 노력했으며, 역사적 사실에 대한 정교한 평가와 서술을 가능하게 하였다.

둘째, 독일-폴란드 관계사의 관점에 대해 쌍무적 관계를 넘어 초국적(transnational) 관점과 유럽적 관점에서 역사적 서술을 가능하게 하는 노력을 경주하였다. 관점과 인식의 차이가 존재하는 역사적 사건과 쟁점에 대해 차이를 너무 강조하지 않으면서도 해석과 논란의 여지를 인정하는 개방성을 통해 관점의 대중화를 추구하였다.7 26개 테제로 이루어진 최종 권고안에는 동방정책이 가진 화해의 정신이 반영되어 최대 논점 중 하나였던 독일과 폴란드 국경선을 둘러싼 역사적 논쟁을 해결하였다. 또한 나치 점령기의 대량 학살과 강제 노동문제, 반유대주의와 홀로코스트, 영토 변경과 같은 입장이 첨예하게 대립하고 인식의 차이가 드러나는 현안에 대해 양국이 합의한 점은 교과서 대화의 기여로 평가받을 수 있다. 권고안을 통해 교과서에는 '이해와 화해를 위해서'라는 장이 새롭게 마련되어 '독일인과 프랑스인', '독일인과 유대인'과 나

---

7   독일의 역사교육에 대한 자료는 문기상(1983: 223-257); 니시가와 마사오(1987: 249-272); 이민호(1990: 209-229); 한운석(2002b: 203-236); 김승렬(2007: 97-123) 등 참조.

란히 '독일인과 폴란드인'을 다루었고, 폴란드 분할 이전의 지도들이 실림으로써 공동 교과서위원회의 활동과 성과가 실제로 서독 역사 교과서의 수정 과정에 많은 영향을 주었음을 알 수 있다(곤도 다카히로, 2006: 133-142).

셋째, 교과서 대화의 권고안은 독일과 폴란드가 서로에 대한 올바른 지식과 이해를 통해 신뢰를 구축하고 평화적으로 양국의 역사 화해와 협력을 가능하게 하는 기반을 마련했다는 점에서 또 다른 의의를 찾을 수 있다. 이러한 권고안이 인식론적 차원에서 서로에 대한 잘못된 인식을 역사교육을 통해 바로잡고, 교육적 차원에서는 이를 가능하게 할 수 있는 판단력과 가치를 함양할 수 있도록 한 것이다. 교과서 대화의 권고에 따라 교과서의 수정과 수업이 이루어지면서 역사적인 편견과 인식의 차이를 극복할 수 있었던 것이다. 역사 해석의 차이에도 불구하고 합의를 도출해내는 과정에서 교과서 대화 참여자의 인적 연속성과 장기간의 대화와 협력을 바탕으로 형성된 학자적, 인간적 신뢰가 매우 중요하였으며, 이는 교과서 대화에 참여하는 전문가 사이에 교과서에 대한 합의를 확산시키는 데 긍정적으로 작용했음을 알 수 있다.

넷째, 독일-폴란드 교과서 대화는 이해와 화해를 목적으로 하는 역사 교과서를 통한 교육이 학생들로 하여금 스스로 역사적 사실을 평가하고 역사를 해석하는 훈련을 할 수 있도록 함으로써 독일과 폴란드에 대한 이해 증진을 가능하게 하는 터전을 마련하였다. 독일과 폴란드의 공동의 역사를 향해 노력한 학자들과 교과서 대화에 참여한 다양한 전문가의 학문적 대화는 여러 위기와 난관에도 불구하고 서로에 대한 존중과 신뢰를 바탕으로 계속되었으며,

이를 통해 정치적인 독립성과 쌍무성을 지켜나갈 수 있었다. 권고안이 발간된 이후에도 독일과 폴란드의 교과서 대화는 계속되어 교과서 수정 작업에서 발생하는 문제점을 최소화하고자 했으며, 권고안에 입각하여 교과서 수정 작업이 진행되도록 하였다. 또한 새롭게 제기되는 역사적 논의에 대한 진행과 발전 과정을 학술회의를 통해 보완하고 결과물을 계속적으로 발간함으로써 사회적 합의를 하는 작업에 기여하였다.

다섯째, 독일-폴란드 교과서 대화는 쌍무적 교과서 협의를 통한 교과서 수정 작업에만 그치지 않고 독일과 폴란드의 학문적 교류의 장으로서 지속되었으며, 2008년 공동 교과서 제작을 위한 프로젝트가 실행되는 데 중요한 역할을 수행하였다. 그 결과로 2016년 독일과 폴란드의 공동 교과서가 발간되는 성과를 거두게 되었다.

IV. 슐레지엔을 넘어: 문화의 융합과 혼종화 그리고 새로운 정체성

"독일문제, 어제는 해결할 수 없을 것 같았던 이 거대하고 고전적인 세계 정치학의 문제가 평화적으로, 그리고 모두에게 만족스럽게 해결되었다."(Szabo, 1992: 112)

현재 독일은 폴란드와 가장 친한 경제적 동반자이자, 정치적 동맹국이다. 독일과 폴란드의 국경선 합의 이후 미래지향적인 관계를 발전시켜나가는 과정에서 EU의 등장은 새로운 지정학적 환경 변화라는 의미를 갖는다. 독일과 폴란드는 과거 역사적 갈등 관계 청산뿐만 아니라 유럽 통합의 일원으로서 유럽의 평화와 안정을 위한 새로운 관계 정립을 모색하게 되었다. 물론 이 화해의 과정이 항상 조화롭고 평화로운 분위기였다고 말할 수는 없다. 그러나 이 화해와 협력을 통해 독일과 폴란드는 서로의 다름을 인정하고 유럽의 평화와 안보를 위한 건설적인 관계를 형성하여 서로 협조하는 동반자가 되었다.

폴란드 바르샤바 유대인 게토 추모비 앞에서 빌리 브란트가 무릎을 꿇은 행위는 독일 재앙의 근원이 1933년에 시작되었다는 것을 인상적인 상징 정치를 통해 상기시켰다. 이는 독일인이 과거를 미화하는 회상에 빠지지 말고 명확한 역사의식을 지녀야 한다는 점에서 오랜 금기를 깨고 독일문제의 해결을 위한 새로운 시작을 가능하게 한 평화의 상징이 되었다. 그는 독일의 많은 보수주의자의 반대에도 불구하고 오데르·나이세국경선을 인정함으로써 폴란드인들의 불안감을 크게 덜어주었다(이용일, 2015). 서로에 대한 진정한 사과와 이해를 기반으로 역사 청산과 역사 화해를 시도한 독일과 폴란드는 국경선 문제를 평화적으로 해결하고 미래의 관계를 재설정하여 갈등과 반목의 역사를 넘어 불행한 역사를 극복할 수 있었던 것이다.

독일과 폴란드는 공존의 불가피성을 인정하고 유럽의 평화와 안정을 위해 과거의 역사적 갈등을 해결하는 데 주력, 미래의 상호 발전을 위한 정치·경제적 협력을 추진하였다. 국경분쟁과 역사 화해 과정을 통한 독일과 폴란드의 양국의 관계 개선 및 동반자적 관계 수립은 접경 지역 슐레지엔에 새로운 정체성을 정착시키는 데 기여하였다(Kamusella, 2002: 38). 영토 및 국경분쟁을 넘어 접경 지역의 탈민족화와 문화의 융합과 혼종을 통해 새로운 정체성을 확립함으로써 독일과 폴란드 영토 문제인 슐레지엔 문제는 유럽의 평화의 통로가 되었다. 더 나아가 그것은 서유럽과 접촉하는 접경지대의 새로운 정체성을 평화적으로 만들어낸 사례가 되었다(Scott and Collins, 2011: 98).

이 과정에서 독일과 폴란드 양국이 수행한 공통의 역사 교과서 편찬은 매우 어렵고 힘든 과정이었지만 공통의 교과서 개정 및 제작을 통해 배타적 국수주의를 극복하고 상호 이해를 달성할 수 있었다는 점에서 중요한 사업이었다고 평가할 수 있다. 특히 나치 독일로부터 상당한 피해를 입었고 전후에는 사회주의국가로서 다른 길을 걸었던 폴란드와 서독의 협의는 쌍무적인 교과서 수정의 성공적인 사례로 볼 수 있다.

권고안이 발표된 이후에도 독일과 폴란드 양국은 매년 양국 관계사의 주요한 테마들에 대한 공동 연구와 분석 작업을 계속 진행하였으며, 역사 문제와 관련된 전문가들과 학자들이 심포지엄과 학술회의를 개최하면서 교육 현장에서 권고안을 실천하고 보완하는 움직임들을 구체화하고자 하였다. 그 결과 2016년 6월 독일과 폴란드는 양국 간 친선 조약 체결 25주년에 맞춰 첫 공동 역사 교과서를 발행할 수 있었다. 독일과 폴란드의 공동 교과서는 『유럽, 우리의 역사(Europa — Unsere Geschichte)』라는 제목 아래 중세까지의 유럽 중심 역사를 양국 언어로 각각 기술하였다. 2017년 9월 중세 이후 초기 근대까지의 역사를 담은 공동 교과서 2권이 발행되었으며, 2020년까지 총 4권이 발행될 예정이다.

18세기 말 폴란드의 분할과 함께 시작된 접경 지역 슐레지엔을 둘러싼 국경 문제는 독일제국의 형성과 지배를 통한 게르만화와 부정적인 폴란드 정책, 양차 대전을 거치면서 오랫동안 독일과 폴란드 관계의 걸림돌로 작용했으며, 독일과 폴란드의 역사는 갈등과 반목의 역사로 점철되었다. 독일과 폴란드의 국경분쟁 문제에 주목하는 이유는 갈등과 반목에도 불구하고 독일과 폴란드가 지속적인 대화를 통해 신뢰를 구축하고 이를 바탕으로 서로의 견해 차이를 극복하고 평화적으로 그들의 과거사 문제를 해결할 수 있었다는 사실 때문이다. 특히 역사 화해와 올바른 역사교육을 도모하고자 진행된 공통의 역사 교과서 집필 과정은 역사적 화해를 넘어 정치적 협력을 성공적으로 이끌어내는 데 크게 기여하였다.

V. 결론: 미래지향적 한일 관계에 대한 함의와 시사점

20세기 폴란드와 독일의 관계는 양차 대전과 그에 따른 국경선 변경과 이로 인해 첨예화된 갈등과 반목의 역사를 대변한다. 그 중심에 18세기 말 폴란드의 분할과 함께 시작된 접경 지역 슐레지엔을 둘러싼 국경선 분쟁이 놓여 있다. 독일과 폴란드는 과거 역사적 반목과 갈등을 넘어 역사적 화해와 협력을 통해 동반자 관계를 확대 발전시켜나가고 있다는 점에서 슐레지엔을 둘러싼 국경선 분쟁은 한국과 일본의 과거사 문제 및 역사 교과서 논쟁에 큰 시사점을 제공한다. 오랫동안 적대적이었던 폴란드와 독일은 장기적인 교과서 대화를 시작으로 정치적 화해, 더 나아가 경제적 협력을 심화시킬 수 있었다. 과거에 대한 기억을 함께 역사화하고 정치적 쟁점으로 제기하며 화해를 이끌어낸 독일과 폴란드의 공동 경험은 한국과 일본 간의 과거사 문제 및 역사 교과서 문제를 해결하기 위한 본보기가 될 수 있다.

지금까지 살펴보았듯이 독일과 폴란드는 견해 차이에도 불구하고 과거사 문제를 평화적으로 해결하고 건설적인 관계를 모색할 수 있었다. 따라서 독일과 폴란드의 국경선 분쟁 사례는 국제 분쟁을 평화적으로 해결하는 데 중요한 사례가 될 수 있다. 또한 독일과 폴란드의 국경선 분쟁 사례는 '역사는 공유하나 그 해석은 공유하지 못하는' 한국과 일본의 과거사 문제 및 역사 교과서 논쟁에 큰 시사점을 준다. 이에 독일-폴란드 국경선 분쟁 사례가 주는 미래지향적인 한일 관계에 대한 함의 및 시사점을 살펴보면 다음과 같다.

첫째, 독일과 폴란드 국경선 분쟁 사례는 독일과 폴란드 양국 간의 이해를 증진하고 평화적인 관계를 수립하는 데 있어 걸림돌이 되었던 국경선 문제에 대한 과감한 인정과, 지배와 침략의 역사에 대한 사죄가 우선되었다는 점에서 과거에 대한 사죄와 인정이 미래지향적인 한일 관계를 만드는 데 얼마나 중요한지를 분명하게 인식시켜준다. 이러한 사례는 과거사 문제, 영토 문제, 역사 교과서 문제를 겪고 있는 한국과 일본이 미래지향적인 관계 설정에 걸림돌로 작용하는 부정적인 고정관념을 해소하고 적대적 이미지를 변화시키는 데 중요한 시사점을 제공한다.

둘째, 독일과 폴란드 국경선 분쟁 사례는 독일의 침략과 지배로 독일에 적대감을 가진 폴란드가 독일과의 장기적이고 지속적인 신뢰 구축을 통해 국경선에 대한 인정과, 평화와 협력의 역사를 만들어가는 과정에서 양국이 이루어낸 역사적 성과이며 결과이다.

이 과정에서 양국의 역사 화해 협력의 성공적인 사례인 독일-폴란드 교과서 대화는 독일과 폴란드가 공통의 역사 인식을 공유할 수 있는 신뢰 기반을 마련할 수 있게 했으며, 학문적 인프라의 개선과 사회적 인프라의 강화에 기여하였다. 독일과 폴란드는 공동의 교과서를 만들기 위한 협의 과정이 복잡하고 어려웠음에도 불구하고 지속적인 대화를 통해 서로의 역사 인식에 대한 이견을 조율하고 상반되는 이해관계를 조정하였다. 이러한 독일과 폴란드의 공동 역사 인식과 이에 대한 공유 작업은 역사적 갈등 해소와 신뢰 구축을 위한 지속적인 노력을 통해 양국이 이루어낸 역사적 화해와 정치·경제적 협력의 결과였다는 점에서 한국과 일본의 과거사 문제, 역사 교과서 문제 해결에 시사하는 바가 크다.

셋째, 독일과 폴란드가 국경선 분쟁 및 역사 화해 과정에서 그동안 역사적 논란의 중심에 놓여 있었던 나치 점령기의 대량 학살과 강제 노동문제, 반유대주의와 홀로코스트에 대한 기억을 함께 역사화하고 정치적 쟁점으로 제기하며 화해를 이끌어낼 수 있었다는 점을 특히 주목해야 할 것이다. 독일과 폴란드가 과거의 불행한 역사적 사건에 대해 회피하지 않고 적극적으로 논의하고 역사화하는 과정을 지속하였다는 점은 과거 역사 문제에 대한 해결이 양국 관계의 정상화와 발전에 얼마나 불가피한 일인지를 분명하게 보여준다.

넷째, 슐레지엔 문제는 독일과 폴란드의 역사적 화해와 공존을 넘어 유럽 통합을 통해 하나의 유럽을 완성해나가는 과정에서 여타 유럽의 접경 지역과 같이 유럽 문화의 일환으로 통합된 성공적인 사례로 인식되고 있다. 이 과정에서 현재의 슐레지엔은 민족주의적 시각을 상대화한, 역사의 탈민족주의화 사례로 의미를 갖는다. 이러한 사례는 한국과 일본 양국이 서로의 갈등과 반목의 역사를 넘어 협력과 평화의 시대를 만들어가는 데 중요한 참조점이 될 것이며, 동아시아의 위기를 진단하고 해법의 실마리를 찾는 데 도움이 될 것이다.

다섯째, 독일과 폴란드 국경선 분쟁 사례는 정치적 귀속을 둘러싼 갈등의 역사 분쟁을 해결하고 미래지향적인 관계를 설정해나가는 데 한국과 일본 양국 정부의 정치적 의지가 중요하다는 점을 인식할 수 있게 한다. 한국과 일본이 일본의 과거사, 역사 교과서 문제를 해결하는 데에는 많은 어려움이 있겠지만, 특히 역사 교과서 문제의 경우 비판과 지적에서 벗어나 상호 이해와 인정을 기반으로 왜곡된 역사에 대한 시정을 목적으로 하는 쌍무적 협의체의 구성이 무엇보다 시급하다. 자민족중심주의에서 벗어나 국제이해 증진과 평화주의적 역사교육을 목적으로 하는 공동 교과서를 발간할 수 있는 협의체의 구성과 이를 독자적으로 운영할 수 있는 시스템이 필요하다.

여섯째, 한일 나아가 한중일 삼국이 함께 관계사를 역사적으로 논의할 수 있는 학술 세미나나 심포지엄이 다양하게 개최되어야 한다. 학자들과 전문가들의 교류와 협력은 서로에 대한 이해의 불균형을 해소하고 신뢰를 구축하여 어려운 상황에서도 교류와 협력을 지속시킬 수 있는 동력을 확보해나가는 데 기여할 것이다. 자기 성찰적 역사교육은 긴 시간에 걸쳐 다양한 분야에 대한 논의가 진행된 결과라는 점에서 올바른 역사교육과 역사 인식을 통해 협력을 만들어가는 과정에는 국가뿐만 아니라 다양한 행위자의 합의 역시 중요하다. 관련 분야의 학자들과 전문가들이 함께 모여 학문의 장에서 역사적 화해와 협력 작업을 시도하고 역사의 왜곡을 넘어 서로의 문화의 융합과 혼종화, 더 나아가 새로운 정체성을 만들어내는 작업이 중요하다는 점은 독일과 폴란드의 사례가 주는 함의 및 시사점이라 할 수 있다.

제4장 독일-네덜란드 역사 청산과 네덜란드의 인식 변화*

고주현

I. 서론

네덜란드와 독일 간 전쟁 피해 보상을 통한 역사 청산은 비교적 온건한 수준에서 이루어졌다. 네덜란드 정부는 독일과의 전쟁 보상에 관한 협의 과정에서 비교적 온건한 입장을 보여왔고 다른 주변국들과 비교했을 때 보상의 범위도 상대적으로 적었다. 오랜 기간 중립 노선을 지켜왔던 네덜란드는 독일의 예상치 못한 침공으로 제2차 세계대전에 참전할 수밖에 없었고 또한 엄청난 피해를 입었다. 네덜란드의 성장을 견인해왔던 암스테르담과 로테르담 항구는 폐쇄되었고 농경지는 파괴되었으며 전 산업부문에 걸친 경

---

* 이 글은 『통합유럽연구』 제8권 2집에 실린 「네덜란드-독일 역사 청산 — 전후 독일 처리 문제에 대한 네덜란드의 태도 변화를 중심으로」를 이 책의 내용에 맞게 일부 수정한 글임을 밝힌다.

제적 피해는 참담한 수준이었다. 또한 네덜란드에서 유대인 학살 비율은 다른 국가들과 비교했을 때 상당히 높은 수준이었다. 전체 인구 대비 전쟁으로 사망한 인구의 비율은 영국이나 프랑스, 벨기에보다 높았다. 영내 유대인들이 처참한 탄압을 겪은 국가 중에 하나가 네덜란드였다.[1]

이와 같은 피해의 경험에도 불구하고 네덜란드의 독일에 대한 전쟁 배상 요구는 어떻게 온건할 수 있었는가? 네덜란드에서 전후 경제 회복과 복구의 과정이 유럽공동체 형성이라는 다자적 틀 내에서 이루어진 것은 주지의 사실이다. 하지만 당시 네덜란드 정부는 경제적 통합과 협력에 대해서는 관대했지만 초국가적 정치체 형성에는 소극적인 입장을 견지해왔다. 서독을 포함한 유럽의 통합으로 잠재적 전쟁 위협을 막고 서독의 경제적 잠재력을 통한 이득을 고려했던 것이다. 따라서 네덜란드와 독일 양 지역 간 전후 배상에 관한 과정은 유럽석탄철강공동체의 설립 및 참여와 함께 접근되어야 하지만 그럼에도 불구하고 이러한 관점은 다른 주변 국가들의 전후 피해 보상에 대한 강경한 입장과 대비되는 네덜란드의 온건 기조를 설명하는 데는 한계가 있다.[2] 이 점에 주목하

---

[1] 독일 태생의 유대인 철학 사상가 한나 아렌트에 의하면 당시 네덜란드에 거주하던 유대인 인구 중 약 75%가 살해당하는 등 제2차 세계대전 중 네덜란드의 유대인은 다른 나라 유대인보다 훨씬 낮은 생존율을 보였다(Leffler, 1999: 501-524).

[2] 네덜란드와 독일 간 전후 보상에 관한 기존의 외국 연구들은 대부분 네덜란드 외교사 측면에서 전쟁의 피해와 독일과의 외교 관계 변화를 집중적으로 다루었다(Barendregt, 1993; Griffiths, 1984; 1990). 국내 연구는 대부분 유럽공동체의 전신인 유럽석탄철강공동체의 설립 배경과 참여에 대한 동인 분석을 위주로 하며, 양 지역 간 전후 배상의 과정과 주요 정책 행위자의 태도의 측면을

여 이 글은 유럽공동체를 통한 경제 회복이라는 기능주의적이고 결과론적인 측면뿐만 아니라 보다 심도 있는 내용적 측면에서 네덜란드 정부가 제2차 세계대전과 전후 전쟁 보상을 위한 협상 과정에서 어떤 입장을 취해왔는지, 협상 과정에서 가장 우선이 되었던 쟁점은 무엇이었는지, 시기별 태도의 변화가 있었는지, 있었다면 그 이유는 무엇인지 등에 관한 분석을 실시하고자 한다.[3] 이를 통해 기능주의적 설명이 갖는 몰역사성을 보완하고 전후 보상의 범위를 결정하는 주요 국면들이 다음 국면을 이끌어내는 측면들을 강조하고자 한다. 나아가 최종적으로 온건 기조가 형성될 수 있었던 구조적 요인(사회경제적 측면)과 행위자적 요인(정치적 측면)을 면밀히 살펴보도록 하겠다.

이를 위해 이 글은 전쟁의 초중반, 네덜란드 망명정부가 전통적 무역 파트너로서의 독일을 강조하던 시기(1942-1943)와 전쟁 막바지 대기근이라는 악재 속에 독일의 위협이 최고조에 이르렀던 시기(1944-1945), 이어 전후 네덜란드가 종전 처리 문제에 관한 최종 공식 문서를 연합국 점령 위원회에 보낸 후 미국 등 연합국의 독일에 대한 정책 방향이 선회한 1948년과, 마셜플랜과 독일 경제 자유화가 시작된 1949년까지 네덜란드와 연합국 정부 관료들의 연설문을 포함한 공식 문서들과 전쟁 보상에 관한 입장을 다룬 언론 보도 내용들을 위주로 살펴볼 것이다.

   면밀히 추적하는 연구는 거의 없다.
[3] 한편으로 네덜란드는 독일과의 전후 보상 과정에서의 입장과, 식민지 인도네시아에서의 기득권 유지를 위한 태도가 차이를 보이기는 하지만 이 연구의 대상은 독일과의 전후 보상 측면에 한정하기로 한다.

II. 네덜란드-독일 간 전후 처리 및 청산에 관한 역사적 전개 과정

네덜란드는 전후 독일문제를 처리하는 과정에서 두 가지 입장을 견지해왔다. 하나는 경제적 이해관계를 우선으로 서독의 재건을 통해 네덜란드의 수출입 시장을 재확보하려는 온건 전략이었고, 다른 하나는 전쟁 피해 복구를 위해 독일 영토 병합과 구체적인 피해 물자 배상을 주장하는 보다 강경한 입장이었다.

전후 보상에 관한 네덜란드의 요구는 시기별로 변화를 겪었다. 제2차 세계대전이 발발하고 런던 망명길에 오른 네덜란드 정부의 관료 대부분은 독일의 점령에도 불구하고 전쟁이 종결되고 나면 독일의 빠른 회복이 필요하다는 데 뜻을 같이했다. 망명정부와 기업들뿐만 아니라 점령된 네덜란드에 잠복해 있던 언론들까지도 제3제국이 패망하고 나면 독일 처리에 관해 관대한 입장을 취할 것을 지지했다. 이와 같은 입장은 독일의 범죄에 대한 무조건적 용서나 독일인에 대한 호의와는 별개의 것으로 합리적이고 이성적인 사고의 산물이었다. 전후 독일의 빠른 경제 회복 없이는 네덜란드의 경제 복구도 불가능해 보였다. 따라서 독일에 대해 제1차 세계대전 이후와 같은 심한 처벌을 가하지 말고 유럽에서 다시 정상화된 국가로 자리매김할 수 있는 기회를 주어야 한다는 판단이 지배적이었다.

네덜란드 정부의 온건했던 전후 보상에 관한 입장은 독일과의 특수한 경제 관계에 기인한다. 제2차 세계대전 발발 이전까지 양국의 경제 의존도는 다른 주변국들과 비교했을 때 상당히 높았다. 전쟁이 한창 진행 중이던 1942년까지만 해도 네덜란드 망명정부 관료 대부분은 경제 파트너로서 독일의 중요성을 보다 강조했다. 전전 1938년까지만 해도 네덜란드의 대독일 수출은 전체 수출의 1/4을 차지했고 이는 독일 전체 수입량의 15%에 해당했다. 네덜란드는 주요 항만과 라인강을 통해 루르 지역의 산업화를 촉진할 물자들을 독일에 공급했다. 예컨대 로테르담 항구를 통과하는 물자의 80%가 독일로부터 들어오거나 혹은 독일로 향했다. 네덜란드 농산품의 1/3은 독일로 수출되었다. 또한 독일로부터 주요 광물과 자원을 수입했으며 이는 네덜란드 산업 발전을 위한 핵심 요소들이었다(Hirschman, 1945: 89).

이렇게 독일의 신속한 경제 회복을 통한 재건을 지지하던 온건한 방향으로의 네덜란드의 대독일 처리 문제는 일련의 사건을 겪으면서 모호성을 띠게 된다. 1944년 패전의 기운이 강해지자 독일 정부는 로테르담과 암스테르담의 항구를 고의적으로 철거하고 도시 침수를 단행했다. 이어진 2년여의 기간 동안 네덜란드는 대기근(Hungerwinter)으로 기록되는 역사상 최악의 기근을 겪게 되고 이로 인해 전후 독일에 대한 망명정부의 의견이 냉혹해지기 시작했다. 전쟁 종결 직전에 펼쳐진 극적인 상황들은 네덜란드인들로 하여금 정의와 보복의 열망을 불러일으켰다. 그럼에도 불구하고 여전히 한편에서는 대다수의 관료가 양국 간 유대가 네덜란드의 성장을 위해 필수적이라고 여겼다.

이에 대한 이유는 단순했다. 독일은 19세기 말부터 네덜란드의 가장 중요한 무역 상대국이었다. 독일은 네덜란드에 공업 물자, 석탄 및 기계류를 제공해주었다. 1930년대에 독일은 네덜란드의 수출의 25%를, 수입의 26.9%를 차지했다. 제2차 세계대전 이전 네덜란드 수출의 30%는 독일로 향했는데 대부분은 농산품이었다(Groeneveld, 1947-1948: 449-469).[4] 무엇보다도 네덜란드는 독일에 용역을 제공했다. 로테르담 항구와 라인강은 루르 지역과 같은 독일의 주요 공업 지역의 운송로 역할을 담당해왔다(Wielenga, 1996: 42-69). 네덜란드 경제에 있어 독일의 중요성이 많은 네덜란드 정치인과 기업가로 하여금 독일의 회복이 네덜란드의 경제 복구와 직결된다고 판단하게끔 했다. 그러나 1945년 5월 당시 다수의 네덜란드 시민에게 이와 같은 판단을 공론화하는 것은 무리가 있었다. 이 시기에 독일과의 무역 재개를 제안하는 것은 정치적 자살과 같은 것이었다.

네덜란드-독일 경제 관계의 회복에 있어 더욱 큰 장애는 1945년의 국제 정세였다. 독일은 연합국에 의해 4개 지역으로 분할 관리되었다. 이 지역들에는 빈곤과 기아, 난민과 지뢰가 넘쳐났고 경제체제의 부재로 금융시장도 혼란 상태였다. 제3제국의 패망으로 독일인들의 고통은 가중되었는데, 예컨대 연합국 각각의 통치 지역은 자급자족 원칙에 따라 서로 격리되었고 독일 내부 지역 간의 무역뿐만 아니라 주변 국가들과의 무역 또한 제한되었다. 나치당의 멸망 이후 독일의 경제적 낙후는 유럽 전체의 전후 회복에 큰 문제를 안겨주었다. 유럽 대륙은 독일의 기계, 부품 및 공산품이 필요했지만 제2차 세계대전 이후 모든 무역은 일시적으로 불가능

---

[4] 예컨대 1938년 기준으로 독일의 네덜란드 수출액은 4억 5,900만 라이히스마르크였는데 영국과 프랑스의 네덜란드 수출액이 각각 3억 7,100만, 2억 2,900만 라이히스마르크였다는 점과 비교해볼 수 있다(Daalder and Gaemers eds., 1996: 77).

했다. 또한 독일은 한때 유럽의 식료품과 원자재의 큰 소비국이었다. 독일의 회복 없이는 다른 유럽 국가들, 특히 네덜란드와 같은 작은 개방형 경제들의 회복은 불가능했다.

더 큰 문제는 전쟁 종결 후 수년 동안 네덜란드의 내각이 독일을 향한 통일된 정책을 세우지 못했다는 것이다. 그들은 독일을 처벌할지 또는 신속한 경제 관계 정상화를 모색해야 할지 결정하지 못했다. 이 모호함은 1948년 미국이 독일에 대한 정책 방향을 선회하며 사라지게 된다. 네덜란드 정부는 자국 경제 발전을 위해 독일과의 유대 관계 개선을 선택했다. 네덜란드는 유럽 통합과 서독의 북대서양조약기구(NATO) 가입을 지지하기로 했다. 그러나 양국 관계 회복에 있어서 네덜란드의 일부 정치인들은 여전히 유보적이었다.

1948년까지 영국과 미국은 네덜란드 정부의 요청에도 불구하고 네덜란드-독일 간 경제협력을 증진시키려는 노력을 하지 않았다. 미국 정부와 영국 정부는 각각의 통치 지역이 자급자족하기를 원했고, 그것은 독일과의 무역 관계 개선이 절실했던 유럽 국가들에 장애가 되었다. 두 통치 지역(영국의 통치 영역인 북서 지역과 미국의 통치 영역인 남부 지역)이 합병되었을 때 네덜란드 정부는 네덜란드-독일 간 경제 관계에 긍정적인 영향을 줄 것으로 기대하였지만 이는 허상이었다. 점령군은 네덜란드 상품의 수입에 큰 관심이 없었다. 이 상품들은 대부분 고급 농산품으로 전후 피폐한 독일에는 이에 대한 수요가 없었다. 전후 수요는 자본재, 투자재, 원재료 및 기본 식료품에 집중되어 있었지만 네덜란드는 이를 생산하지 않았다. 나아가 연합국은 이와 같은 물자를 구입하기 위해 달러의 지불을 요구했다. 전후 네덜란드는 달러 및 외화가 턱없이 부족했기 때문에 경제 회복에 필요한 물자들을 미국, 영국 등으로부터 조달할 수 없었다. 미국과 영국 연합군은 독일인들의 생존을 최저 비용으로 유지하고자 했기에 주변국들로부터의 수입은 최소화하였다. 독일의 모든 경제활동은 경제 전문가들이 아닌 점령군이 관리했고 전후 수년간 독일에서 정상적인 경제활동을 기대하는 것은 무리였다. 화폐 문제는 정기적으로 논의되었다. 제3제국이 패망한 후 미국과 영국은 독일 점령 지역을 각각 관리했는데 그 지역들은 엄청난 전쟁 후유증과 정치적 고립을 겪고 있었다. 이들은 자급자족하지 못했기 때문에 대량의 식료품을 해외에서 수입해야 했다. 독일은 교환 불가능한 화폐를 가지고 있었으므로 미국과 영국 정부가 이를 지불해야 했다. 이는 자국민의 세금 중 일부였으므로 점령군이 매우 신중하게 소비해야 했다는 것을 보여준다. 반면 네덜란드의 수출과 라인강의 무역은 이로 인해 심각한 해를 입었다. 경제 전문가가 아닌 군사 집단으로 구성된 점령국 지도자들은 모든 금융거래의 단기 결과만 고려했고 독일 경제에 대한 장기적인 안목이 부족했다.

 1948년에 들어와 미국의 정책은 선회했다. 독일의 미래에 대한 미국, 영국과 러시아의 의견 차는 좁혀지지 않았고 이로 인해 미국의 이해관계 역시 바뀌었다. 미국 정부는 자치 정부의 수립을 통한 서독의 분리를 원했다. 마샬계획과 1948년의 화폐개혁안은 서독의 경제 회복에 크게 기여했다. 이 같은 조치들은 서독의 경제 회복뿐만 아니라 네덜란드에도 긍정적인 영향을 주었다. 달러화 부족을 해소해주었고 경제 회복의 길을 터주었다. 또한 네덜란드 정부가 지지하는 유럽 국가 간의 자유무역의 가능성을 열어주었다. 미국이 서독의 경제 회복 노선을 택하자 네덜란드는 이에 따라 네덜란드-독일 관계의 정상화에 집중할 수 있었다.

제2차 세계대전 후 5년간 네덜란드는 독일에 대해 여러 모순된 정책을 채택했다. 한편으로는 독일 일부 지역을 합병하고 피해 물품들에 대한 반환과 회복 비용 등을 요구하는 반면, 연합국과 함께 최대한 신속하게 네덜란드-독일 관계 정상화를 위해 노력했다. 전후 몇 년간 네덜란드의 정책은 모호했다. 보복을 향한 열정은 경제 회복을 향한 열망과 충돌했다. 그뿐만 아니라 네덜란드는 불확실한 국제 정세 속에서 결정을 내려야 했다. 이러한 네덜란드의 역사 청산과 대독일 처리 문제에 대한 모호성은 연합국에 의해 독일의 미래가 확실시되었을 때에야 보다 명확해질 수 있었다.

네덜란드의 전후 대독일문제 처리에 대한 시기별·쟁점별 전개 과정은 다음 절에서 보다 구체적으로 살펴보겠다.

III. 전후 독일 처리 문제에 관한 시기별·쟁점별 구분

1. 1942-1943년: 전쟁 중반

제2차 세계대전이 한창 진행되던 시기인 1942-1943년 사이에 네덜란드 망명정부와 재건위원회는 독일의 경제 재건을 지지하고 유연한 통제를 주장하는 등 온건 노선을 취했다. 망명정부 외교부는 전후 독일 처리 문제에 있어 네덜란드가 어떤 입장을 취해야 하는지에 관한 보고서를 정기적으로 출간했다. 보고서는 독일에 대한 철권 정치의 위험성을 강조하고 독일의 인구와 조직력 등을 감안할 것과 동시에 미래 공격 가능성을 경고했다. 나아가 안보와 경제적 이해관계를 모두 고려해야 하지만 제1차 세계대전 이후의 독일에 대한 처벌과 같은 강경한 방식은 오히려 국가사회주의를 재발시킬 수 있음을 경고했다.

미래 사민주의 수상이 될 드레스(Willem Dress)도 네덜란드가 지정학적 위치상 유럽과 독일의 관문 역할을 맡을 수밖에 없음을 강조하며 독일과의 무역 관계의 중요성을 역설했다. 대다수의 주요 정치인은 독일의 재건을 통한 양 지역 간 정상적 관계 회복을 희망하였으며, 이는 당시 정부 관료들의 연설을 통해 확인 가능하다. 여기서 특히 독일에 점령된 네덜란드가 전후 독일문제에 온건하게 접근하고 있다는 점에 주목해야 한다.

로테르담항을 이용하는 비중 역시 독일이 80%를 차지했다. 로테르담항의 발전은 루르 지역의 산업화와 직결되었고 따라서 독일 시장은 전후 네덜란드 재건에 필수 불가결한 것이었다. 그 사실은 적국에 대한 사고의 방식에도 영향을 미쳐 어느 정도의 온건한 처벌만 하자는 게 당시 대다수의 주장이었다. 강경론자인 메이어스(Posthumus Meyes)는 전후 독일의 잠재적 위협을 경고하는 등 안보 측면의 접근을 해왔지만 한편으론 그마저도 "독일에 대한 철저한 처벌이 독일이라는 수출 시장의 퇴보를 초래할 것이고 이는 네덜란드 경제에 불이익을 줄 것이다"라고 주장했다. 즉 경제 파트너로서의 독일의 중요성을 지속적으로 강조했으며 무역 시장의 지나친 훼손은 불가함을 명확히 했다. 클레펀스(Van Kleffens) 외무장관 역시 네덜란드 정부의 온건한 접근에 공감했다(Goey, 1990: 124-125; Goey and Driel, 2009: 127-151).

반면 일부 정치인들은 전후 독일에 대한 지나친 의존을 삼가할 필요성을 제기했다. 특히 브룩(Van den Broek) 재무장관은 독일로부터 전쟁 피해 보상을 받기 위해 영토 병합과 같은 강경한 주장을 펼쳤지만 이에 대한 호응은 적었다. 이 당시만 해도 연합국들은 독일 산업 파괴를 진지하게 논의하였고 클레펀스는 이와 같은 강경한 독일 처리 방식에 반대했다. 독일을 농업국으로 전락시키려는 의도의 모겐소플랜도 네덜란드 망명정부는 거부했다. 독일의 농경화는 네덜란드 농산품 수출에 막대한 지장을 초래할 것이라는 우려가 작용한 것이다. 1943년 4월 연합국에 철 등의 공동관리를 제안한 클레펀스의 계획은 거부당했다(Wielenga, 1989: 226; Lademacher, 1983: 456-511). 그는 독일에 대한 지나친 처벌은 국가사회주의를 재출현시키는 정치적 명분을 줄 수 있으며, 독일인의 야심과 공격성은 단시간에 변하지 않을 것이라고 경고했다. 런던 망명정부 관료들도 대체로 같은 입장을 견지했다(Campen, 1958: 27; Londens Archief, 1942).

이와 같이 여러 다른 이해관계가 상존했지만 가장 중요한 쟁점은 경제적 고려로 수렴되었다. 공산당을 제외한 여러 정파의 기관지들도 클레펀스의 입장을 공유했다. 점령 네덜란드에서 지하 언론을 통해 그의 의견과 주장이 크게 유포됐다. 좌익 프로테스탄트, 자유 네덜란드, 사민, 보수-자유, 칼뱅주의 등 이념을 막론하고 대다수 정파에서 유사한 주장들이 제기되었다. 그들은 독일의 유럽 내 위상 회복과 지나친 처벌 금지를 주장했다.

〈표 1〉 전후 독일 처리 문제에 대한 네덜란드 주요 관료들의 주장: 1942-1943

	직책/정파	태도	쟁점 및 주장
클레펀스	외무장관	온건	경제적 이해관계 우선/ 통합 기구 설립을 통한 통제/ 독일 분할 점령 반대
헤르브란디 (Gerbrandy)	수상	온건	루르 지역 봉쇄 반대
브룩	재무장관	강경	영토 병합을 통한 피해 보상 루르 지역의 분리
목(Van Mook)	식민지역장관	온건	루르 지역 봉쇄 가능성 고려
퓌르스트너르 (J. T. Furstner)	해양부장관	온건	
메이어스	외교관*	강경 → 온건	안보적 측면 강조/독일 수출 시장의 중요성 또한 고려
드레스	사민	온건	독일과의 무역 관계 중요성
뵈스(J. G. de Beus)	국가 재건위원회	온건	철권 정치의 위험성 강조
알바르다(J. W. Albarda)	교통부장관/사민	온건	경제적 중요성/재건위원회의 입장을 자본주의적 자유주의 시각이라 비판
템펄(J. van den Tempel)	고용・사회 서비스장관 /사민	온건	

*Commissioner for Economic Interest in Germany

2. 1944-1945년: 대기근

전쟁이 마무리되어가던 1944년부터 1945년까지 네덜란드는 새로운 국면을 맞이하게 된다.

이 시기 네덜란드는 역사상 전례 없는 대기근을 경험했고 동시에 독일군들로부터 네덜란드 일부 영토에 대한 침수 위협을 받게 된다. 이 시기 네덜란드는 2만 명의 네덜란드인이 아사하는 등

최악의 피해를 입었다. 독일군들이 네덜란드 땅을 침수시킬 것이란 소문과 함께 온건주의자였던 클레펀스는 전후 영토 병합의 극단적인 위협을 가해서라도 이를 막을 것이라 주장하며 독일문제에 관한 태도에 변화를 보여준다(Kleffens, 1944: 543-551). 독일 점령군은 결국 네덜란드 서부 지역에 대한 침수를 감행했고 이로 인해 경작지의 상당 부분이 피해를 입었다.[5] 이와 같은 일련의 사건들로 인해 기존에 독일 처리 문제에 있어 온건한 입장을 고수하던 정치인들 사이에서도 전후 배상과 영토 합병 문제가 논의되기 시작했다.

이 시기 독일 처리 문제에 대해 온건한 입장이던 외무장관 클레펀스의 태도 변화에 주목해야 한다. 그는 독일의 만행에 대해 군사적 시각에서의 대응을 문의했다. 하지만 이때까지도 그는 영토 병합 문제를 대중에 표명하지 않고 신중한 태도를 보였다. 1944년 5월에는 미국 『포린 어페어스(Foreign Affairs)』 기고를 통해 전후 보상을 물자로 요구할 것이라 밝혔다(Kleffens, 1944: 543-551). 즉 이때까지는 국내외적으로 영토 병합을 공론화하지는 않았다. 네덜란

---

[5] 1944년 3월 기준 가장 큰 피해를 입은 지역은 베르마흐트(Wehrmacht)로 이 지역은 경작지의 8.5%인 20만 헥타르가 침수되었다. 그 외 위트레흐트(Utrecht), 북브라반트(North Brabant), 젤란트(Zeeland) 지역이 피해를 입었는데, 젤란트의 경우 종전 후 1953년까지도 경작을 할 수 없는 불모지가 되었다. 이로 인한 네덜란드의 희생자는 30만 명에 달했고 림뷔르흐, 브라반트를 포함한 남부 지역 산업 시설도 크게 훼손됐다. 생산 설비, 노동생산성, 금 보유량과 해외투자가 감소하는 등 총피해액은 약 260억 길더에 달했다. 그 외 항구, 철도, 다리 등 운송, 교통 시설 역시 큰 피해를 입었다. 당시 네덜란드 전역에 설치되어 있던 26개 철교 중 3개만 남았고 59개 다리 중 무사한 다리는 9개뿐이었다.

드 정부는 1944년 10월 처음으로 전후 독일 영토 병합을 통한 보상 요구를 고려할 것이라고 연합국 측에 통보했다. 그러나 공식 문서를 통해 영토 병합 문제를 공식화하지는 않았다. 아직 전쟁이 끝나지 않은 상황에서 독일 처리 문제에 대한 명확한 정책 노선을 밝히는 것은 시기상조라 판단한 것이다. 그는 이어 라디오 방송(라디오 오라냐Radio Oranje)을 통해 독일 영토 병합은 없을 것이라는 것을 명백히 했다(Kersten, 2003: 29-35).

이 시기에 주목할 점은 1944-1945년 대기근을 거치면서 기존에 "경제적 고려"가 우선이었던 대독일 처리 문제에 관한 쟁점이 "복수와 보상, 영토 병합"으로 확대되어 갔다는 것이다. 독일의 점령 기간 동안 네덜란드의 희생자는 인구 1,000만 명 중 30만 명에 달했으며 특히 피해가 심했던 곳은 남부 림뷔르흐와 브라반트 지역이었다.[6]

전쟁 기간 동안 네덜란드의 피해액은 인프라와 생산 장비 손실로 77억 길더(GNP의 2배에 해당), 노동생산성 감소로 42억 5,000만 길더, 금 보유량과 해외투자 감소로 28억 길더였다. 여기에 해방

---

6 네덜란드의 피해 규모가 과장되었다는 주장이 일부 역사가들에 의해 최근에 제기되기도 했다. 그들에 의하면 네덜란드 남부 지역은 1944년 9월 이미 해방되었고 산업 시설 역시 모두 가동 중이었으며 또한 산업 시설의 피해가 실제로는 비교적 적었는데, 독일 점령군이 시설 자체가 아닌 생산품을 약탈했기 때문이라 주장했다. 실제로 네덜란드는 1920년대 말 이후 처음으로 제2차 세계대전 발발 후 초기 2년간 경제성장률이 플러스를 기록했다는 주장도 제기되었다. 나아가 1938년 수준 대비 1945년 네덜란드 GDP는 전후 네덜란드 통계청이 제시한 52%가 아닌 86%였다는 주장도 있다. 양차 대전 사이 기간에는 독일의 생산 주문 요청으로 투자도 상당 부분 이루어졌다는 것이다 (Kleffens, 1983: 117).

후 산업 생산성 감소로 인한 피해액까지 더하면 앞에서도 말했듯이 총 260억 길더 규모의 피해를 입었다. 이는 1938년 기준 네덜란드의 총자산 287억 길더와 비교했을 때 엄청난 규모라 할 수 있다. 특히 독일과의 교역량이 많았던 항구의 피해가 컸다. 이 시기 네덜란드는 부채 규모가 증가하고 화폐 유동성이 커지면서 큰 인플레를 경험하게 된다. 국가 재건 비용 증가와 인도네시아에서의 전쟁으로 공공 비용은 상승했고 세수는 감소했으며 국가 재정은 더욱 악화되었다. 이와 같은 이유들로 안보와 경제적 문제 등의 정책 우선순위가 불명확해지는 시기를 겪게 된다.

〈표 2〉 전후 독일 처리 문제에 대한 네덜란드 주요 관료들의 주장: 1944-1945

	직책/정파	태도	쟁점 및 주장
클레펀스	외무장관	온건 → 강경	피해 정도에 따라 영토 병합 고려/경제적 이해관계
페르다위넌 (Van Verduynen)	외교관/ 보수·가톨릭	온건 → 강경	독일의 야만적 행동에 대한 응징으로 영토 병합 고려
네덜란드 재건위원회 (Dutch Reconstruction Committee)	네덜란드 재건위원회	온건 → 강경	영토 병합 고려/독일 분리 반대
사스(Van Sas)	참모본부장	강경	피해 보상을 위해 영토 병합 찬성
메이어스	외교관	강경	독일이 전쟁 막바지에 네덜란드를 이류 국가로 만들어 지속적으로 독일에 의존하게끔 하려 한다고 주장

3. 1945-1949년: 해방 이후

앞에서 말했듯이 독일은 패망 후 연합국에 의해 4개 지역으로 분할 통치되었다. 연합국의 의도는 독일을 작게 나누어 힘을 분산시키려는 것이었고 이는 주변국의 어려운 경제 상황을 고려하지 않은 결정이었다. 연합국들의 일관되지 못한 점령 지역 관리 정책은 독일과 무역을 재개해야만 하는 네덜란드에 난관으로 작용했다.

포츠담협정을 통해 점령 독일에 대한 최고 통치 기구인 연합통제이사회(Allied Control Council, ACC)가 설립되었지만 모든 의사 결정이 만장일치제였다. 따라서 1개 지역의 반대로 안건이 부결되는 경우가 많이 발생했다. 이로 인해 ACC는 특히 배상 문제에 대한 참여국들 간 합의 도출에 어려움을 겪었다(Campen, 1958: 27).

네덜란드 재무장관인 리프팅크(Lieftinck)는 독일과의 관계 개선이 절실함을 이유로 영토 병합 대신 독일 노르트라인베스트팔렌주와 경제 문제를 협상할 준비가 되어 있음을 연합국에 알렸다. 네덜란드는 1945년 파리회의를 통해 보상액으로 250억 길더를 ACC에 요구했다(Campen, 1958: 28-29). 또한 가능한 식별할 수 있는 모든 상품을 배상하도록 요구했다(Lammers, 2006a: 443-452; 2006b: 453-472; LeCloannec, 1993: 13-34; Fitzmaurice, 1993: 83-104). 하지만 최종 결정은 각 분할 점령 지역의 사령관의 권한하에 있었다. 1946년 1월 미국, 영국, 네덜란드, 덴마크, 벨기에, 룩셈부르크와 유고슬라비아가 참석한 가운데 파리에서 합의문이 서명되었지만 네덜란드의 요구 조건은 채택되지 않았다.

1945년 4월 재독일 네덜란드경제이해사무소가 설치되었고 네딜란드의 피해 규모를 ACC에 지속적으로 알리는 역할을 맡았다. 사무소 활동을 마치던 1949년 7월까지 2억 길더에 해당하는 상품과 금이 네덜란드로 돌아왔다. 사실 독일의 약탈 물자는 현금을 제외하더라도 약 45억 길더(16억 8,500만 달러, 1달러=2.67길더)에 달했다. 따라서 최종 배상 금액은 네덜란드가 요구했던 250억 길더에 비하면 턱없이 모자란 수준이었지만, 이는 네덜란드의 배상액에 대한 요구가 불명확했기 때문이 아니라 연합국이 독일의 완전 파산을 원치 않았기 때문이다. 1945년 10월 네덜란드는 독일 공장의 해체 계획에 반대했다. 연합국은 독일 산업의 파괴를 고려 중이었는데 이는 네덜란드의 이해와 상치하는 것이었다. 하지만 전쟁 직후 독일에 대한 대중들의 증오와 원망이 높았기에 정치인들은 독일 처리 문제와 정책 방향에 대해 공개적으로 명확히 하지 못한 측면이 있었다. 1946년의 조사에 따르면 네덜란드 일반 대중의 80%가 독일 영토에 대한 병합에 찬성 의사를 밝히며 정부의 경제 우선 정책 방향과는 차이를 보였다(Mai, 2004: 50-56).

1947년 초 로테르담 상공회의소 소장인 리흐텐아우어르(W. F. Lichtenauer)는 "독일에서 전부를 뺏어오게 되면 독일의 재건은 더욱 어려워질 것이고 이는 네덜란드의 최우선 이해에 반하는 것"임을 주장했다. 농무부도 문서를 통해 "독일은 중요한 무역 파트너이며 특히 농산품 수출의 주요 대상 지역임"을 표명했다(Lichtenauer, 1948: 303-334). 1946년 클레펀스는 연합국에 네덜란드의 영토 보상 요청을 서두를수록 배상 가능성이 커질 것으로 판단하고 국경선의 40km에 해당하는 독일 영토 1만km(100만 명의 독일인이 거주하는 네덜란드 영토의 1/3에 해당하는 지역)를 연합국 측에 요구하고자 했다. 그러나 영토 병합에 대한 부정적 의견이 많이 지적되었다. 지역 거주민 처리 문제와 함께 그 지역이 이미 전쟁으로 철저히 폐허가 된 지역이라는 점, 따라서 영토 재건을 위해 막대한 재원이 필요할 것이라는 점 등이 문제로 제기되었다. 이와 같은 이유들로 인해 독일 영토 병합을 통해 네덜란드에 실제로 돌아오는 이익에 대한 논란이 증가했고 경제적 부담에 대한 반대 의견이 팽배해졌다. 영토 병합으로 네덜란드가 얻게 되는 양적, 질적인 이익이 미비하다는 점에 다수의 의견이 모아졌다. 경제 주간지인 『경제-통계학 보도(Economisch-Statistische Berichten, ESB)』에 의하면 네덜란드의 국가 소득 하락, 국가 부채 증가와 더불어 해외 부채와 신규 투자의 필요성이 더욱 증가할 것이란 전망도 나왔다. 나아가 이는 독일 재건에도 부정적인 영향을 줄 것이 자명했다(*ESB*, 1948: 64-67; Schaper, 1985: 261-272).

영토 병합 실패와 관련해서는 독일 회복 문제와 더불어 국제 개발 문제도 주요 역할을 했다. 1946년 네덜란드 정부의 요청으로 사민당 당수 포링크(J. J. Vorrink)가 조사한 영토 수정 가능성 보고서에 의하면 "영토 병합으로 경제적 혼란이 가중될 것이고, 연합국이 영토 병합을 허용하지 않을 뿐만 아니라 네덜란드에도 부정적인 영향을 줄 것"이라 결론 내렸다(HStAD, 1946). 파리 주재 네덜란드 대사이자 동인도 총사령관이었던 스타르켄보르흐 스타하우어르(A. L. Tjarda van Starkenborgh Stachouwer) 역시 "영토 병합은 독일 재건에 부정적일 것이며, 독일 회복을 위해 서독을 서유럽에 통합시켜야 한다"고 주장했다. 그의 주장에 병합을 철저히 반대해왔던 신임 수상인 베일(L. J. M. Beel)과 부트젤라어르(C. G. W. H. van

Boetzelaer) 외무장관도 공감의 뜻을 밝혔다. 당시 미국 국무장관이던 번스(James F. Byrnes)는 1946년 9월 6일자 연설을 통해 자르(Saar) 문제를 제외한 어떤 영토 이전에도 동의하지 않음을 명확히 했다. 주요 정치인들의 이와 같은 공감대는 베일 내각에 영향을 주었고, 결국 포링크의 제안을 채택, 영토 병합 요구를 축소하는 계기로 작용한다. 부트젤라어르는 독일의 미래에 대한 미국과 러시아 간의 갈등이 증대하고 있음을 간파했다. 그는 양국의 갈등으로 서독이 분리될 경우 네덜란드와 긴밀한 무역 파트너 관계를 회복해야 함을 주장했으며 이로 인해 영토 병합 문제는 수정됐다.

1946년 11월에는 독일의 노르트라인베스트팔렌주 정부도 영토 병합을 비판하기에 이른다(HStAD, 1947). 나아가 네덜란드 산업, 농업, 무역과 재무 분야 기업들도 독일과의 경제 관계 재구축을 강하게 요구하고 나섰다. 네덜란드 정부와 산업계는 양 지역 간 무역 관계를 회복시키는 데 협력했다. 로열더치셸(Royal Dutch Shell), 유니레버(Unilever), 필립스(Philips), 아카위(Algemeene Kunstzijde Unie, AKU)와 같은 네덜란드의 주요 기업들은 선생 당시 네덜란드 재건위원회에 참여하며 전후 처리 문제에 관해 망명정부에 여러 자문을 제공하기도 했다. 그들의 정부에 대한 로비의 영향력은 네덜란드 정부가 전후 그들의 이익을 보장하려고 노력했던 데서 확인할 수 있다. 네덜란드 정부는 그들이 전쟁 전 독일에 투자했던 부문을 보호하기 위해 전쟁 시 독일이 불법적으로 가져간 네덜란드 자금을 환수하는 것을 포기하기도 했다. 리프팅크 재무장관은 영토 병합을 포기할 것을 제안했고, 이와 같은 이유들로 영토 배상 요구는 1,750km로 축소되었다. 네덜란드는 이 요구 사항이 명시된

메모(Memorandum)를 1946년 연합국 측에 전달했다. 하지만 영국과 미국은 네덜란드의 영토 병합 요청을 강경히 반대했다. 네덜란드가 병합을 요청한 지역은 영국 점령 지역으로 연간 석탄 생산량이 100만 톤에 이르지만 채굴 비용은 950만 길더에 불과했다. 게다가 네덜란드는 독일 국경선을 포함한 영토 수정과 독일로부터의 광산 양도뿐만 아니라 독일의 재건을 통한 독일과의 무역 정상화와 독일로의 상품 수출의 교두보로 네덜란드 항구의 이용을 요청하는 등 이중적인 주장을 함으로써 전후 대독일 정책에 대한 모호성을 보여왔다. 하지만 무엇보다도 미국이 네덜란드의 이와 같은 요청에 반대한 가장 근본적인 이유는 네덜란드의 요구 사항들이 서독 경제에 부담으로 작용할 것이라고 판단했기 때문이었다. 미국, 영국, 프랑스, 소련의 연합국 외무장관들이 모인 1947년 3-4월 모스크바회의를 통해 미국은 서부 점령 지역이 더 이상 파괴되어서는 안 된다고 주장했다. 미국은 서독의 재건과 유럽 경제의 회복이 가장 우선적 이익이라는 것을 보다 명확히 했다.

1947년 2월 초 실시된 여론조사에 의하면 77%의 네덜란드인들이 독일과의 무역 재개 필요에 공감한 것으로 나타났다. 게다가 1948년 2월 프랑스, 영국, 미국과 베네룩스 국가들이 참석한 런던회의에서 워싱턴이 네덜란드의 요청을 거부할 것은 자명했다. 이 회의를 통해 네덜란드의 요청 사항이 전혀 실현될 수 없다는 것이 확인되었다. 미국은 네덜란드의 경제적 요구 사항들뿐만 아니라 경제 문제와 영토 병합을 함께 요청한 것을 전면 거부했다.

네덜란드가 최종적으로 할당받은 독일 영토는 9,200명의 독일인이 거주하는 69km에 그쳤다(Weisz and Kreikamp, 1948: 910). 노르트라인베스트팔렌주 정부와 독일 신문은 이 안을 전면 거부했지만 이는 구속력 있는 결정이었다. 1948년 10월 29일, 영국 점령 지역 사령관인 로버트슨(B. H. Robertson)은 독일의 여러 주 대표를 대상으로 네덜란드가 최종 합의된 영토 할당 외의 다른 영토 병합 요청을 하지 않았다는 것을 분명히 했다. 전쟁 종료 직후 대부분의 네덜란드의 정치인은 독일에 대한 네덜란드의 정책이 처벌과 보상에만 집중한다면 성공할 가능성이 별로 없다는 것을 알고 있었다(Maas ed., 1991: 376). 그래서 대다수 정치인은 독일의 산업 시설 파괴에는 전혀 찬성할 수 없었다. 그럼에도 그들은 영토 병합과 관련해서는 대중들을 위한 선심 주장을 한 셈이었다. 네덜란드는 기본적으로 독일의 경제 재건을 통해 자신들의 수출 이익을 증대하고 기계류의 수입을 가능하게 하며 네덜란드 항구를 활성화하고자 했다.

나아가 국제 관계의 증대가 헤이그로 하여금 온건한 처리 방식을 택하게 했다. 동서 관계가 악화되어감에 따라 런던과 워싱턴은 경제적으로 보다 성상한 서독이 유럽의 일원으로 통합되기를 희망했다. 1946년 말 영국과 미국은 그들의 독일 점령 지역을 더 쇠퇴하게 하는 요인들을 불허했다. 독일의 재건은 유럽의 재건을 위해 필수불가결했고, 미국으로서는 서독의 재건이 최우선 목표였기에 네덜란드의 보상 혹은 영토 수정 등의 요청은 무시되었다. 연합국의 정책은 독일에 대한 네덜란드의 정책의 처벌적 측면(영토 병합, 배상 요구 등)에 영향을 주었지만, 이는 또한 네덜란드-독일 간 경제 관계의 신속한 회복에 걸림돌로 작용했다.

1948년 7월 파리회의 이후 헤이그의 대독일 정책은 '경제 관계의 빠른 회복'에 집중됐다.

〈표 3〉 전후 독일 처리 문제의 전개 과정: 1946-1949

	직책/정파	태도	쟁점 및 주장
스헤르메르호른드레스 (Schermerhorn-Dress)	자유사상민주동맹/ 노동당 연립내각	온건	네덜란드 경제 재건과 네덜란드 인프라 구축/ 동인도 지역 상실로 인해 경제적 파트너로서의 독일 역할 더욱 중요
리프팅크	재무장관	온건	네덜란드의 요구와 보상액에 대한 지나친 기대를 하지 말 것을 경고
보컬(G. van Bockel)	군사대표부 재건부장	온건	전쟁 피해 물자 전체를 보상받는 것은 불가능
브룩	(전시) 재무장관	강경	영토 병합을 통한 피해 보상
클레펀스	(전시) 외무장관	온건 ↓ 강경	영토 병합을 논의하는 네덜란드 영토확장위원회 설립을 승인
스티커르(D. U. Stikker)	신임 외무장관 1948-1952	온건	네덜란드-독일 간 경제 관계 강조
로머(C. P. Romme)	가톨릭당수	강경	가톨릭 언론(Christofoor)과 함께 독일 영토 병합 찬성 → 브라반트 같은, 농민 다수의 정당 지지 기반인 남부 가톨릭 지역은 농지는 적고 인구는 많아 독일 영토와 동인도 지역이 중요

이상에서 살펴보았듯이 네덜란드 주요 정치인들과 관료들의 전후 독일 처리 문제에 관한 태도와 입장은 시기별, 쟁점별로 변화되어갔다. 하지만 네덜란드에서 나치 부역자 처리 문제와 독일에 대한 전후 보상에 관한 전반적인 기조는 다른 나라에 비해 온건했음을 알 수 있다. 그 이유는 독일 점령 초기 네덜란드인들이 덴마

크나 벨기에 등 주변국들과 비교해 독일 측 정책에 순응하는 태도를 보였고, 특히 경제 분야에 있어서 네덜란드-독일 간 협력과 의존이 다른 국가들에 비해 월등히 컸으며, 전후 피해 복구를 위해서는 독일의 재건이 필수적이라는 경제적인 부분을 우선적으로 고려했기 때문이었다. 나아가 연합국의 대독일 처리 문제의 모호함으로 인해 독일과의 무역 관계 개선이 어려웠고, 이후 영토 병합 등의 요구가 연합국의 반대로 무산된 측면 역시 고려되어야 한다. 다음 절에서는 이러한 주장을 뒷받침하기 위해 제2차 세계대전 직전과 전쟁 종료 후 네덜란드와 독일, 양 지역 간 무역량 변화를 포함한 경제 교류 현황을 살펴보고자 한다.

IV. 네덜란드-독일 간 경제적 관계와 상호 의존

두 민주주의 국가 간의 긴밀한 경제적 관계와 높은 상호 의존성은 양 지역 간 분쟁을 막는 주요 요인으로 작용할 수 있다. 이와 같은 측면에서 독일과 네덜란드는 경제적 중요성을 고려하여 상호 정치적 압력을 최소화하고자 했다고 볼 수 있다. 제2차 세계대전으로 인한 처참한 경험에도 불구하고 네덜란드에게 독일은 정치적 압력을 주기에는 그 경제적 중요성이 너무 컸다. 이는 독일에게도 마찬가지였는데 독일에 대해 패전국으로서 행동해 달라는 네덜란드의 지속적인 암시가 있었고 독일은 네덜란드의 요구를 수용할 수밖에 없는 처지였다. 서독의 경제가 회복되면서 로테르담 항구를 포함한 네덜란드 내 운송 항로가 더욱 중요해지고 양

지역 간 상호 의존은 더욱 커져갔다.[7]

하지만 전쟁 직후의 상황은 달랐다. 당시 네덜란드와 독일 간 무역 재개를 방해했던 주요 요인 중 하나는 연합국의 독일 분할 정책이었다. 영국은 영국 점령 지역에서 네덜란드로부터 수입한 물품에 대해서는 파운드로 지불하는 것을 막는 동시에 수출은 달러를 받을 시에만 허용했다. 연합국에 의한 독일 분할은 네덜란드-독일 관계에 부정적인 영향을 미쳤다.[8]

이 시기 네덜란드-독일 간 무역량이 절대적으로 감소했다는 몇 가지 증거가 있다. 1938년 네덜란드는 3억 길더에 해당하는 상품을 독일로부터 수입했다. 하지만 1946년과 1947년 수입량은 각각 1,700만 길더와 2,500만 길더로 감소했다. 수출도 마찬가지였다. 1937년까지만 해도 네덜란드의 대독일 수출액은 1억 5400만 길더에 이르렀다. 전후 2년간 이는 각각 1,300만 길더와 1,400만 길더로 하락했다. 결과적으로 당시 네덜란드의 수출은 수입 대비 37% 수준에 머물렀고 1938년 74%와 비교해 큰 차이를 보였다. 네덜란드의 대독일 수출 규모는 1951년이 되어서야 예전 수준을 회복할 수 있었다.[9]

---

[7] http://www.cpb.nl/nl/pub/cpbreeksen/bijzonder/16/bijz16.pfd(26 January 2007).

[8] 1947년 10월 주네덜란드독일상공회의소 소장인 겔리센(Gelissen)이 (네덜란드-독일 무역 장벽을 두고) "제일 큰 장대높이뛰기 봉으로도 넘지 못할 벽"이 있다고 한 것은 당시 양 지역 간 무역에 대한 제약이 얼마나 컸는지를 보여준다. 당시 독일과의 무역과 금융거래는 연합국이 설치한 합동 수출-수입기관(Joint Export-Import Agency, JEIA)에 의해 관리되었다. 네덜란드는 연합국에 보낸 여러 성명을 통해 미국으로부터 차관을 얻어 독일과의 무역을 보증하기 위한 시도도 했지만 이는 결국 실현되지 못했다(Gelissen, 1950; Wemelsfelder, 1954).

[9] 1949년 9월에서야 미국 정부가 네덜란드 제품의 독일 수출을 허용했는데 이

<표 4> 네덜란드 총무역 규모 및
네덜란드 GDP 대비 국제무역과 독일과의 무역 비중(1938, 1946-1957)

연도	총무역 규모 (100만 길더)		전년도 대비 변동 비율(%)		GDP 대비 국제무역 비중(%)		국제무역 중 독일과의 무역 비중(%)	
	총수입	총수출	수입	수출	총수입	총수출	독일로부터 수입	독일로 수출
1938	1,460	1,079			27	20	21	15
1946	670	229	-54	-79	21	8	3	6
1947	1,109	515	66	125	33	14	2	3
1948	1,241	741	11	44	33	18	5	6
1949	1,333	1,082	7	46	32	23	7	11
1950	1,763	1,463	32	36	42	29	12	21
1951	1,741	1,669	-1	14	46	35	12	14
1952	1,556	1,851	-11	11	38	36	14	14
1953	1,805	2,045	16	10	38	35	16	14
1954	2,235	2,293	24	11	41	35	17	16
1955	2,508	2,553	12	11	41	35	18	17
1956	2,831	2,646	13	4	44	34	18	18
1957	2,949	2,789	4	5	45	34	19	19

출처: CBS(1970); Lak(2011: 116).

<표 4>에서 볼 수 있듯이 전쟁이 끝나고 1946년부터 1949년 가

는 네덜란드-독일 간 무역 정상화를 위한 필수 조건이었다. 이에 따라 네덜란드의 대독일 수출이 GDP의 8% 정도를 차지하게 되어 네덜란드의 수출 규모가 증가하기 시작했다. 이는 마셜플랜으로 네덜란드가 받은 영향의 4배나 되었다. 네덜란드로서는 마셜플랜으로 인한 지원보다 독일과의 무역 정상화가 전후 경제 회복에 더 큰 영향을 주었다고 할 수 있다(Lak, 2011).

까이에 이르기까지 네덜란드와 독일 간의 무역은 미미한 수준에 머물렀다. 한편 네덜란드 GDP에서 수입이 차지하는 비중은 전후 크게 증가하였는데 이는 네덜란드의 전후 회복을 위해 산업기계와 자본재 수입이 불가피했기 때문이다. 이 시기 수출 또한 다소간의 증가를 보였지만 총무역 중 독일과의 무역이 차지하는 비중은 급격히 감소했다. 여기서 네덜란드는 연합군 정책으로 인해 독일과의 무역 개선에 어려움이 있다는 것을 절감했다.

무역 파트너로서의 독일을 잃은 네덜란드는 무역 패턴이 일시적으로 달라졌다. 1938년에 네덜란드 총수입의 21%가 독일에서 온 데 반해 1946년과 1948년 사이에는 2.5%에서 5.5%만이 독일로부터 왔다. 수출도 같은 양상을 띠었는데 1939년에 네덜란드의 수출의 15%를 독일이 차지했던 반면, 1946년과 1948년 사이에는 6% 정도밖에 차지하지 못했다. 이로 인해 기계, 공구, 운송 수단, 철제품 등에 대한 유럽의 수요는 미국으로 향하게 되었다. 1938년 영국으로 수입된 기계의 44%는 미국, 25%는 독일 제품이었다. 그러나 전후 2년 차인 1947년에는 65%가 미국으로부터 수입되었고 독일로부터의 수입은 3%에 그쳤다.[10] 미국이 제2차 세계대전에서 유일한 강국으로 살아남았다는 것을 고려했을 때 유럽의 의존은 당연한 듯 보였다. 미국의 철 생산은 1939년 5,300만 톤에서 1945년 8,000만 톤으로 증가했고, 이 중 상당수는 폐허가 된 유럽으로 보내졌다. 더 이상 독일로부터 공급되기 어려워진 자본재들은 이제

---

[10] 밀워드는 서유럽 전체가 전후 미국으로부터 수입한 철과 자본재는 1938년 이후 무역 증가량의 61%를 차지한 것으로 계산했다(Milward, 1984).

미국으로부터 올 수밖에 없었다. 가장 중요한 서유럽 수입국인 영국 역시 미국의 물품 공급에 크게 의존할 수밖에 없었다.

네덜란드 역시 미국에 대한 의존도가 높았다. 수입 통계는 이를 명백히 보여준다. 1938년 네덜란드의 미국으로부터의 수입 규모는 1억 5,400만 길더 정도였다. 반면 1946년과 1949년 사이 수입량은 5억 3,600만 길더에서 11억 9,800만 길더(1938년 기준으로 1억 6,300만~3억 1,000만 길더)까지 증가했고 1947년에 최고 기록을 갱신했다. 네덜란드는 영국으로부터 전쟁 직전에 1억 1,500만 길더를 수입하였으나 1946년과 1947년에 그 수입액은 3억 4,800만~4억 6,200만 길더(1938년 기준 1억 600만~1억 2,000만 길더)에 달했다.

하지만 네덜란드의 전통적 무역 파트너인 독일의 연합군 점령 지역들과의 무역은 여전히 침체되었다. 연합군은 비싼 네덜란드의 채소보다 값싼 밀가루 구입을 원했기 때문에 네덜란드의 주요 식료품 수출 시장은 닫혔다. 독일과 라인, 중유럽을 향한 운송 길이 막히자 네덜란드 수익원의 가장 큰 부분이 사라졌다. 네덜란드가 독일에 수출한 제품에 대해 연합군은 가치 없는 마르크화(Reichsmark)를 지불했고 독일 제품의 수입 역시 쉽지 않았다.[11] 연합군은 필수 제품은 달러로 지불하기로 하였는데 그들이 준 필수 제품 목록에는 네덜란드가 독일로부터 필요로 하는 거의 모든 제품이 포함되어 있었지만 채소 등의 전통적인 네덜란드 수출품은 제외되었다. 독일제국 멸망 후 2년간 네덜란드는 서독 지역에 그들의 주

---

[11] 당시 네덜란드 외교부의 독일 무역 담당자가 재무장관 리프팅크에게 쓴 편지에는 "우리가 원하는 것을 상대국은 주지 못했고 원하지 않는 것은 충분히 권했다"고 쓰여 있었다(Lak, 2011).

요 생산 품목이 아닌 제한된 식품만 수출할 수 있었다(Lak, 2008). 1945년 5월 이후 독일의 미래에 대한 연합국 간의 합의가 어려워지고 불확실성이 장기화되면서 수출입 시장으로서의 독일의 부재는 네덜란드 경제 재건에 있어 가장 큰 난관이었다. 독일 경제의 회복은 미국을 포함한 연합군의 결정에 달려 있었지만 워싱턴은 아직 독일의 재건을 위해 힘쓸 의지가 없어 보였다.

이러한 상황 속에서 네덜란드는 새로운 수출 시장을 찾아야 했다. 네덜란드 제품에 관심이 없었던 미국을 제외하고 제일 현실적인 대안은 영국이었다. 영국은 1931년 이후 점차적으로 네덜란드 제품에 대한 수입을 늘려왔지만 양 국가 간 무역 관계는 만족스럽지 못했다. 네덜란드는 영국이 전시 국제적 지위를 이용해 농산품 수입에 독점적인 가격을 책정했다고 비판했다. 농산품 수입 시장에서 영국의 비중은 너무나 컸기 때문에 영국 내 수요 변화는 국제가격을 새롭게 형성했다. 네덜란드 농산품의 주요 시장이었던 독일이 사라지자 대규모 농산품 수입국은 영국밖에 남지 않은 상황이었지만 영국으로서는 캐나다, 뉴질랜드, 호주 등 영연방국들로부터 들어오는 농산품의 수입이 우선일 수밖에 없었다. 그뿐만 아니라 영국은 독일 시장의 부재를 이용해 네덜란드로부터 육류 또한 낮은 가격에 수입하려 했기에 네덜란드로서는 독일과의 무역 관계 회복이 더욱 절실했다. 그럼에도 불구하고 네덜란드가 미국, 영국 등 연합국과 벌인 협상은 무효화되었고 1948년까지 독일과의 무역은 최저점에 머물렀다.[12]

---

[12] 1946년 9월 네덜란드 정부는 미국 점령군에게 무역 신디케이트를 만들어 교

그후 양 지역 간 교역 규모는 점차 성장하여 마셜플랜을 실시하고 독일 시장을 개방한 1949년에 와서야 1938년 수준으로 회복했다. 이어 1950년 네덜란드의 실질 수출은 놀라운 수치를 기록한다. 이는 1949년 9월 독일의 수입 시장 자유화에 기인한다. 이어 1950년 네덜란드의 총수입이 1938년 수준을 회복할 수 있었던 것은 국제시장의 개방을 통해서였다. 네덜란드의 수입은 1952년과 1953년에는 다소 유동적이었지만 1953년 이후에는 지속적으로 성장할 수 있게 되었다. 1953년과 1955년 사이 네덜란드의 수출은 20% 이상 증가하였고 1956년과 1957년에는 정상적인 수준의 성장을 한다. 이로 인해 네덜란드는 수출 주도 성장이 가능해졌다. 1947년부터 1955년까지 실질 수출 증가율은 꾸준히 10%를 상회했고 1950년에는 40% 가까이 되었다. 네덜란드는 수출 증가로 인해 빠른 회복을 이룰 수 있었다.

서독의 상황은 1950년 이후에야 나아졌다. 네덜란드 총수입과 수출에서 서독의 비중은 안정적으로 유지되었다. 독일 GNP에서 수출이 차지하는 비중은 1952년과 1957년 사이 14%에서 19%로 증가했다. 1945년까지만 해도 현실성이 없어 보이던 독일과의 무역 환경은 점차 개선되었다. 결과적으로 네덜란드는 기존의 무역 파트너였던 독일의 중요성을 재인식하게 되었고 그들과의 관계 회복을 위해 노력할 수밖에 없었다. 양 지역 간 오랜 기간 유지되어왔던 높은 상호 경제 의존으로 인해 경제적 이해가 정치적 고려

역을 진행하는 플랜을 제시했다. 네덜란드는 미국으로부터 1억 6,000만 달러를 대출받아 독일 원자재를 수입하고자 했다(Lak, 2011).

에 우선할 수밖에 없었던 것이다.13

V. 결론 및 한국과 일본의 미래 협력을 위한 시사점

네덜란드와 독일은 제2차 세계대전이 발발하기 전까지 150여 년간 긴밀한 경제적 관계를 유지했다. 네덜란드 경제에 있어 독일은 필수적이었다. 평균적으로 네덜란드 수출의 1/4 이상은 독일로의 수출이었다. 독일에 있어 로테르담 항구를 포함한 네덜란드의 운송 항로는 루르 지역의 대규모 물자들을 운송하는 데 절대적으로 중요했다. 네덜란드 농산품의 상당 부분이 독일에 제공되었고 1920년대까지만 해도 네덜란드는 독일 산업의 최대 투자국이었다. 독일은 네덜란드에 석탄과 기계를 제공해주었다. 네덜란드 경제에 있어 독일의 중요성은 많은 정치인과 기업가로 하여금 독일의 회복이 네덜란드의 전후 복구와 직결되어 있다고 생각하도록 했다. 이처럼 네덜란드와 독일은 상호 정치적 압력을 주기에는 그 경제적 중요성이 너무 컸다.

전쟁의 막바지와 전쟁이 종식된 직후 네덜란드의 대독일 정책은 이중적이었다. 즉 전쟁 피해에 대한 보복과 보상을 요구하면서

---

13 1951년 네덜란드 경제장관 브링크(Brink)는 많은 네덜란드인은 전쟁이 유럽을 완전히 바꾸어놓았기 때문에 네덜란드의 경제 패턴 또한 바뀌어야 하고 독일과의 전통적인 무역 관계 역시 대체되어야 한다고 생각한다고 했다. 하지만 그는 이어 그들이 "삶은 멈추지 않고 유럽은 모든 부분이 적정한 수준으로 작동해야 건강할 수 있다는 점을 간과하고 있다"고 주장했다(Lak, 2011).

또한 경제적 이해에 대한 고려를 하는 입장이었다. 네덜란드 내각은 독일을 향한 통일된 정책을 세우지 못했던 것이다. 그들은 독일을 체벌할지 또는 빠른 경제 관계 정상화라는 도박을 할지 결정하지 못했다. 한편으로는 독일 영토의 일부를 합병하고 약탈당한 물품들의 반환을 요구하며 전후 복구를 위한 재건 비용 등을 독일에 청구하자는 강경한 입장이 있었다. 전쟁 직후 반독 감정을 가진 대다수 시민들에게 독일과의 무역을 재개하자는 제안은 정치인들의 입장에서는 자살행위나 다름없었다. 다른 한편으로는 연합국과 함께 최대한 빨리 네덜란드-독일 관계 정상화를 위해 서독 경제 재건에 협력하자는 온건한 입장이 공존했다. 하지만 양 지역에서 장기간 유지되어온 높은 상호 경제 의존의 수준을 회복하기에는 연합국의 전후 독일 처리에 관한 정책 방향이 모호했고 이는 네덜란드 전후 재건에도 큰 제약으로 작용했다. 독일은 연합국에 의해 4개 지역으로 나뉘어 관리받고 있었고 당시 이 지역들은 경제체제가 부재했기에 가난과 난민들로 카오스의 상태였다. 연합국의 각각의 통치 지역은 자급자족 지역으로 치부되어 독일 내 무역뿐만 아니라 주변 국가들과의 무역 또한 제한되었다. 유럽 대륙은 독일의 기계, 부품과 공산품이 필요했지만 전후 모든 무역은 일시적으로 불가능했다. 독일은 또한 한때 유럽의 식료품과 원자재의 가장 큰 소비국이었다. 독일의 회복 없이는 네덜란드와 같은 작은 개방형 경제의 회복은 불가능했다. 이와 같은 이유들로 대다수의 정치인과 기업가를 포함한 산업계는 독일과의 경제 관계 개선을 강조했고, 이는 실제 네덜란드의 대독일 정책을 규정하는 데 중요한 역할을 했다. 이와 같이 두 국가 간의 경제적 상호 의존성은 논란을 초래할 만한 정책을 택하기에는 너무 강했다. 이와 동시에 1948년 미국 정부의 독일에 대한 정책 전환은 네덜란드 정부가 국내 경제 회복을 위해 독일과의 경제 관계 개선을 우선하는 데 결정적인 역할을 했다. 1948년까지 영국과 미국 점령군은 네덜란드 정부의 요청에도 불구하고 네덜란드-독일 경제협력 증진을 위한 노력을 하지 않았다. 그들은 각자의 통치 지역이 스스로 생존해나가기를 바랐고 그로 인해 독일과의 무역 관계 회복을 원하는 네덜란드를 포함한 유럽 국가들의 대독일 무역을 막았다. 영국과 미국의 두 점령 지역이 합병되었을 때도 점령군들은 네덜란드 상품의 수입에는 관심이 없었다. 대부분이 고급 농산품이라는 이유로 독일 내 수요를 차단해버린 것이다. 나아가 연합국은 수입 물자에 대해서는 달러 지불을 요구했고 수출품에 대해서는 가치 없는 마르크화를 지불했다. 당시 독일은 교환 불가능한 화폐를 가지고 있었기 때문에 미국과 영국 정부가 자금의 대부분을 부담해야 한다는 문제도 있었다. 점령군들이 경제 전문가가 아닌 군사 집단이었기에 독일 경제에 대한 장기적인 안목이 부족했던 점도 지적되어야 한다.

1948년 미국의 정책은 변경되었다. 독일의 미래에 대한 미국, 영국과 러시아의 견해차가 좁혀지지 않을 것이라 판단되자 미국의 이해관계가 바뀌었다. 미국 정부는 서독 자치 정부의 수립을 지지했고 마셜플랜과 화폐개혁안, 독일 시장 자유화를 실시했다. 이는 서독의 경제 회복뿐만 아니라 네덜란드와 독일의 관계 정상화에도 큰 영향을 미쳤다.

독일에 대한 정치적 견제는 유럽공동체라는 다자적 틀을 통해 완화될 수 있었다. 네덜란드-독일 간 관계 정상화는 1949년 9월 미군이 네덜란드로부터 들어오는 독일 수입 규제를 풀면서 가능해졌다. 네덜란드 경제 회복은 달러 부족의 문제를 일부 해소해준 마셜플랜의 영향도 있었지만, 이보다는 독일 시장 개방으로부터 더 큰 영향을 받았다고 볼 수 있다.

즉 네덜란드는 전후 불안정한 국제 정세 속에서 전후 배상을 포함한 독일문제를 해결해야 했다. 종전 직후 연합국의 독일 분할 점령 정책은 네덜란드와 독일의 무역 관계 개선에 장애로 작용했다. 네덜란드는 이를 탈피하기 위한 경제적 고려를 다른 정치적 고려들보다 우선했고, 연합국의 정책 방향이 명확해진 후에야 네덜란드의 대독일 처리 문제는 합의점을 찾을 수 있었다. 결국 전후 독일문제 해결에 대한 네덜란드의 다양한 입장은 온건한 입장을 고수하던 정치인들과 산업계의 경제적 입장을 강조하는 방향으로 수렴되었다.

이를 각 시기별로 살펴보면 다음과 같다.

- 제1국면(1942-1943): 네덜란드-독일 간 오랜 경제적 상호 의존으로 여전히 교역 상대국으로서의 독일의 중요성이 강조된 시기. 중립 노선의 네덜란드가 독일의 침공을 예상하지 못했던 점과 전쟁 중반까지 네덜란드는 소극적 대응을 할 수밖에 없었던 점 등도 그 원인임.
- 제2국면(1944-1945): 대기근과 함께 항구 침수라는 독일의 위협이 최고조에 이르렀던 시기. 전후 피해 보상으로 독일 영토 병합 등 강경 입장이 온건파 정치인들에게도 공감을 얻음.
- 제3국면(1946-1949): 전후 복구 과정에서 독일과의 무역 개선

이 보다 절실했던 시기. 불확실한 국제 정세 속에 연합국의 모호한 대독일 전략이 네덜란드로 하여금 새로운 대안의 모색을 어렵게 함. 반독 감정을 가진 대다수 시민과는 대조적으로 정치인들과 주요 기업인들을 포함한 산업계가 서독 재건을 위한 온건한 전후 배상에 합의. 서독 재건이라는 연합국의 결정에 의해 이는 더욱 명확해짐.

결과적으로 네덜란드는 독일에 대해 피해 보상 요구를 강경하게 관철하는 대신 온건하고 미래지향적인 협력의 방향으로 전후 양 지역 관계를 마무리했다. 이는 한국과 일본 간 전후 인식과 향후 양 지역 관계 개선을 위해 다음과 같은 함의를 갖는다.

첫째, 네덜란드와 독일은 치유가 어려운 전쟁의 상처를 공유하지만, 미래지향적 관계 발전을 위해 상호 합의에 기반한 전후 복구안을 마련했다.

둘째, 이 과정에서 피해자인 네덜란드의 양보와 이해가 우선하였으며, 독일로부터의 경제적 혜택을 회복해야 한다는 강경한 여론을 설득할 수 있었던 정치적 리더십의 역할을 주목해야 한다. 실제로 네덜란드와 독일 간 경제 교류는 전후 빠르게 회복되어 전전 수준을 상회할 수 있었다.

셋째, 네덜란드와 독일은 유럽공동체라는 다자적 지역공동체의 틀 속에서 정치적 평화와 안정을 꾀하는 동시에 무역과 경제 관계의 양자적 중요성 역시 강조하며 유지하고자 했다. 한국과 일본 역시 동북아 지역 협력체의 구상을 통해 북핵을 포함한 안보 위협을 극복하고 상호 간의 경제·사회 교류를 증진할 수 있는 양자적 협력 방안의 모색을 강화해야 할 것으로 보인다. 이를 통해 양 지역 국민이 상호 신뢰를 증진시켜나가는 것이 상호 보완적이고 호혜적인 미래 협력의 기반을 마련할 수 있을 것이다.

제5장 독일-덴마크 국경분쟁과 슐레스비히-홀슈타인문제

윤성원

> 단지 세 사람만이 이 문제를 이해했을 뿐이다.
> 그런데 한 사람은 이미 죽었고, 다른 한 사람은 미쳐버렸고,
> 나머지 한 사람은 나 자신인데 그나마 모두 잊어버렸다.
> ─ 헨리 존 템플 파머스턴 경(Henry John Temple Palmerston)
> (The Danish Consulate General, 2014: 1)

I. 서론

이는 19세기 영국의 외무성 장관이자 총리까지 역임한 파머스턴 경이 독일과 덴마크가 국경선을 사이에 두고 수백 년간 결착을 내지 못한 '슐레스비히-홀슈타인문제(Schleswig-Holstein question)'에 관해 남긴 유명한 고백이다. 사안의 복잡성이 이 고백 속에 그대로 드러난다. 슐레스비히-홀슈타인문제는 독일과 덴마크가 200년간 겪어온 슐레스비히-홀슈타인 지역의 영토 분할 및 국경선 문제를 가리킨다.

오늘날 독일과 덴마크는 서쪽으로는 퇴네르(Tønder)에서부터 동쪽으로는 플렌스부르크(Flensburg)에 이르는 국경선을 중심으로 나뉘며 이 국경선의 북부는 북슐레스비히(또는 남부 덴마크), 남부는 슐레스비히-홀슈타인 지역으로 일컬어진다. 슐레스비히-홀슈타

인은 다시 이 지역을 관통하는 아이더강(Eider River)을 경계로 슐레스비히와 홀슈타인으로 구분된다. 행정구역상으로 북슐레스비히는 덴마크 영토이고, 남부 슐레스비히-홀슈타인 지역은 독일 영토이다. 슐레스비히-홀슈타인 지역은 독일 16개 주(state) 중 최북단에 위치한 주이며 11개의 지구(district)와 4개의 주요 도시로 이루어져 있다. 그리고 덴마크령인 북슐레스비히와 독일령인 남부 슐레스비히-홀슈타인 지역에는 각각 독일인과 덴마크인이 교차하여 소수민족으로 거주 중이다. 북슐레스비히에서는 120만 명 주민들 중 독일계 주민(German *Volksgruppe*)이 3만 명에 달하고 남부 슐레스비히-홀슈타인주에서는 280만 명의 주민들 중 덴마크계 주민(Danish minority)이 5만 명에 달한다(European Centre for Minority Issues, 2017). 또한 이 지역에는 이들과는 별도로 5만 명의 프리지안(Frisian)과 5,000명의 집시(Roma/Sinti)가 살고 있다(European Centre for Minority Issues, 2017).[1]

덴마크와 독일 간 국경선 및 국경 지역 거주민 대우 문제는 지난 수백 년간 덴마크와 독일이 끊임없이 갈등한 가장 핵심적인 이슈였다. 13세기에 덴마크의 왕이 아들인 아벨에게 슐레스비히를 하사한 것이 국경분쟁의 발단이었다면, 1460년 이 지역의 통치자로 지목된 올덴부르크(Oldenburg)가(家) 출신의 덴마크 국왕 크리스티안 1세(Christian I, 1448-1481)가 슐레스비히와 홀슈타인이 영원

---

[1] 집시어가 독일어의 영향을 받아 변화된 신티어를 구사하는 집시를 '신티'라고 특별히 구별하여 일컫는다. 슐레스비히-홀슈타인 지역의 공식어는 독일어이지만 덴마크어, 북프리지안어, 집시어 또한 연방정부 차원에서 보호받고 있다.

히 함께할 것이라는 내용으로 체결한 리펜협약(Ripener Vertrag)은 슐레스비히와 홀슈타인 지역을 하나로 묶어버림으로써 이 지역이 함께 분쟁에 휘말리게 되는 원인을 제공했다.[2]

이런 연유로 이 지역은 덴마크와 독일 간 갈등의 단초가 되었으며 두 나라는 국경분쟁이 시작된 이래 수백 년이 지난 1920년에 와서야 주민들의 국민투표를 통해 비로소 국경선을 결정할 수 있었다. 그 과정에서 덴마크와 독일의 국경선은 무려 네 번이나 변경되었고, 변경될 때마다 덴마크계 주민 혹은 독일계 주민이 합의안에 반발하여 그것이 실제로 받아들여지기까지는 언제나 적지 않은 시간이 걸렸다. 슐레스비히-홀슈타인 국경분쟁의 지난한 역사는 역사적 사실의 규명에 관한 연구만 따져도 오랜 시간에 걸쳐 많은 사료와 자료를 통해 분석되고 논의되어왔다.

그러나 매우 놀랍게도 오랜 역사적 분쟁의 상징과도 다름없던 슐레스비히-홀슈타인 사례는 지금에 와서는 국경분쟁과 소수민족 문제를 가장 성공적으로 해결한 대표적인 '공존과 협력'의 모델로 알려져 있다. 오늘날 유럽이 난민 문제 등으로 어려움을 겪는 상황에서 소수민족을 성공적으로 잘 정착시키고 그들에게 다른 국민과 동등한 권리와 대우를 보장해주고 있는 슐레스비히-홀슈타인 사례가 가지는 중요성이 새롭게 대두하고 있는 것이다.

[2] 슐레스비히-홀슈타인을 함께 통치하던 독일계 샤우엔부르크가의 아돌프 8세가 후사 없이 사망하자 그의 조카이자 덴마크 왕인 크리스티안 1세가 1460년 리펜회의를 통해 후계자로 지목되었는데, 그는 슐레스비히와 홀슈타인이 영원히 함께할 것이라는 내용을 담은 리펜협약을 체결했다. 이것이 그후 영토분쟁에 있어서 엄청난 영향을 미치게 된 것이다. 이에 관해서는 문수현(2008: 166) 참조.

이 글에서는 덴마크와 독일 양국이 각각 자국에 속한 소수민족을 다루는 데 있어서 어떠한 지원책들을 실행해왔는지 살펴볼 것이다. 유럽에서는 슐레스비히-홀슈타인 영토 분쟁과 소수민족문제에 관한 연구가 꾸준하게 진행되어온[3] 반면 국내에서는 이 지역 연구가 많이 주목받지 못했던 것이 사실이다. 문수현(2008)은 영토분쟁의 복잡한 역사를 잘 정리해서 서술하고 있으며, 이원경(2011)은 슐레스비히인이 가지는 지역 정체성이 덴마크 내에서 어떻게 받아들여지는지를 다루고 있다. 김필영(2011)은 슐레스비히-홀슈타인문제가 언론에서는 어떻게 다루어지는지에 초점을 두었다. 이 글에서는 국경분쟁 해소와 소수민족 처우에 관한 지원책을 중점적으로 다룸으로써 기존 연구에서 다루지 않은 부분을 살펴보고자 한다. 이를 위해 먼저 2절에서는 영토 분쟁의 전개 과정을 살펴보고 3절에서는 성공적인 국경분쟁 해소와 소수민족에 관한 지원책의 구체적 내용을 정치적, 경제적, 사회·문화적 및 유럽적 차원으로 나누어 살펴본다. 마지막으로는 이 성공 사례의 교훈이 무엇인지를 고찰하고 한일 관계에 적용할 수 있는 정책적 제안을 제시해보고자 한다.

---

[3] 이에 관한 대표적인 연구들은 다음과 같다. Heberle(1943: 115-141); Heintze (1999: 117-130); Pedersen(2000); Popova, Marken and Bădulescu(2016); Schaefer-Rolffs and Schnapp(2013); Schaefer-Rolffs(2014: 80-103); Schaefer-Rolffs and Schnapp(2014: 48-71); Wolf(2015: 27-46).

II. 슐레스비히-홀슈타인 영토 분쟁 및 해결 과정

덴마크와 독일 간 국경선은 슐레스비히-홀슈타인 지역을 사이에 두고 앞서 언급했듯이 네 차례나 변경되었다. 〈그림 1〉은 시기별 국경선의 변천 과정을 나타낸 것이다.

19세기 중반 민족주의(nationalism)가 등장하기 전까지만 해도 독일계 거주민들과 덴마크계 거주민들은 평화롭게 살고 있었고 따라서 국경선 문제는 부각되지 않았다. 하지만 이후 이 지역을 두고 두 차례의 전쟁이 발발하였다. 1848년 전쟁에서는 덴마크가 승리하였고, 1864년 전쟁에서는 프러시아-오스트리아 동맹군이 덴

〈그림 1〉 슐리스비히-홀슈타인 지역과 덴마크-독일 국경선의 변천
출처: *The Economist*(2012) 참조.

마크군을 무찌르면서 승리하였다. 그러나 이 두 전쟁으로도 국경선 문제는 깔끔하게 해결되지 못했다.

제1차 세계대전은 슐레스비히 국경 문제를 해결하는 실마리를 제공하였다. 베르사유조약(Treaty of Versailles)과 1920년 윌슨 대통령의 민족자결주의 원칙에 의거해서 슐레스비히 지역에서 두 차례의 국민투표가 진행되었다. 투표 결과 북슐레스비히 지역에서는 유권자의 75%가 덴마크에, 25%가 독일에 편입되기를 희망하였으며, 남슐레스비히 지역에서는 유권자의 80%가 독일에, 그리고 20%가 덴마크에 편입되기를 희망하였다. 그 결과 결정된 북슐레스비히와 남슐레스비히 지역 간의 경계선 — 앞서 언급한 퇴네르에서 플렌스부르크에 이르는 선 — 이 덴마크와 독일 사이의 국경선으로 확정되었다. 이로 인해 북슐레스비히 지역은 덴마크 영토로 편입되었고, 북슐레스비히 지역에 거주하는 독일계 주민 그리고 남슐레스비히 지역에 거주하는 덴마크계 주민은 자연스레 각각 덴마크와 독일의 소수민족이 되었다.

하지만 이러한 국경선의 확정에도 불구하고 갈등의 씨앗은 여전히 남아 있었다. 국민투표 실시 당시 북슐레스비히 지역은 이 지역 전체가 하나의 선거구였던 반면 남슐레스비히 지역은 지역별로 선거구가 나뉘어 있었다. 북슐레스비히의 독일계 주민들은 지역 전체를 하나의 선거구로 만든 것이 불공정하다고 생각하여 덴마크로 편입되는 것으로 결정된 투표 결과에 승복하지 않았다. 히틀러가 집권하자 북슐레스비히에 거주하는 독일계 소수민족은 국경을 재조정할 수 있기를 바랐다. 독일에 들어선 나치 정권은 덴마크계 소수민족에 대해 적대적인 입장을 보였다. 1939년 체결된 덴마크-독일 간 상호불가침조약(Non-Aggression Pact)에도 불구하고 독일은 1940년 덴마크를 침략하였고, 당시 북슐레스비히의 독일계 소수민족 중 나치에 동조하던 주민들은 이를 적극 지지하였다. 이로 인해 이 지역에 거주하는 독일계 주민과 덴마크계 주민 간의 관계는 급속도로 악화되었다.

전쟁이 끝난 후 승전국 간의 영토 합의에 따라 슐레스비히-홀슈타인 지역은 영국 점령 지역으로 편입되었다. 영국 정부는 덴마크 정부 측에 다음과 같은 네 가지 선택지를 주었다.

- 국민투표 실시 없이 슐레스비히-홀슈타인의 영토 중 일부만 귀속
- 국민투표 실시
- 소수민족의 맞교환
- 두 소수민족 간 문화 및 시민의 권리를 상호 존중하는 합의서 체결(Berdichevsky, 1999: 21-22)

남슐레스비히에 거주하는 덴마크계 주민들은 본국으로 편입되길 희망하였지만 덴마크 정부는 국경선을 재조정하기보다는 양국 사이에 끼인 독일계 및 덴마크계 소수민족들이 문화적 독자성을 유지하는 것을 전적으로 인정하는 방향을 선택하였다(Popova, Marken and Bădulescu, 2016: 5).

한편 덴마크와 독일 정부는 국경선 문제가 일단락된 후 소수민족의 권리 보호와 별도로 청산해야 할 일이 남아 있었다. 덴마크 정부는 독일 지역 내 덴마크계 소수민족의 지위 및 권리 보호에

관해 관심을 기울이는 한편, 덴마크 영토에 거주하는 독일계 소수민족에 관해서는 그들이 친나치적 행위를 하였다는 이유로 그들의 재산을 몰수하고 성인 남성 인구의 25%에 해당되는 3,500명의 부역자들을 투옥시키는 등 엄격한 처벌을 가했다. 또한 1920년 국민투표에서 결정한 국경을 인정하고 덴마크에 충성을 다하겠다는 충성 서약(Declaration of Loyalty) 맹세까지도 받아내었다(문수현, 2008: 190).

전후 슐레스비히-홀슈타인 지역의 경우 복구 및 소수민 관리를 위한 행정 처리 과정에서 가장 먼저 진행된 일은 킬(Kiel)을 이 지역의 주도로 정하고 주총리 등 주정부 시스템을 도입한 것이라 할 수 있다. 1946년 5월부터 주정부, 주총리, 주장관 등의 용어들이 사용되기 시작했으며, 그해 6월 12일 독일의 임시 연방헌법이 채택되었다. 그리고 1949년 12월 13일 슐레스비히-홀슈타인주법령(State Statutes)이 처음으로 채택되었다(Popova, Marken and Bădulescu, 2016: 6). 1946년 킬 선언(Kiel Declaration)은 이러한 상황에서 등장한 선언으로 슐레스비히-홀슈타인주 주정부와 덴마크계 소수민족 간의 관계를 정상화하기 위한 첫 번째 단계로 이해될 수 있다(Popova, Marken and Bădulescu, 2016: 6). 이 선언은 영국 군정하에 있던 슐레스비히-홀슈타인 지역 내의 덴마크계 주민을 위해 덴마크 정부가 요구한 사항이 반영된 결과물이다. 킬 선언은 다음과 같이 총 4개 조로 구성되어 있다.

- 1조: 법 앞의 평등, 신앙의 자유, 의사 표현·집회·언론의 자유
- 2조: 소수민족 정체성에 대한 자유, 소수민족 언어 사용의 자

유, 시민교육기관 설립의 자유
- 3조: 소수민족 권리 보호를 위한 위원회 구성의 자유
- 4조: 앞의 모든 원칙이 프리슬란트 소수민에게도 적용됨을 명문화(문수현, 2008: 190)

덴마크 정부가 추진한 소수민족 권리 및 지위에 관한 이슈는 어디까지나 독일 영토 내에 거주하는 덴마크 소수민족을 중심에 놓은 것이었다. 독일 정부의 개입 없이 덴마크계 주민들이 자신들의 문화적 전통을 그대로 고수하면서 살아갈 수 있는 근거를 제시한 것이라 할 수 있다.

그런데 당시 덴마크 정부가 독일계 소수민족에게도 동일한 수준으로 자유를 인정하고 권리를 보호해줄 것을 내심 기대하였던 독일 정부는 덴마크 정부의 일방적인 선언에 반감을 가지게 되었다. 그리고 그러한 반감은 곧 독일 내 거주 덴마크계 소수민족에게 향하여, 1950년대 초반 덴마크계 소수민족에 대한 충성 맹세 강요로 이어졌다. 또한 독일 정부는 1952년 5% 이상의 득표를 한 정당에게만 원내 진출을 허용하도록 법조항을 만들어 사실상 소수민족 정당의 원내 진출을 불가능하게 만들었다. 이러한 대립 국면은 1954년 독일이 나토 가입을 눈앞에 둔 시점에 덴마크 정부가 비토권 행사를 하지 않는다는 조건 아래 아데나워 총리가 직권으로 덴마크계 소수민족의 정치 참여 제한 조치를 철회하기로 합의함으로써 해소되었다(문수현, 2008: 191-192). 이렇게 하여 발표된 것이 1955년 본-코펜하겐 선언(Bonn-Copenhagen Declaration)이다. 독일의 콘라트 아데나워(Konrad Adenauer) 총리와 덴마크의 한스

크리스티안 한센(Hans Christian Hansen) 수상이 3월 29일 서명한 이 선언은 1946년 킬 선언을 대체한 것으로 각국의 헌법은 소수민족의 시민권을 보장하고 그들이 문화 정체성을 스스로 선택할 수 있게 한다는 내용이었다(Popova, Marken and Bădulescu, 2016: 7). 또한 국경선 문제도 본-코펜하겐 선언을 계기로 완전한 해결 국면에 접어들었다고 볼 수 있다. 본-코펜하겐 선언에서 다루어진 주요 내용은 다음과 같다.

- 각국 주정부가 소수민족에 대한 적극적인 재정 지원을 약속
- 소수민족 정당의 경우 원내 진출을 위한 득표율 5% 기준 예외 허용
- 사립 중등학교 설립 허용
- 소수민족 공동체와 지역 정부 간의 관계 개선을 위한 협의체 설립

본-코펜하겐 선언은 덴마크-독일 국경선을 기준으로 어느 한쪽 지역 소수민족 주민만 혜택을 받는 것이 아니라 양 진영이 함께 번영해나갈 수 있는 계기를 마련한 것이라고 볼 수 있다(Popova, Marken and Bădulescu, 2016: 8). 그 이후 1949년에 채택되었던 슐레스비히-홀슈타인주법령은 1990년 개정을 거쳤다. 이 과정에서 주법령은 주헌법(State Constitution)으로 격상되었고 주헌법에서는 주거버넌스와 소수민 보호 확대에 관해서는 국민투표를 거쳐 결정하는 것으로 합의되었다. 특히 신설된 5조를 통해 소수민족은 그들의 문화와 언어를 지킬 수 있는 권리를 헌법 차원에서 보장받게

되었다(Popova, Marken and Bădulescu, 2016: 8).

이후에도 슐레스비히-홀슈타인 지역의 소수민 권리 보호는 지속적으로 강화되는 경향을 보였다. 유럽평의회(Council of Europe)는 1992년 '유럽 지방 언어·소수 언어 헌장(European Charter for Regional or Minority Languages, ECRML)'을, 그리고 1995년에는 '소수민족 보호를 위한 기본 협약(Framework Convention for the Protection of National Minorities, FCNM)'을 채택하여 1998년에 발효시켰다. '유럽 지방 언어·소수 언어 헌장'은 유럽의 지역 및 소수민족 언어의 보호를 위해 채택한 조약이고, '소수민족 보호를 위한 기본 협약'은 소수민족이 차별받지 않고 자신들의 언어와 문화를 유지하면서 살아갈 수 있도록 보호하는 내용을 담은 조약이다. 독일은 이 두 조약에 서명과 비준을 하였고 이를 계기로 슐레스비히-홀슈타인 지역의 소수민 권리 보호는 더욱 강화된 측면이 있다.

소수민족 보호를 위한 관련 기구들도 설립되었다. 덴마크에서는 독일계 주민과 덴마크 정부 간의 접촉위원회(contact committee)[4]가 설치되었고 독일계 주민의 권리 보호 및 증진을 위한 북슐레스비히 위원회[5]가 슐레스비히-홀슈타인주의회 관할로 설치되었다(Popova, Marken and Bădulescu, 2016: 7). 이에 상응하여 슐레스비히-홀슈타인주에는 프리지안 위원회(Frisian committee)가 설치되었다.

---

[4] '독일계 소수민족을 위한 접촉위원회(Contact Committee for the German Minority)'로 구체적인 내용은 뒤에서 언급한다.
[5] '독일계 소수민족에 관한 문제를 위한 위원회(Committee for Questions Concerning the German Minority in the parliament of Schleswig-Holstein)'로 구체적인 내용은 뒤에서 언급한다.

이 기구는 이 지역에 상당수 거주하는 프리지안 소수민족이 그들의 언어, 문화, 교육을 지키고 계승할 수 있도록 지원하는 역할을 한다. 또한 소수민족을 담당하는 위원회를 독일 내에서 최초로 설립하여 이 지역에 거주하는 여러 소수민족 간의 관계를 증진하는 데에도 역점을 두었다(Popova, Marken and Bădulescu, 2016: 7). 슐레스비히-홀슈타인주의회는 주정부 차원에서 소수민족 지원 기금을 마련하는 데에도 합의했다.

슐레스비히-홀슈타인 지역의 사례는 전후 유럽 내 소수민족의 통합을 성공적으로 이끌어낸 사례로 평가받고 있다(Kellman, 2012: 8). 이렇게 평가받게 된 기저에는 두 가지 요인이 중요한 영향을 미친 것으로 보인다. 첫째는 국민투표를 통해 소수민들이 스스로 희망하는 거주지를 결정할 수 있는 권한을 부여했다는 것이고, 둘째는 덴마크 정부가 패전국 독일의 상황을 정치적으로 이용하여 국경선을 자국에 유리하게 재조정하려 하지 않았다는 점이다(Popova, Marken and Bădulescu, 2016: 5-6). 그리고 이와 아울러 독일과 덴마크 정부 간의 지속적이고 유기적인 협력과 다차원적 지원책 또한 주요 요인이라 할 수 있을 것이다. 이에 관해서는 다음 절에서 논의하기로 한다.

III. 슐레스비히-홀슈타인의 '공존과 협력' 모델

이러한 배경하에 슐레스비히-홀슈타인 지역의 소수민족들은 그 나라 국민들과 대등한 권리를 누릴 수 있도록 여러 가지 정책적인 지원을 받고 있다. 그리고 이 지원은 해당국 정부 차원에서뿐만 아니라 소수민족의 출신국 정부와의 긴밀한 협력하에 이루어지고 있다. 즉 북슐레스비히에 거주하는 독일계 소수민족을 위해 덴마크 정부가 독일 정부와 연계하고, 반대로 남슐레스비히 지역의 덴마크계 소수민족을 위해 독일 정부가 덴마크 정부와 연계하여 지원책을 실시하고 있는 것이다. 한 단계 더 나아가 유럽 차원에서는 이들 소수민족의 문제를 덴마크와 독일의 문제로 국한시키지 않고 유럽연합 전체의 문제로 다루고 있다. 이 지역의 소수민족문제를 해결하기 위해 해당국 정부와 유럽연합은 소수민족이 정치적 권리를 최대한 누릴 수 있는 제도적 장치를 마련하고 운영 중에 있으며, 경제적, 사회·문화적 차원에서도 다양한 지원을 실시하고 있다.

이 지역 소수민족이 지역사회에 빠르게 정착할 수 있었던 것은 덴마크와 독일 정부가 자국민에게 제공하는 다양한 혜택과 권리를 소수민족에게도 동일하게 제공하고 있기 때문이다. 아래에서는 이러한 혜택에 관해 정치적 차원, 경제적 차원, 교육적 차원으로 구분하여 살펴보기로 한다. 또한 유럽 차원에서도 유럽연합은 소수민족이 지역사회로 성공적으로 편입할 수 있도록 여러 가지 재정적인 지원을 아끼지 않고 있다. 따라서 유럽 차원에서의 지원책 또한 함께 살펴본다.

1. 정치적 차원

슐레스비히-홀슈타인 지역의 소수민족에게 제공되는 가장 큰 혜택은 정치적으로 그들의 목소리를 반영할 수 있는 다양한 조직이 구축되어 있다는 것이다. 즉 본국 국민으로부터 차별받지 않고 정치적인 목소리를 낼 수 있도록 제도적으로 그들의 이익을 대변할 기구들이 마련되어 있는 것이다. 이러한 역할을 수행하는 기관으로 북슐레스비히에는 독일 북슐레스비히리그(Bund Deutscher Nordschleswiger, BDN)가 있고, 남슐레스비히에는 남슐레스비히협회(Sydslevisk Forening, SSF)가 있다. 1945년 설립된 북슐레스비히리그는 덴마크 내 소수민족에 관한 모든 이슈를 관장하는 기구로 오벤로(Aabenraa)에 기반을 두고 있다. 이 기구는 독일어 사용과 독일 문화를 장려하기 위한 문화 기구로 설립되었음에도 불구하고 정치, 사회, 경제 등 다양한 분야에서 독일계 주민의 이익을 대변하는 역할도 함께 하고 있다. 남슐레스비히의 플렌스부르크에 기반을 두고 있는 남슐레스비히협회는 북슐레스비히리그보다 앞선 1920년에 설립되었다. 남슐레스비히협회 또한 사회·문화 기구로서의 역할이 원래 취지라 할 수 있지만 독일 내 소수민족의 정치적 이해관계를 대변하고 옹호하는 데 있어서도 적극적인 활동을 하고 있다.

슐레스비히-홀슈타인 지역의 소수민족들은 정치적으로 활발하게 자신들의 목소리를 내고 있다는 공통점을 가진다. 북슐레스비히에 거주하는 독일계 주민은 스스로를 독일 정체성을 가진 덴마크 시민으로 생각하는 경향이 있으며 북슐레스비히 지역에 대한 남다른 애착을 가지고 있다. 동시에 스스로가 독일과 덴마크를 잇는 가교 역할을 한다고 생각하고 있다. 이들은 지역 정당인 슐레스비히당(Schleswigsche Partei, SP)에 적극적으로 참여함으로써 중앙

정치에도 영향력을 행사하고 있다. 북슐레스비히리그의 유일한 산하 기구인 슐레스비히당은 문화, 사회, 경제 분야에서 독일계 주민들의 권익 실현을 위해 활발한 활동을 벌이고 있는 것으로 알려져 있다. 2009년 선거에서는 5명의 위원이 이 지역의 6개 선거구에서 선출되어 의회 의석을 차지하였다(Bund Deutscher Nordschleswiger, 2012). 덴마크 정부는 이와 별도로 1983년 '독일계 소수민족을 위한 사무국(German Secretariat in Copenhagen)'을 코펜하겐에 설립하여 독일계 주민들이 덴마크 의회 및 정부와도 접촉할 수 있는 채널을 마련하고 있다. 수장인 사무총장은 북슐레스비히리그 이사회에서 선출된다. 주요 임무는 의회를 감시하고 덴마크 의회와 국민들을 대상으로 소수민족의 정치적 입장을 대변하며, 소수민족을 대표하여 접촉 창구(contact point)로서의 역할을 하는 것 등이다. 사무총장은 덴마크 의회 소속인 '독일계 소수민족을 위한 접촉위원회'의 일원이기도 하다. 이 위원회는 교육부, 경제 및 내무부, 각 정당, 소수민족 기구들 각각이 위촉한 위원들로 구성되어 있으며 소수민속과 관련된 이슈에 관해 의회 및 정부기관과 함께 논의하기 위한 목적으로 마련된 조직이다.

또한 주목할 점은 북슐레스비히에 독일 정부 기구를 설립하여 독일계 소수민족 권리 보호를 한다는 점이다. 대표적인 기구로 '독일계 소수민족에 관한 문제를 위한 위원회'가 있다. 이 기구는 슐레스비히-홀슈타인주의회 소속으로 북슐레스비히 지역에 거주하는 독일계 주민들과 관련한 모든 사안을 다룬다. 슐레스비히-홀슈타인주총리, 주의회 정당 대표, 슐레스비히-홀슈타인 출신 독일연방의회 의원, 북슐레스비히리그 수장, 독일 주의회 소속의 슐레스비히-홀슈타인 소수민족 및 문화 담당 위원(Commissioner for Minorities and Culture of Schleswig-Holstein), 독일계 소수민족을 위한 사무국의 사무총장 등이 이 위원회를 구성한다.

북프리지아인과 덴마크계 주민이 독일 주민과 공존하는 남부 슐레스비히-홀슈타인 지역에서도 소수민족의 정치적 권익을 보호하기 위한 장치가 다양하게 마련되어 있다. 기본적으로 이들 덴마크계 소수민족 또한 정치 참여도가 매우 높고, 국내 문제 또는 국제 문제에 대한 논쟁을 즐기는 편이다. 독일에서는 1952년 도입된 법조항에 따라 총선에서 5% 이상 득표율을 기록해야 주의회 의석 확보가 가능한데 소수민족 정당의 경우 예외적으로 이 기준을 적용받고 있지 않기 때문에 의회 진출도 활발히 이루어지고 있다.[6] 실제로 1958년부터 덴마크-프리지안을 대표하는 정당인 남슐레스비히유권자협회(Sydslevisk Vælgerforening, SSV)는 꾸준히 주의회에서 의석을 확보해왔다. 현재 남슐레스비히유권자협회는 이 지역 정당 중 세 번째로 많은 의석수를 가지고 있다.

2017년 9월 총선을 앞두고 5월에 실시된 슐레스비히-홀슈타인 주의회 선거(State election)는 3월에 실시된 자를란트(Saarland)주의회 선거에 이어 향후 총선의 방향을 예측해볼 수 있는 선거라는 점에서 많은 주목을 받았다. 선거 결과 남슐레스비히투표자연합당(Südschleswigsche Wählerverband, SSW)은 총 73석 중에 3석을 확보했다.[7]

---

[6] 1954년 법 개정에 따른 결과이다.
[7] 기존 슐레스비히-홀슈타인주정부는 메르켈 총리가 이끄는 CDU(기독민주연합)와 경쟁 관계에 있는 SPD(사민당)가 집권하고 있었으나 이번 선거에서는 CDU가 승리하였고 결과적으로 2017년 9월 총선에서 메르켈 총리의 연임 성

그 밖에도 소수민족을 위해 마련된 기구들이 다양하게 존재한다. 특히 슐레스비히-홀슈타인주총리가 임명하는 '슐레스비히-홀슈타인 소수민족 및 문화 담당 위원'이 중요한 역할을 하는데, 덴마크계 소수민족과 주의회 및 주총리 간의 연결 고리 역할을 담당한다. 또한 '덴마크계 소수민족문제 담당 자문 위원회(Advisory Committee for Questions Regarding the Danish Minority in the Ministry of Interior)'는 독일연방정부 차원에서 내리는 소수민족 관련 결정 사항에 관한 논의를 하는 기구로 소수민족과 독일 정부 간의 연결 고리 역할을 한다. 주독일 덴마크총영사는 덴마크계 소수민족과 덴마크 본국 간의 연결 채널의 역할을 하며, 덴마크 정부 산하의 '덴마크계 소수민족문화 활동 위원회(Committee Concerning Danish Cultural Activities in South Schleswig)'는 이들 소수민족에 관한 모든 논의 내용을 덴마크 의회에 보고하는 역할을 한다.

이렇듯 북슐레스비히와 남슐레스비히에서는 본국 정부 차원에서뿐만 아니라 덴마크와 독일 정부 간에도 이들 지역 내 소수민족을 보호하기 위한 협력이 이루어져 다양한 정부 기구가 설립 및 운영되고 있고 이로써 효율적으로 소수민족의 권리 보호가 이루어지고 있다.

공에 기여하였다. 관련 기사는 *New York Times*(2017) 참조.

<표 1> 덴마크 및 독일 내 소수민족 보호를 위해 설립된 기구들

	기구	소속
덴마크	독일계 소수민족을 위한 사무국	덴마크 의회
	독일계 소수민족을 위한 접촉위원회	덴마크 의회
	독일계 소수민족에 관한 문제를 위한 위원회	독일 주의회
	주덴마크독일대사관(The German Embassy in Copenhagen)	독일 정부
	독일계 소수민족과 국경 지역에 관한 문제 담당 위원(Commissioner for Questions Regarding the German Minority and the Border Region)	독일 정부
독일	슐레스비히-홀슈타인 소수민족 및 문화 담당 위원	독일 주의회
	이주민과 소수민족문제 담당 위원(Commissioner for Emigrant and Minority Issues of German Government)	독일 정부
	덴마크계 소수민족문제 담당 자문 위원회	독일 정부
	주독일덴마크총영사(The Danish Consulate General)	덴마크 정부
	덴마크계 소수민족문화 활동 위원회	덴마크 정부

출처: Schaefer-Rolffs(2014: 95)에서 수정.

2. 경제적 차원

북슐레스비히와 남슐레스비히의 경제 발전 수준은 대략 비슷하다. 북슐레스비히의 경우는 농업, 그린 에너지, 제약, 의료 기기, 금융, 관광산업 등이 주요 산업 분야로 실업률은 2012년 기준 5.3% 수준을 유지하고 있다(Popova, Marken and Bădulescu, 2016: 11). 남슐레스비히는 1인당 GDP가 2만 7,220유로로 이 지역 주민의 77.3%는 서비스 분야에, 19.3%는 식품업, 의료 관광, 의료 기술, 해양 산업 등의 산업 분야에, 3%는 농업 분야에 종사하고 있다. 2012년 기준 고용률은 93.5%에 달한다(Popova, Marken and Bădulescu, 2016: 11).

처음부터 양측 간의 경제협력이 활발하게 이루어진 것은 아니었다. 1990년대 유럽연합이 INTERREG 프로그램[8]을 도입함으로써 이 지역의 경제협력이 본격화되기 시작했으며, 1997년 북슐레스비히와 남슐레스비히가 유로리전(Euroregion)[9]의 하나로 편입되면서 더욱 가속화되었다. 유로리전에 편입된 지역들은 INTERREG 지원 프로그램을 통해 1990년대부터 190여 개 협력 프로그램을 운영해오고 있는데 슐레스비히 지역에서는 80여 개 프로그램이 재생에너지, 관광, 식품 산업 등과 관련하여 운영되어 지역경제 발전에 기여하고 있다(Popova, Marken and Bădulescu, 2016: 13).

슐레스비히-홀슈타인 지역에서 주목할 만한 산업은 농업과 재생에너지 분야로 덴마크와 독일 정부는 소수민족이 이들 산업을 통해 경제적 이득과 일자리를 창출할 수 있도록 여러 가지 정책을 운영하고 있다. 슐레스비히-홀슈타인 주정부는 농업과 에너지 부문을 연계하여 '에너지-농업-환경-자연-디지털부처(Ministry of Energy, Agriculture, the Environment, Nature and Digitalization, MELUND)'를 두고 있는데 이는 이 지역의 농업이 재생에너지와의 연관성이 매우 높음을 보여준다. 이 부처의 주요 역할은 농업 지원, 소비자

[8] EU 내 지역 협력을 고취하기 위해 도입된 프로그램으로 유럽지역개발기금(European Regional Development Fund)의 지원을 받는다. 1989년 처음으로 도입된 이래 오늘날까지 지속적으로 운영 중에 있다. 현재 진행 중인 프로그램은 INTERREG V(2014-2020)이다. 이에 관해서는 인터리그 유럽(Interreg Europe) 참조(https://www.interregeurope.eu/(검색일: 2017. 9. 21.)).

[9] 유럽 내 국경 지역 간의 회의체인 유럽국경지역협의회(Association of European Border Regions)에서 선정하는 국경선을 맞대고 있는 인접 지역 간의 초국가적 협력 체제를 가리킨다. 직접적으로 행사할 수 있는 정치적 영향력 또는 제도를 가지고 있지는 않으며 다만 초국가 간 협력을 통해 공공선과 경계 지역 주민들의 권익을 보호하기 위한 목적으로 운영된다.

보호, 해안 및 바다 보호, 홍수 방지, 기후변화 대비, 자연보호, 환경 보호 등이며, 이들 업무를 효율적으로 처리하기 위해 부처 관료들은 법률가, 과학자, 엔지니어, 컴퓨터 전문가, 경영 전문가 등으로 구성되어 있다(Schleswig-Holstein State Government, 2017a). 이 부처가 가장 역점을 두고 있는 부분은 경제적 이득 창출과 생태계 보호 간의 균형점을 유지하는 것이라 할 수 있다.

덴마크가 전통적으로 농업 강국인 만큼 북슐레스비히 지역 또한 농업을 통한 경제활동의 비중이 크다. 덴마크 전체 유기농 농사의 15%가 이 지역에서 이루어지고 있고, 이 지역 농민의 이익을 대변하기 위한 북슐레스비히 주요 농업협회(Landwirtschaftliche Hauptverein für Nordschleswig, LHN)가 조직되어 있다. LHN은 덴마크 내에서는 제일 작은 규모의 농민협회이지만 덴마크 남부 지역의 농업 발전과 개선을 위해 적극적으로 활동하고 있다. 이를 통해 지역 농민들과 농업에 대한 문화적 정체성을 구축하는 것을 목표로 하고 있다. 이 지역에서 농업에 종사하고 있는 독일계 주민 또한 자연히 이 단체로부터 동일한 혜택을 받고 있다.

남부 슐레스비히-홀슈타인 지역에 거주하는 덴마크계 주민 또한 전통적으로 농업에 종사해왔다. 프로이센 때부터 덴마크계 주민들은 농업에 종사해왔고 마침 덴마크에서 등장한 협동 농업(cooperative farming)에도 영향을 받아 슐레스비히 지역의 소수민족들은 국경선에 구애받지 않고 농업과 관련한 정보를 함께 나누면서 활발하게 교류하였다. 그 결과 농민들의 이익을 대변하는 신용조합(credit union)이 설립되고 농민 신문이 창간된 것도 이 시기이다. 이 지역에서 농업에 종사하는 덴마크계 주민들을 지원하기 위한 조직으로는 남슐레스비히 연방생활협회(Fælleslandboforeningen for Sydslesvig)가 있다. 1950년에 설립된 이 협회는 동물 양육과 경작 등 농업의 여러 분야에 대한 자문을 제공하고 있다. 비록 규모는 작지만 이 협회의 회원들은 우수한 생산성을 인정받아 정부로부터 표창을 받기도 했다(EUR.AC, 2007: 24).

덴마크와 독일 정부는 소수민족들이 활발한 경제활동을 통해 슐레스비히-홀슈타인 지역에 성공적으로 정착하여 살아가도록 재정 지원을 하고 있다. 북슐레스비히와 남슐레스비히 각각은 농업에 종사하는 주민들을 위해 조합은행(union bank)을 운영해오고 있으며 지역 내의 경제활동이라는 전제하에 저리로 대출을 지원해주고 있다.

〈표 2〉 슐레스비히-홀슈타인 소수민족 대상 신용 대출 개요

	북슐레스비히	남슐레스비히
신용 대출 기관	BDN Wohnungsbauausschuss	Slevigs Kreditforening eG
회원 수	-	1,600명
최대 대출 가능액	집 구입 또는 건축 비용의 10%까지	12만 유로
대출금리	2%(2007년 기준)	5.25%(2006년 기준)
평균 대출 기간	25년	11년
총 대출액	43만 유로(2007년 기준)	300만 유로(2005년 기준)

출처: EUR.AC(2007: 25)에서 수정.

또 다른 분야인 재생에너지 또한 슐레스비히-홀슈타인 지역이 선도하고 있는 영역이라 할 수 있다(Rueter, 2013). 이 지역은 지리적으로 매우 유리한 위치에 있다. 아이더강이 슐레스비히-홀슈

타인을 관통하고 있으며 이 지역을 중심으로 서쪽은 북해와, 동쪽은 발트해와 맞닿아 있다. 연중 최고 기온이 섭씨 20도를 넘지 않으며, 바람이 많이 분다. 1983년 처음 디트마르셴(Dithmarschen)이라는 마을에 풍력발전 터빈이 설치된 이후 30년 이상 지속적으로 확대되어왔다(Renewable Energy Network Agency, 2017). DEWI/BWE에 따르면 2009년 기준으로 슐레스비히-홀슈타인에 설치된 풍력발전 터빈의 수는 2,700여 개로 5,100여 개를 가지고 있는 니더작센(Niedersachen) 다음으로 많으며, 발전 가용 규모는 니더작센(6,000MW), 브란덴부르크(Brandenburg, 3,700MW), 작센-안할트(Sachen-Anhalt, 3,100MW) 다음으로 많은 2,700MW를 생산하고 있다(German Wind Energy Association, 2009). 2014년 기준으로 슐레스비히-홀슈타인주는 독일 내에서 전력 수요의 100%를 재생에너지 자원을 이용하여 발전한 최초의 주가 되었다(Waselikowski, 2015). 현재 이 지역에는 1,000여 개 이상의 풍력발전 관련 업체들이 운영 중이며, 이 지역 농민들은 이들 풍력발전 회사의 주식을 보유하고 있다(Renewable Energy Network Agency, 2017).

3. 사회·문화적 차원

슐레스비히 지역에서의 문화 분야와 관련한 독일-덴마크 협력은 1990년대부터 지속적으로 발전되어왔다. 문화가 지역 편견을 극복하고 협력하기 위한 최적의 분야인 만큼 상호 문화의 독자성을 인정하고 교류할 수 있는 제도적인 장치 마련을 통해 지역 내 통합에 크게 영향을 미쳐왔다고 할 수 있다. 소수민족에 대한 지원책은 북슐리스비히와 남슐레스비히 양 진영에서 고루 발달되어 왔다. 도서관 협회, 소수민 신문, 소수 언어 그룹, 음악 및 스포츠 클럽, 학생회 등의 다양한 조직은 소수민의 언어와 문화를 간직하고 알리는 데에 주요한 역할을 하고 있다. 특히 슐레스비히-홀슈타인 지역의 경우 덴마크 소수민을 보호하기 위해 자체적으로 학교 협의회(Dansk Skoleforening for Sydslesvig)를 조직하였고, 덴마크어 일간 신문 『플렌스보르 아비스(Flensborg Avis)』를 창간하였다. 이 밖에 덴마크어 도서관, 복지 센터, 탁아소, 간병 서비스 등도 운영 중이다. 덴마크 소수민의 구직 활동을 돕기 위한 덴마크청년협의회(Danish Youth Association)도 운영 중이다(Popova, Marken and Bădulescu, 2016: 15). 덴마크 소수민을 지원하는 주요한 문화 지원 기구로는 앞서 언급된 바 있는 남슐레스비히협회가 있다. 남슐레스비히협회는 덴마크 소수민족과 노르딕 국가들과 연계하는 역할을 하며 남슐레스비히투표자연합당(SSW)과 함께 덴마크 소수민의 이익을 위해 활동하고 있다(Popova, Marken and Bădulescu, 2016: 15).

슐레스비히-홀슈타인 지역의 소수민족 학교는 오래전부터 다양한 형태의 교육기관으로 운영되어왔다. 북슐레스비히에서는 1920년부터 그리고 남부 슐레스비히-홀슈타인에서는 1945년부터 생겨났다. 이들 교육기관은 사립이지만 해당 정부로부터 공식적으로 인가를 받았으며 부분적으로는 정부 지원도 받고 있다. 남슐레스비히의 덴마크학교협의회와 북슐레스비히의 독일학교협의회가 각각 설립되어 교육 인프라와 교원 및 학교 운영 지원 인력 등을 감독하는 역할을 수행하고 있다.

6월 30일 기준으로 6세가 되면 의무교육이 실시된다. '그룬트슐레(Grundschule)'라 불리는 초등학교 과정은 4년 과정이다. 이 과정을 마치면 중등학교에 진학한다. 슐레스비히-홀슈타인에서는 '레기오날슐레(Regionalschule)'라고 하는 지역 학교(regional school) 외에도 '게마인샤프츠슐렌(Gemeinschaftsschulen)'이라고 하는 새로운 형태의 종합중등학교(comprehensive school)가 존재한다. 또한 전통적인 문법학교(grammar school)로의 진학도 가능하다.[10]

북슐레스비히 지역에는 24개의 유치원(pre-school)과 15개의 학교 그리고 1개의 고등학교가 있다. 이곳에서는 독일어와 독일 문화에 대해 교육하지만 덴마크어도 가르친다. 그래서 이곳에서 교육받은 학생들은 독일어권이나 덴마크어권 어디에서든지 자유롭게 의사소통이 가능하다.

학교교육은 소수민족 고유의 문화와 정체성을 가장 잘 유지하면서도 소수민족 학생들이 각각(덴마크, 독일)의 문화 속에서 생활할 능력을 기를 수 있는 유용한 과정으로 간주되고 있고 그런 만큼 북슐레스비히 지역과 슐레스비히 지역에서 취득한 졸업장은 본국에서도 동등한 수준으로 인정된다. 수업은 소수민족 언어와 모국어, 그리고 현지 공용어로 이루어진다. 예를 들어 북프리지안인과 덴마크계 소수민족 학생이 다니는 리쉼-린홀름학교(Risum-Lindholm School)의 경우 1961년부터 북프리지안어, 독일어, 덴마크어로 수업을 진행해왔다(EUR.AC, 2007: 19). 특히 소수민족 언어는

---

10 종합중등학교는 학생을 시험으로 선발하는 학교가 아닌 일반 학교를 말하며, 문법학교는 원래 라틴어를 가르치던 학교를 지칭하였으나 오늘날에는 아카데믹 성향이 강한 학교를 의미한다. 슐레스비히-홀슈타인의 교육제도에 관해서는 Schleswig-Holstein State Government(2017b) 참조.

이 지역에 있는 다른 공립학교에서도 가르친다. 남부 슐레스비히-홀슈타인 지역의 몇몇 학교는 프리지안어를 가르치고 있고, 법적인 의무 사항이 아님에도 불구하고 덴마크어도 가르치고 있다.

한 가지 주목할 점은 이 지역에서 운영하는 사립학교에 대한 교육비 지원이다. 소수민족 언어를 포함한 다국어로 수업을 진행해야 하고, 소수민족의 문화와 풍습에 관한 내용 또한 교과목으로 포함해야 하다 보니 인접국으로부터 교원을 초빙하여 채용을 하게 되어 실제로 공립학교에 비해 많은 비용이 든다. 그러나 이 비용은 학부모에게 전가되지 않는다. 일차적으로는 공립학교의 운영비 평균과 사립학교의 운영비 평균을 산출하여 그 차액을 해당국 정부가 지원하며, 그 지원금으로도 충당되지 않는 초과분은 인접국(kin-state) 정부가 지원한다. 따라서 각국은 자국 내의 소수민족을 보호하며 교육을 통해 문화적 정체성을 유지하는 것을 지원하는 셈이다. 인접국 입장에서도 자기 나라 민족이 이웃나라에서 소수민족으로서 전통과 문화를 유지하면서 살아나갈 수 있도록 지원하는 셈이다. 이렇듯 소수민족의 문제를 해당국 정부뿐만 아니라 이웃나라에서도 함께 지원하고 정책적으로 배려한다는 것은 소수민족문제가 원만하게 해결되도록 한 주요한 원인 중 하나라고 볼 수 있을 것이다.

슐레스비히-홀슈타인 지역에는 9개의 고등교육기관이 있다. 이 지역 대표 도시인 플렌스부르크, 하이데(Heide), 킬, 뤼베크(Lübeck)에 4개의 국립 응용과학대학(University of Applied Science)이 있으며, 플렌스부르크에는 플렌스부르크대학이 위치하고 있고, 뤼베크에 음악원, 킬에 무테시우스미술원(Muthesius Academy of Fine Arts)이

〈표 3〉 슐레스비히-홀슈타인 지역의 소수민족 대상 사립학교의 수

	남부 슐레스비히-홀슈타인	북슐레스비히	북프리지안
초중등학교(Schools)	48	15	1
고등학교(High Schools)	2	1	0
유치원(Kindergartens)	57	24	필요에 따라 교육 제공
방과 후 돌봄센터(After-school day centres)	20	11	필요에 따라 교육 제공
평생교육학교(Continuing education schools)	1	1	0
유스호스텔(Youth hostels)	1	3	0
전통문화학교(Folk high schools)	1		0
자연교육농장(Camp grounds)	2	1	0
어린이 여름 캠프(Children's summer camps)	1	1	1
야간 과정(Evening courses)	470	있음(숫자 미확인)	있음

출처: EUR.AC(2007: 20).

있다. 또한 베델 응용과학대학, 핀네베르크 AKAD대학, 엘름스호른 전문대학 등 사립대학도 있다(Schleswig-Holstein State Government, 2017b).

이렇듯 다양한 교육기관이 존재하지만 대학 전공 분야가 이공계열 위주로 개설되어 있어 이에 따른 문제점도 있다. 킬대학의 경우는 해양학, 지구과학, 경제학, 생물학, 보건학, 환경학, 재료학 등이 개설되어 있으며, 뤼베크대학에는 의학, 컴퓨터 과학, 생명공학이, 플렌스부르크대학에는 교육학, 경제학 등이 개설되어 있다(European Commission, 2017a). 상대적으로 법학, 행정학, 정치학 등 일부 전공은 제한적으로만 개설이 된 상태이다. 이 경우 인접

국 대학에서 수학이 가능하도록 조처하고 있고 일부 학교들은 교과목을 공동으로 개설하는 등 대안을 마련하고 있다(EUR.AC, 2007: 27). 그러나 인접국으로 유학하여 대학을 다닐 경우 졸업 후 자신들의 고향에서는 전공에 맞는 일자리를 구하기가 쉽지 않기 때문에 고향으로 돌아오는 대신 유학한 곳에서 취업을 하는 경우가 적지 않다.

교육 내용에 있어서 유럽 차원의 시각이 많이 강조되고 있다. 1950년대부터 시작하여 60년 이상 지속되어온 유럽 통합의 과정은 이들로 하여금 소수민족 이슈를 단순히 국가 차원의 역사적 문제로만 바라보는 시각에서 벗어나 거시적인 차원에서 바라보게 한다. '하나의 유럽' 속에서 소수민족들 또한 동등한 '유럽 시민'이며 특히 청소년들이 유럽의 미래를 이끌어나갈 유럽 시민으로 성장해나가도록 유럽 정체성, 시민 의식 등을 교육하는 데 역점을 두고 있다(Schleswig-Holstein State Government, 2017b).

4. 유럽적 차원

소수민족의 권리 보호는 유럽 차원에서 관련 조약들이 체결됨으로써 더욱 강화된 측면이 있다(Schaefer-Rolffs, 2014: 81). 앞에서도 말했듯이 유럽평의회가 1992년에 채택한 '유럽 지방 언어·소수 언어 헌장'은 유럽의 다양한 지방 언어와 소수 언어를 보호하고 홍보하기 위한 목적으로 만들어졌다.[11] 이와 아울러 1994년에는 유

---

[11] 1998년 발효된 이 조약은 현재 33개국이 서명한 상태이다. 보다 자세한 사

럽평의회에서 '소수민족 보호를 위한 기본 협약'을 채택하였다. 이는 소수민족의 인권을 보호하기 위한 목적으로 만들어졌으며, 인권 보호를 위한 규범 마련, 정부 간 협력, 시민사회의 민주적 안정과 신뢰 구축을 위한 협력 증진 제고 방안을 논의하는 것을 골자로 한다. 전 세계 소수민족의 인권 보호를 위해 만들어진 구속력 있는 첫 번째 제도적 장치라고 할 수 있다.[12]

슐레스비히-홀슈타인 지역 문제는 덴마크와 독일 정부 차원에서뿐만 아니라 유럽연합 차원에서도 중요하게 다루어지고 있다. 유럽연합의 지원은 크게 재정 지원과 네트워킹 장려라는 두 가지 범주로 나눠볼 수 있다.

재정 지원은 유럽지역개발기금(European Regional Development Fund, ERDF)과 슐레스비히-홀슈타인 중소기업을 위한 투자 기금(Investment Fund for SME Schleswig-Holstein)이 있다. 유럽지역개발기금은 유럽연합이 결속 정책의 일환으로 지원하는 것으로, 주로 연구 및 혁신, 정보, 커뮤니케이션 기술 개발, 중소기업 육성, 저탄소 경제 분야를 중점적으로 지원하는 '성장' 촉진 기금이다(이종원·윤성원·황기식, 2014: 84). 슐레스비히-홀슈타인 지역에는 2014-2020년 기간 동안 다음의 다섯 가지 중점 영역을 지원한다.

항은 다음을 참조. http://www.coe.int/en/web/european-charter-regional-or-minority-languages (검색일: 2017. 8. 20).

[12] 이 조약은 2016년 현재 39개국에 의해 비준된 상태이다. 보다 자세한 사항은 다음을 참조. http://www.coe.int/en/web/minorities/fcnm-factsheet (검색일: 2017. 8. 20.)

〈표 4〉 유럽지역개발기금 지원 내역(2014-2020)

분야	지원액(천 유로)
지역 혁신 강화	196,550
경쟁력 있고 지속 가능한 경제구조 발전	206,100
새로운 수요에 부응하는 경제 인프라 확충	145,000
자원의 지속 가능한 사용	84,700
기술적 지원	21,580
합계	653,930

출처: European Commission(2017b).

특히 중소기업 지원과 관련해서는 유럽지역개발기금 중에서 슐레스비히-홀슈타인 중소기업을 위한 투자 기금이라는 명목의 별도 지원이 존재한다. 10년간 투자를 지원하되 7년 차부터 분할하여 투자금을 회수한다. 운영 규모는 총 4,400만 유로에 달한다. 농업과 조선업, 화물차 관련 사업을 제외한 신규 사업 창업을 지원하기 위해 운영된다(European Commission, 2017c).

네트워킹 상녀와 관련해서 슐레스비히-홀슈타인 지역에 거주하는 주요 소수민족들 — 독일계 주민, 덴마크계 주민, 북프리지아인, 집시 — 은 유럽연합과도 긴밀히 연결되어 있다. 이들은 플렌스부르크에 기반을 둔 유럽소수민족연합체(Federal Union of European Nationalities, FUEN)의 회원이기도 하다. 유럽소수민족연합체는 1949년 유럽평의회가 창설된 해에 설립된 NGO로 유럽 전역에 흩어져 있는 언어적 혹은 인종적 소수민족들을 대표하는 기구이다. 현재 유럽 32개국에서 90개 단체들을 거느리고 있다. 유럽연합과 유럽평의회, 국제연합(UN), 유럽안보협력기구(OSCE) 등 국제기구에서 소수민족을 대표하는 위상을 가지고 있다(FUEN, 2017). 특히 유럽의회(European Parliament)와는 긴밀히 협력하여 '유럽대화포럼(European Dialogue Forum)'을 만들기도 하였으며, 유럽평의회가 '유럽 지방 언어·소수 언어 헌장'을 채택하는 데에 크게 영향을 미치기도 하였다.

독일계 주민은 유럽소수민족연합체의 창립 회원으로 매우 활발하게 활동하고 있으며 대외적 인지도도 높다. 이들은 슐레스비히-홀슈타인 내의 독일계 주민들뿐만 아니라 유럽 전역에 흩어져 있는 독일계 이주민들과도 연계 활동을 한다. 또한 덴마크계 소수민족과 독일계 소수민족은 청소년 간의 협력 활동에도 깊은 관심을 가지고 있으며, 유럽청소년단체(Youth of European Nationalities, YEN)와 같은 청소년 협력 기구에 적극적으로 참여하여 활동하고 있다.

V. 나오며

이렇듯 슐레스비히-홀슈타인 지역의 소수민족문제는 오랜 시간에 걸친 국경분쟁의 역사 속에서 자칫 상호 간의 반목과 질시의 상징이 될 수도 있었지만, 갈등의 역사를 현명하게 극복하여 소수민족 정착의 가장 성공적인 모델로 인정받기에 이르렀다. 슐레스비히-홀슈타인 지역의 독일계 주민, 덴마크계 주민, 북프리지안, 집시/신티족은 자신만의 언어적 고유성과 문화적 특수성을 보전하면서 살아가고 있다. 그 성공 비결은 비단 소수민족 스스로의 노력에 의한 것만은 아니었다. 정치적으로나 경제적으로, 또

사회·문화적으로 관련 지자체 및 중앙정부, 심지어 유럽 차원에서까지 전폭적인 지지가 있었기에 가능했던 것이었다. 정치적으로는 소수민의 이해관계를 대변하는 정당 및 본국과 연계된 다양한 정치조직의 존재가 이들의 의견과 권익 보호를 할 수 있는 중요한 역할을 하고 있다고 볼 수 있다. 경제적 차원에서는 슐레스비히 양 지역 간의 경제협력 활동을 장려하고 재정적으로도 비즈니스 활동을 하는 데 있어서 체계적인 지원이 가능하도록 한 것이 주요했다고 할 수 있다. 사회·문화적으로는 교육기관을 자체적으로 운영할 수 있게 허용하고 특히 다국어 교육 기조를 유지하기 위해 재정 지원을 하는 과정에서 본국 정부가 이웃나라 소수민족으로 살아가는 자국민들이 자국의 문화와 언어를 잊지 않고 살아갈 수 있도록 이웃나라 사립학교 교육비를 지원하는 것은 매우 주목할 만한 부분이다.

향후 소수민족문제는 더욱 중요한 도전으로 대두할 전망이다. 이미 유럽 내부적으로는 소수민족으로 살아가고 있는 적지 않은 이주사가 있으며, 시리아 난민의 대거 이동으로 상황이 더욱 악화되고 있어 새로운 소수민족으로 정착하게 될 이들을 수용하는 데에 있어 슐레스비히-홀슈타인의 사례가 하나의 참고 사례로 활용될 수 있을 것이다. 한국의 입장에서도 외국인 이주민이 점차 늘면서 다민족국가가 되어가고 있는 상황에서 보다 거시적인 안목을 가지고 소수민들을 어떻게 정착시켜나갈지에 대해서 관심을 가질 때이다. 이제는 이들 소수민족과 어떻게 조화를 이루어 살아갈 것인가에 초점을 두어 정부 차원에서 정책을 실행할 필요가 있으며, 소수민족 스스로 존재감을 인식하고 자생력을 갖추어 지역사회에 동화되어 잘 살아갈 수 있도록 하는 방향으로 지원책을 마련하는 것이 소수민족뿐만이 아니라 국가 전체 차원에서도 바람직하다고 생각된다.

그렇다면 슐레스비히-홀슈타인의 사례가 한국에 어떠한 정책적 시사점을 줄 수 있는가? 우선 한국과 중국, 그리고 한국과 일본 사이에는 각각 조선족과 화교, 그리고 재일동포 이슈가 있다. 조선족은 1930년대 후반 중앙아시아로 강제 이주를 당한 이후 연해주로 건너와 오늘날의 연변조선족자치주(연변주)를 형성하고 있으며 그 숫자는 80만 명에 이른다. 최근에 새로운 국면으로 접어들고 있는 남북한 관계 개선 상황을 고려한다면 그 어느 때보다도 이들에게 주목할 필요가 있다. 이들이 거주하는 연변주는 상당 부분 북중 경계선과 접해 있으며 훈춘은 중국의 일대일로(一大一路) 사업의 출발점이기도 하다. 시진핑 주석이 최근 이 지역을 방문하여 동북 3성의 부흥을 강조하고 조선족의 중국어와 조선어 두 언어 사용을 긍정적으로 평가하고 장려하는 행보를 보인 것은 중장기적으로 이 지역을 교두보로 삼아 러시아와 한반도, 일본으로 영향력을 확대하고 동북아 물류 주도권을 선점하겠다는 의지의 반영인 것으로 해석할 수 있다(이장훈, 2015). 한국 정부도 이 기회에 조선족에 대한 정책적 관심을 높이고 국내에 들어와 활동하고 있는 조선족들을 남북 경제협력과 한반도 통일 시대에 적극적으로 활용할 방안을 강구할 필요가 있어 보인다.

또한 국내에는 5만 명 이상의 화교가 거주하고 있다. 화교 1세대의 상당수는 산둥성 출신으로 당시에는 중화민국 정부가 중국 대륙을 통치하던 시기였기 때문에 중화민국 국적을 가지고 있었다.

그러다가 1949년 중화민국이 타이완으로 옮겨가고 중국 본토에는 중화인민공화국이 세워지면서 이들의 국적 문제가 불거지게 되었다. 한국은 속인주의를 채택하고 있어 이들에게 한국 국적을 부여하지 않고 있고, 중화인민공화국 정부 또한 중화민국 국적을 인정하지 않고 있기 때문에 한국에서 태어난 화교 2세, 3세, 4세는 한국과 중국 본토 어느 쪽으로부터도 국적을 부여받지 못하고 있는 상태이다. 다행히 지금은 이 문제가 많이 개선되기는 했으나 신분의 안정성을 보장받지 못한 화교들은 안정적으로 경제활동을 영위하는 데에 여전히 어려움을 겪고 있다. 이 부분에 관해서는 중국 및 대만 정부와 논의하여 대안을 모색해나갈 필요가 있어 보인다.

일본에 거주하고 있는 60만 명의 재일 교포에 대한 관심도 중요하다. 일제강점기를 전후로 일본으로 건너가 일본 국적도 부여받지 못한 채 일본에 잔류하게 된 이들이 재일 교포 1세대라 할 수 있다. 이후 한반도의 전쟁과 혼란 속에서 한반도에서 건너간 이들의 수는 더욱 증가했고 현재 이들을 대표하는 단체로는 남한을 지지하는 재일본대한민국민단(민단)과 북한을 지지하는 재일본조선인총연합회(조총련)가 존재하고 있다. 그러나 이들은 일본 내에서의 차별에 더해 민단과 조총련 간의 내분 때문에 줄곧 어려움을 겪어왔다. 더욱이 최근에 한국과 일본 간의 관계가 경색 국면에 접어들면서 일본 정부의 이들에 대한 냉대는 더욱 심각해지고 있다. '부흥'을 모토로 과거 천황 시대로의 회귀를 꿈꾸고 있는 아베 내각은 2019년 7월 반도체 및 디스플레이 제조 핵심 부품 소재를 한국으로 수출하는 것을 제한하는 성명을 발표하면서 대한민국

경제 제재에 돌입하였다. 이는 한국 국민들의 'No Japan(일본상품불매운동)'을 촉발하였고 그 결과 의류, 자동차, 맥주 등 주요 소비 품목의 수입이 대폭 감소하고 일본 방문자 수 또한 급감하는 결과를 가져왔다. 현재 추세대로라면 이러한 불매 운동은 단시간에 끝날 것으로 보이지 않는다. 또한 2020년 도쿄 올림픽을 앞두고 있는 상황에서 아베 내각은 스스로의 정치적 입지를 강화하기 위해 지속적으로 한국을 어떠한 형식으로든 자극할 것으로 보인다. 그러나 중장기적으로는 이웃나라인 한국과 일본이 서로 협력하는 것만이 상생의 길이 될 것이다. 따라서 정치적 차원에서 풀어야 할 문제는 정치적인 방법으로 해결하더라도 민간 차원의 교류는 지속적으로 유지할 필요가 있다. 중장기적으로 보면 민간 교류의 활성화가 일본 내 시민들로 하여금 상황을 정확히 바라보게 하고 일본 정치인들이 합리적인 정치적 결정을 하도록 여론을 환기시키는 데에 도움이 될 것이다.

이 글에서 살펴본 것처럼 슐레스비히-홀슈타인 지역의 국경분쟁은 각 지역의 지방정부와 중앙정부가 자기 지역과 상대 지역의 소수민족을 지속적이면서 다각도로 지원함으로써 성공적으로 해결될 수 있었다. 그중 가장 주목할 만한 부분은 문화적 차원의 지원책이다. 북슐레스비히와 남슐레스비히는 각각 해당 지역의 소수민족들이 자신들의 언어와 문화를 유지할 수 있도록 학교교육과 문화적 인프라를 갖춤으로써 갈등의 소지를 최소화할 수 있다고 판단했고 이를 제도적으로 허용하고 있다. 문화적 다양성을 인정한다는 것은 각자의 문화 정체성을 인정한다는 의미이다. 유럽에서는 유럽연합이 일찍이 '다양성 속의 통일성(unity in diversity)'을 슬로건으로 하여 문화 정책을 추진해오고 있기도 하다. 슐레스비히-홀슈타인 지역의 문화 다양성 제고 노력 또한 유럽연합이 추구하는 '다양성 속의 통일성' 정책 기조와 무관하지 않아 보인다.

한일 갈등 관계를 극복하기 위한 방안으로 바로 이러한 문화 다양성 제고의 노력을 적용해볼 수 있을 것으로 판단된다. 역사 갈등 문제를 외교적, 정치적 채널을 통해 풀어나가려는 노력은 물론 필요하지만 이러한 접근은 민감한 사안들을 함께 직접적으로 다룬다는 점에서 상당한 시간과 전략이 필요한, 난이도가 높은 경로라 할 수 있을 것이다. 상대적으로 보다 편하게 적용해볼 수 있는 방법은 문화적인 접근일 것이다. 여기에는 현재 유럽연합이 30년간 성공적으로 운영해오고 있는 도시 네트워크 강화 프로그램이라 할 수 있는 유럽문화수도 프로그램(European Capital of Culture)을 적용해볼 수 있다. 1985년 멜리나 메르쿠리(Melina Mercouri) 그리스 문화부 장관의 제안으로 시작된 이 문화 프로그램은 유럽연합이 추구하는 '다양성 속의 통일성'을 가장 잘 대변하고 있을 뿐만 아니라 개최지에 대한 대외적인 인지도 상승과 지역 경제 활성화의 긍정적 효과 또한 적지 않아 해를 거듭하면서 대표적인 유럽연합 문화 프로그램으로 자리매김하게 되었다.[13] 매년 개최지별 고유 여건과 상황에 따라 이 문화 프로그램의 형태나 규모에는 다소 차이가 있어 왔지만 각 회원국의 문화를 알림과 동시에 '다양한 문화 공존'이 유럽의 문화 정체성의 본질임을 강조함으로써 유럽 시

---

[13] 이 프로그램의 시기별 특징 분석 및 사례연구에 관해서는 윤성원(Yoon, 2009); 박성훈·윤성원·김장호(2008) 참조, 특히 30주년이 되는 해인 2015년에 개최된 Mons2015, Pilsen2015에 관한 연구는 윤성원(2017: 181-212) 참조.

민들의 공동체 의식을 높이고 통합의 당위성을 강화하는 부수적인 효과도 거두고 있다는 것이 일반적인 평가이다. 물론 지난 30년간 공정하고 투명한 운영을 위해 시스템을 지속적으로 개선해온 것 또한 중요한 영향을 미쳤다고 할 수 있다. 특히 매년 2개 도시를 선정하여 이 도시들이 동시에 이 행사를 1년간 개최하고, 그 과정에서 적지 않은 수의 문화 프로젝트를 공동으로 기획하고 운영함으로써 이들 도시 간에 다양한 차원의 교류가 활성화되도록 유도하는 부분이 주목할 만하다. 유럽 정체성 제고뿐만 아니라 지속적 홍보를 통한 개최 도시의 대외 이미지 제고, 준비 및 운영 과정을 통한 일자리 확대와 인프라 구축, 지역 경제 활성화 등의 여러 가지 긍정적인 효과로 인해 오늘날까지 지속적으로 운영되고 있는 이 프로그램은 다른 지역 — 중동, 아메리카, 최근에는 동아시아 — 에서도 유사한 형태의 프로그램으로 재탄생되어 운영되고 있다.[14] 대표적인 문화국제기구인 유네스코에서도 2004년부터 유네스코 창의도시 네트워크(UNESCO Creative Cities Network, UCCN)를 운영 중에 있다.

　동아시아에서도 그러한 움직임들이 있어왔고 아주 최근에야 가시화되었다. 2013년 한중일 문화부 장관 간의 합의를 바탕으로 2014년부터 동아시아 문화도시 프로그램이 실시 중에 있다. 한국과 중국, 일본 3국이 해마다 문화도시를 선정하여 1년간 문화도시

---

[14] 유사 프로그램들은 중동 지역에서 먼저 운영되기 시작했는데, 아랍문화수도(American Capital of Culture) 프로그램이 1982년부터 도입되어 실행 중에 있다. 아메리카 지역에서는 1997년부터 아메리카문화수도(American Capital of Culture) 프로그램이 도입, 운영 중에 있다.

로서 다양한 활동을 벌일 뿐만 아니라 세 도시 간의 연계 활동을 통해 교류의 폭을 확대하는 문화 프로그램이다. 역대 개최지는 다음과 같다.

〈표 5〉 역대 동아시아 문화도시 개최지

	한국	중국	일본
2014	광주	취안저우	요코하마
2015	청주	칭다오	니가타
2016	제주	닝보	나라
2017	대구	창사	교토
2018	부산	하얼빈	가나자와
2019	인천	시안	교토

출처: 윤성원(2017: 207)에서 추가·보완.

초기 단계인 만큼 이 프로그램에 대한 대외적 홍보 및 인지도는 아직 부족한 실정이다. 기본적으로 동북아 지역은 유럽과는 또 다른 복잡한 이해관계가 얽혀 있는 지역이다. 한일 관계는 정치·외교적으로나 역사적으로 단시간에 해결하기 어려운 여러 민감한 문제가 함께 얽혀 있다. 이러한 상황에서 양국 간의 갈등 관계는 일반 시민들이 함께 하는 문화적인 방법을 통해 해결하는 것이 하나의 방법이 될 수 있다고 생각된다.

현재 실행 중인 동아시아 문화도시 프로그램을 지자체의 해외 문화 교류 사업의 일환으로만 여길 것이 아니라 중앙정부 차원에서 이 프로그램의 중요성과 개최 의의를 부여할 필요가 있어 보인다. 이를 위해서는 대내외 홍보를 강화하고 보다 많은 국민이 방문하고 참여할 수 있도록 환경을 조성할 필요가 있을 것이다. 작게는 개최 도시 시민들의 적극적인 참여와 관심을 제고하기 위한 노력이 필요하고 거시적으로는 보다 많은 국민이 이 문화행사에 관심을 가지고 개최지를 방문하게끔 알릴 필요가 있다. 또한 한일 개최 도시 간의 협력 네트워크를 강화하는 방법으로 행사 내용이 구성될 필요가 있을 것이다. 행사 조직 과정에서 공동의 문화 콘텐츠를 개발하는 것 또한 중요하다.

공동의 문화 콘텐츠를 개발하고 일반 국민들과 공유하는 과정들이 다양한 분야에서 지속적으로 이루어진다면 상호 이해의 폭을 확대하는 데 큰 역할을 할 것이다. 또한 궁극적으로는 양국 간의 갈등 관계 해소에도 일정 부분 기여할 것으로 보인다. 정부는 이를 위해 그러한 과정의 결과물들이 지속적으로 국민 모두와 공유될 수 있도록 다양한 장치를 마련할 필요가 있다. '동아시아 문화도시 포털'을 구축하여 기존 개최지, 현 개최지, 개최 예정지에서 독립적이고 한시적으로 운영하고 있는 홈페이지를 중앙에서 관리하는 것도 하나의 방법일 수 있다. 유럽문화수도 프로그램의 경우에는 개최 도시가 행사 개최 수년 전부터 홈페이지를 오픈하고 홍보할 뿐만 아니라 행사 후에도 사후 관리 프로그램이 무엇이고 어떻게 진행 중인지에 관해 꾸준하게 소식을 업데이트하고 있다. 홈페이지 관리가 지속적으로 이루어지고 있다는 의미이다. 동아시아 문화도시 프로그램의 경우 행사 개최 당해에만 일시적으로 운영되고 폐쇄되는 경우가 많아 과거의 자료 또는 지난 행사에 관한 정보를 접하는 데에 한계가 있다. 따라서 행사 기간 중에는 행사 주체가 홈페이지를 관리, 운영하되 사후에는 아카이브 형식으로 중앙에서 홈페이지를 관리하는 시스템을 구축하는 것이 필요해 보인다. 이러한 체계화 작업을 통해 한중일이 모처럼 합의하여 운영 중에 있는 동아시아 문화도시 프로그램이 성공적으로 안착하여 한일 관계 개선에 더 의미 있고 효과적인 역할을 할 수 있도록 그간의 개최 사례들을 면밀히 분석하고 지원책을 마련하는 것이 무엇보다도 필요한 시점이다.

제6장 오스트리아·헝가리 이중 제국의 한계와 가능성

김새미

I. 서론

한중일 삼국은 동아시아라는 하나의 공간 속에서 복잡하게 얽힌 다양한 역사적 경험을 공유해왔다. 각국은 실리 추구를 위해 사회경제적 협력 등 인적·물적 교류를 지속했고, 이들 사이에는 미묘한 긴장과 정서가 항상 존재해왔다. 이러한 관점에서 평화 연구는 주목할 만하다.

미국의 국제정치학자 퀸시 라이트(Quincy Wright)는 『전쟁 연구(A Study of War)』(1942)에서 "평화란 다양한 인간 집단 공동체의 의식적이고 계획적인 창안의 결과"라고 정의한 바 있다(Wright, 1947: 1332). 즉 평화란 자연현상의 모습이기보다는 의식적으로 만들어진 '인위적 상태'인 것이다. 이에 대해 이동기는 평화에 대한 역사학적 연구의 중요성을 강조하면서 '평화 개념의 발전'을 위해서는 폭력적 갈등을 중재하는 평화 협상, 전쟁 등을 체계적으로 분석하려는 노력이 수반되어야 한다고 주장한다. 예를 들어 전근대의 특정 제국의 위계적 질서가 상대적 안정과 갈등 조정을 이루어냈다면 그 원인과 배경에 주목해야 한다는 것이다(이동기, 2014: 28-29). 역사적으로 '구현된 평화'는 현재의 정체성과 미래의 지향점을 드러내는 중요한 요소로 기능하기 때문이다.

동일한 맥락에서 오스트리아·헝가리제국의 역사적 맥락과 의의를 살펴보는 것은 의미가 있다. 1867년 오스트리아·헝가리제국 성립을 위한 타협안이 통과되면서 갈등 관계였던 오스트리아와 헝가리의 관계는 호전되었다. 민족을 보존하고 세력권을 넓히기 위해 추진했던 동화정책 등의 일방적 행동은 이제 과거가 되었고 평화의 시기가 도래한 것이다. 여기서 한 가지 흥미로운 점은 헝가리에서는 '행복한 평화의 시기'이자 '평화의 황금시대'라고 말할 정도로 당시에 대한 향수를 갖고 있다는 것이다(김지영, 2013a: 15). 이 글에서는 두 국가가 과거 어떠한 역사적 경험을 갖고 상호작용해왔는지를 역사적으로 고찰함으로써 대타협의 징후들을 추적하고자 한다. 평화 협상의 맥락을 이해하면 향후 긴장과 갈등이 발생할 경우 이를 해소하는 데 큰 도움이 되기 때문이다.

헝가리 혁명이 무자비하게 진압된 1849년 이후에도 헝가리의 마자르 민족은 독립을 위한 열망을 버리지 않았다. 마자르인들의 저항이 계속되자 빈 정부도 이들의 근대화 및 민족주의적 요구를 더 이상 묵살할 수 없게 되었다. 프로이센을 중심으로 한 독일제국의 성장과 러시아의 개입 등 유럽의 국제 질서가 재편되는 상황에서 오스트리아와 헝가리는 상호 필요에 의한 협력을 구체화하였다. 이 글은 이들이 체결한 대타협의 배경과 내용을 분석함으로써 두 국가가 선택한 협력의 실체에 접근하고자 한다. 또한 1848년부터 1849년까지 이어진 헝가리 독립 혁명이 대타협의 계기인 동시에 분쟁의 씨앗이라는 점에서 과연 이들의 합의가 과거를 딛고 미래를 지향하고 있는지 확인하고자 한다.

하나의 정치 단위라는 맥락에서 볼 때 오스트리아·헝가리제국은 분명 과거 역사에서 유례를 찾기 어려운 독특한 형태의 정치적 공동체였다. 이 글은 많은 모순이 내재된 상태에서 하나의 정치 단위로 통합된 제국에 어떠한 성격을 부여할 수 있을지에 대한 질문으로 분석을 시작하고자 한다. 최근 국가라는 기본 체계를 넘어선 공동체 통합, 도시 연합 구성 등 새로운 통합 시도가 주목받고 있다. 그러나 각기 다른 이질적인 문화와 역사가 뒤섞인 하나의 정치 단위를 만드는 작업은 결코 녹록한 일이 아니다. 이러한 맥락에서 오스트리아·헝가리제국의 사례는 더불어 살아가는 공동체를 만들어가는 데 좋은 참조점이 될 수 있다.

이 글은 1867년의 타협 법안을 중심으로 오스트리아·헝가리제국의 평화 노력들을 분석함으로써 기존 연구에서 다루지 않았던 부분을 규명하고자 한다. 2절에서는 오스트리아·헝가리제국의 통합에 대한 선행 연구들을 살펴보고, 3절에서는 1848년의 시민혁명과 독립 전쟁으로 이어진 사회상을 분석하며, 4절에서는 대타협안의 내용과 의미를 고찰한다. 이어서 제도·문화적 측면에서 갈등과 중재의 시도들을 추적하고, 마지막으로 오스트리아·헝가리제국이 오늘날 한반도에 주는 시사점이 무엇인지 설명한다.

II. 오스트리아·헝가리제국의 대타협에 관한 선행 연구

오스트리아·헝가리제국의 대타협과 전후 배경 연구가 거시적인 측면에서 어떻게 진행되어왔는지 살펴보고자 한다. 티하니(Lislie C. Tihany)는 오스트리아·헝가리제국의 대타협과 관련된 연구가 어떻게 발전해왔는지를 추적한 연구 동향 분석 논문을 발표했다. 그는 시대별로 역사학자들을 네 세대로 구분함으로써 대타협을 새롭게 조명했다(Tihany, 1969). 티하니의 역사적 분류는 다음과 같다.

먼저 대타협 초기인 1세대 학자들은 주로 당위적인 측면에서 대타협을 평가하는데, 티하니는 헝가리와 오스트리아 학자들의 평가를 구분했다. 헝가리의 대표적인 역사학자인 호르바트(Mihály Horváth)는 안정된 헌법을 바탕으로 헝가리의 독립성을 확보했다며 대타협을 높이 평가한 반면, 오스트리아 역사학자인 프리드융(Heinrich Friedjung)은 빈 정부가 당시 유럽의 주도 세력으로 부상한 독일제국과의 동맹에 집중하지 못하고 불필요하게 헝가리와 타협한 점을 비판하며 이중 체제를 청산할 것을 주장했다.

제1차 세계대전 직후 2세대 학자들은 대타협을 이론적 관점보다는 실리적 관점에서 평가했다. 이들은 제1차 세계대전의 발발로 유럽에서 균형 잡힌 평가가 어려워지자 제국 내에서 발생한 소수민족에 대한 논쟁을 반영하며 이중 제국(dual monarchy)이 갖고 있는 모순점을 비판했다. 역사학자인 아워바흐(B. Auerbach)는 초보적 연방주의 모델을 제안하면서 국적을 바탕으로 국가를 건립하는 것은 시대착오적이라고 주장하며 민족 윤리학적(ethno-ethical) 접근법을 전개했다. 대타협 연구의 대표적인 학자로 꼽히는 아이젠만

(L. Eisenmann)은 대타협을 기초로 구축된 체계를 '모순의 제국'으로 묘사하며 강하게 비판하였다. 타협안에서 헝가리인과 오스트리아인의 평등(parity)이 성립된 것처럼 보이나 차별이 존재하며, 입헌주의(constitutionalism)에 기초하고 있으나 여전히 오스트리아 황제권이 우세하므로 공동 조직 원칙과 합의를 역설적이고 기만적인 것으로 보았다. 또한 헝가리에는 헝가리인 외에도 다수의 민족이 존재함에도 불구하고 헝가리인에게만 지배권을 부여하는 헌법을 제정하는 등 기계적 통합을 진행하였기에 많은 문제점이 내재해 있다고 보았다(Tihany, 1969: 122). 무엇보다 헝가리에 부여된 주권은 대외적인 독립성이 보장된 주권이 아니라는 점에서 '환상'일 뿐이라고 부정적인 시각을 보였다.[1]

제국의 몰락을 목격한 3세대 학자들은 군주제 해체에서 나타난 여러 정치적 문제와 민족 간의 부당함을 보다 깊이 인지하고 이를 지적하였다. 제국이 멸망한 이후에 활동한 4세대에서는 오스트리아와 헝가리 역사학자들의 주장이 현저한 차이를 보였다. 오스트리아와 서방 학자들은 제국의 종말에 대해 헝가리의 책임론을 제기한 반면, 헝가리 학자들은 마자르인들의 민족주의가 발전하고 영토 보전과 반독립을 유지했던 제국 시절에 대한 향수에 빠져 있었다. 오스트리아 역사학자인 한치(Hugo Hantsch)는 합스부르크 제국에 대한 헝가리인들의 맹목적인 저항이 결과적으로 제국의 붕괴를 이끌었다고 비판했고, 영국 역사학자인 테일러(A. J. P. Taylor)

---

[1] 티하니는 부정적 시각을 보이면서도 자유주의, 민주주의 원칙이 이중 체제에 적용된다면 '스위스 군주국(monarchic Switzerland)'처럼 될 수 있다고 여겼다(Tihany, 1969: 121-123).

와 프랑스 학자 드로즈(J. Droz)는 헤게모니를 쥐고 있던 헝가리가 오스트리아 개혁 시도에 저항함으로써 제국이 종말에 이르게 되었다고 비판했다(Tihany, 1969: 134). 헝가리 학자들의 경우 현대에 와서 맑스레닌주의의 시각에서 대타협을 검토하는 시도가 있었던 점 외에 크게 다른 새로운 논점을 유인하지는 못했다.

국내에서도 오스트리아·헝가리제국의 형성에 대한 연구가 진행되었는데 크게 분류해볼 때, 타협안의 진행 과정과 정치제도적인 분석, 민족주의적 접근, 사회 문화적 측면을 중심으로 논의가 진행되는 경향을 보였다.

먼저 타협안의 배경과 제도적인 부분에 대한 논의로는 대표적으로 이상협과 김지영의 연구를 들 수 있다. 이상협은 그의 저서 『헝가리사』를 통해 헝가리 역사 속에서 오스트리아·헝가리제국의 배경과 진행 과정을 자세하게 소개하고 있으며(이상협, 1996), 김지영은 다양한 저작을 통해 오스트리아·헝가리제국 내에서의 헝가리의 정책을 분석하고 있다. 김지영은 헝가리 독립당의 주장과 그 변화를 발칸문제와 함께 분석함으로써 헝가리가 정치적 정통성을 어떻게 유지하였는지 보여주었다. 그는 또한 헝가리가 오스트리아·헝가리제국의 정책 결정에 어떠한 방식으로 영향을 미쳤는지, 독립당 집권 후에 정책이 어떻게 변화하였는지를 분석함으로써 오스트리아·헝가리제국의 성격을 보다 분명히 설명하고 있다(김지영, 2012: 133-158).

한편 박재영은 1867년 대타협으로 규정된 국가 체제의 헌법적 특징을 민족문제와 연결시켜 살펴보고 있다. 그는 연구 범위를 1867년 대타협에서 1890년까지로 한정하여 대타협법의 특징과 역사적 의미를 설명했다. 박재영은 제국이 가장 적합한 국가형태였는가에 대한 질문을 통해 제도적인 측면에서 분석을 시도했으며, 이를 각국의 민족 정책에 투영해 고찰함으로써 이원주의(dualism)의 대안으로 연방주의(Federalism) 도입을 주장했다(박재영, 2007: 137-164). 김장수는 팔라츠키(F. Palacky)의 활동과 연관된 다수의 연구를 진행한 바 있는데, 그의 연구는 제국의 제도적 측면과 대타협의 성립과 한계를 이해하는 데 도움을 준다. 팔라츠키는 이중 체제가 지닌 모순을 자세히 언급함으로써 이중 체제 속에서의 헝가리 민족의 지위 격상에 대해 우려를 표한 바 있다. 김장수는 팔라츠키가 추구한 연방화가 성립되지 못한 배경을 분석하였으며, 민족문제에 대한 연구도 진행하였다(김장수, 2012: 54-81; 2013: 119-144; 2014: 307-329).

다음으로 민족주의적 접근에 대한 논의는 국내외의 많은 연구에서 잘 드러나고 있다. 이는 아마도 민족문제가 오스트리아·헝가리제국 붕괴의 가장 주요한 요인으로 꼽히기 때문일 것이다. 동북아역사재단에서 펴낸 『중유럽 민족문제』(동북아역사재단, 2009: 1-217) 외에도 광범위한 연구에서 민족문제가 거론되고 있다.

마지막으로 사회 문화적인 측면의 논의로는 이상협, 김지영, 임상우의 연구를 들 수 있다. 이상협은 헝가리 역사를 세부적으로 분석함으로써 오스트리아·헝가리제국에 대한 자세한 설명을 시도하였다. 그는 1848년 혁명 이후의 헝가리 민족문화에 대한 연구를 통해 당시 형성된 헝가리의 민족적 영웅과 인물, 문화적 상징이 오늘날까지 헝가리의 문화 정체성으로 성장하고 있음을 주장하였다. 이상협은 농민적, 민속적 성격을 지닌 헝가리 문화를 살펴봄으로써 헝가리인들이 고대 튀르크 몽골 민족의 후예라는 점에 집중했으며, 헝가리의 대표적인 상징과 인물을 중점적으로 분석하였다(이상협, 2011: 65-90). 이상협의 연구는 제국 시기 전후의 시대상을 문화의 관점에서 연구함으로써 1848년 운동이 갖는 사회 문화적 의미와 상징성을 이해하고 정체성 형성의 중요한 시기를 밝혔다는 점에서 의미가 있다. 그러나 이중 체제에서의 오스트리아와 헝가리의 상호 발전 가능성을 시사하고는 있지만, 문화적 측면에서 제국이 어떻게 하나의 정치 단위로 기능했는지에 대한 구체적인 분석은 약하다.

김지영과 임상우도 제국 시대의 헝가리 사회 문화적 특성을 고찰한 연구를 진행해왔다. 이들은 교육제도와 소수민족문제를 통해 헝가리 사회가 가진 갈등 구조를 분석했고, 지식인 사회의 특성을 보인 당시의 모습과, 시각, 음악 예술을 통해 나타난 문화적 특징을 설명했다. 이들의 연구는 프랑스혁명 이후 서구 유럽 사회에 팽배했던 근대 지식 문화의 관점에서 제국을 조망했다는 데에 의의가 있다. 또한 믹사트 칼만(Mikszáth Kálmán), 가르도니 게저(Gárdonyi Géza)와 같은 작가의 구체적인 창작 활동을 언급했다는 점에서 실증성을 높였다(김지영·임상우, 2011: 157-188). 이들의 연구는 문화의 특성을 구체적으로 분석했다는 데 의의가 있으나 단일 정체성으로서의 제국의 문화는 다루지 않았다.

또한 김지영은 헝가리인들(귀족층들)이 그들의 기원을 — 그들이 자신들의 조상을 스키타이족과 훈족으로 믿듯이 — 유럽에 두고 있지는 않으나 유럽에 정착하고, 동화되면서 유럽의 구원자로서 기능하려 노력한 점 등을 들어 헝가리인들의 유럽적 정체성을 강조한다. 특히 이들의 정체성이 오스트리아·헝가리제국 시기에 공고화되고 문화적으로 발전했다고 주장하면서 제국과의 깊은 연관성을 제시한다(김지영, 2013a: 1-21).

김지영은 주로 헝가리의 시각에서 연구 활동을 했는데, 교육과 외교정책, 정체성, 민족주의 문제 등 다양한 주제를 다루었다. 그는 교육정책과 통치 도구로서의 제도에 주목하고 제국 시대와 그 이후 헝가리를 재건한 시대로 평가받는 호르티 시대의 교육제도를 비교하여 당시 시대상을 밝히고 있다. 헝가리는 1867년부터 1940년대까지 교육제도를 확립하였다. 김지영은 이 과정에서 제도적 측면을 강화한 것이 초기 문맹률을 낮추는 데 매우 효과적이었다고 분석했으며, 이러한 원동력을 오스트리아·헝가리제국의 영향력에서 찾으려 했다. 여기에서 주목할 점은 헝가리 스스로가 지배 민족의 정체성을 갖고 있다는 점을 국내 최초로 주장했다는 것이다(김지영, 2008: 261-287).

종합해볼 때 국내 연구는 주로 오스트리아·헝가리제국의 제도적, 사회 문화적 특성에 집중하고 있으며, 헝가리 등 개별 국가의 입장에서 진행된 연구가 다수를 차지하고 있다. 국내 연구는 대부분 민족과 연관된 분석을 했으며, 경제적 측면을 중심으로 한 연구는 찾기 어려웠다. 특히 오스트리아·헝가리제국의 정체성을 논한 연구는 없었다. 따라서 이 글에서는 앞서 제시한 연구들을 통해 제도적인 측면의 의미와 가치를 파악하면서 경제적 측면, 금융 통화정책에서 의미를 찾아보고자 하며, 동시에 오스트리아·헝가리제국의 통합된 정체성을 반영하는 문화 현상을 파악하려고 노력할 것이다.

III. 시민혁명 및 헝가리 독립 전쟁의 의미와 역사적 배경

1867년 대타협 이전에 진행된 헝가리 독립 혁명은 오스트리아·헝가리제국 성립의 기원이 되는 사건이다. 1848년 3월 3일 코슈트(Lajos Kossuth)는 보헤미아 지방의 신분제의회에서 오스트리아의 귀족주의 지배 체제를 비판하고 모든 민족을 위한 대의 기구를 요구하는 연설을 했다. 이는 국왕을 상대로 한 공식적 청원 형태로 시작되었고 1948년 3월 13일 공개적인 봉기로 확대되었다. 이후 3월 15일 황제 페르디난트 1세가 칙서를 통해 오스트리아 전체를 대표하는 헌법을 수용하면서 빈의 권력은 시민위원회로 넘어갔다(몸젠, 2006: 157-162). 24인의 시민위원회가 구성되고 실질적인 권력이 국민방위대와 학도의용군의 수중에 있는 상황에서 보헤미아의 체코인들도 3월 민족위원회를 구성, 민족해방운동을 전개했다. 헝가리에서는 귀족들과 성직자들이 아무런 보상 없이 자발적으로 농민들에 대한 봉건적 권리를 포기했기 때문에 소요도 쉽게 진정되었다(몸젠, 2006: 277). 그러나 빈 정부의 탄압과 지배권 싸움이 계속되었고 1849년 괴르게이가 이끄는 마자르군이 오스트리아군에 패배했다. 이후 미국 모델에 기초한 헝가리 독립선언이 발표되었고, 6월 러시아가 군사적 개입에 나서면서 사태가 종결되었다(몸젠, 2006: 372).

1948년부터 1849년까지 진행된 혁명은 제도적으로 또한 국가 정서적으로 영향을 미쳤다. 제도적인 측면에서 라이포뷔츠(Ian Reifowitz)는 1867년 대타협 법안과 1849년 헌법안(Kremsier draft constitution)의 연관성을 분석함으로써 1849년 헌법안을 채택하지 못한 것이 당시로서는 불가피했다고 볼 수도 있지만, 이를 성공시키지 못한 것은 제국의 붕괴를 이끌어낸 결정적 귀책 요인이라고 분석한다.

라이포뷔츠는 기득권층인 헝가리 마자르족의 집권 과정을 중심으로 이를 분석했다. 그는 1867년 대타협의 결과에서도 농민(민중)과 비헝가리계 민족에게는 그다지 혜택이 부여되지 않은 점, 체코와 독일이 대타협 시도에 반대한 점, 마자르족이 거부권 행사 등을 통해 기득권을 강화한 점이 제국의 존속에 절대적 영향을 미쳤음을 주장했다(Reifowitz, 2009: 142, 146-147). 이에 대해 칸(Robert Kann)도 1849년 헌법안은 오스트리아 정부에 치명적인 헌법안이었다고 지적한다. 그는 이 헌법안이 1860, 1861, 1867년 헌법안의 근거가 되었다고 보았으며, 이 시기는 합스부르크가가 민족문제를 해결할 수 있는 절호의 기회였다고 평가했다.[2] 벨러(Steven Beller)도 1849년 헌법 정국이 민족문제를 보다 폭넓게 해결할 수 있는 좋은 기회였음을 지적했다(Beller, 2006: 179; Reifowitz, 2009: 138).

그러나 합스부르크가의 1849년 헌법안을 중요하게 고려하면서도 실천적인 면에서 이를 부정적으로 보는 학자도 있다. 오케이(Robin Okey)는 1815년부터 1848년까지의 시기를 매우 중요한 시점으로 고려한다. 즉 헌법 초안이 관철되었다면 중부 유럽의 민족주의가 훨씬 긍정적으로 성장할 수 있었을 것이라고 평가하면서도 그것이 실제 가능한 일인지에 대해서는 의문을 제기한 것이다. 따

---

[2] 칸은 이를 "오스트리아 내각이 수행한 가장 치명적인 실책"이었다고 평가하며 오점을 지적했다(Reifowitz, 2009: 138).

라서 그는 1849년 협상안은 국가 쿠데타에 가까운 어리석은 행동이라고 주장했다(Okey, 2001: 222-223; Reifowitz, 2009: 139). 이는 스케드(Alan Sked)와 굿(David Good)의 시각과 유사한 것으로 레틀리히(Josef Redlich)는 야시(Oskár Jászi)의 주장을 근거로 1849년 헌법안이 국가를 위한 공동의 의지를 보여준 유일하면서도 진정한 정치적 기념물이라고 주장했다(Reifowitz, 2009: 139). 야시는 제국에 대해 비판적인 대표적인 학자로 독일과 오스트리아가 자본을 독점하면서 헝가리와 루마니아, 슬라브족의 성장을 방해했다고 비판했다. 즉 1849년의 타협이 연합체로서 발전했다면 상당히 오랜 기간 동안 공동체로서 존속될 수 있었을 것이라는 주장이다. 니그(Amy Ng)도 최근 저작에서 제국을 민족 간의 평등을 대변하는 대표체로 인정하면서 이들 주장에 동의했다.

이처럼 독립 혁명으로 1867년 타협안의 기초가 마련되었고, 이는 국민 정서에도 크게 영향을 미쳤다. 이상협의 『헝가리사』는 헝가리가 합스부르크 제국의 압제로 얼마나 심각한 피해를 입었는지 기술하고 있다. 오스트리아군의 사령관인 하이나우(Haynau)는 헝가리 독립 혁명에 대한 보복으로 헝가리 최초 수상이었던 버차니(Batthyány)와 13명의 헝가리 혁명군 지휘관을 처형했으며, 수천 명의 헝가리인이 투옥되고 재산을 몰수당했다. 빈 정부는 헝가리를 효율적으로 통치하기 위해서 군대와 더불어 수많은 비밀경찰 조직을 구성했으며, 오스트리아 출신의 행정 관료들로 하여금 헝가리인들을 감시하게 했다. 헝가리인들에 대한 보복 행위가 지나쳐 당시 헝가리인들 사이에는 반합스부르크가 움직임이 발생하기도 했다(이상협, 1996: 206-207). 다음 절에서는 매우 어두운 사회적 분위기 속에서도 변화와 합의가 이루어질 수 있었던 이유와 합의의 구체적 내용과 의미가 무엇이었는지 살펴본다.

IV. 오스트리아·헝가리제국, 평화의 시도: 대타협

1. 오스트리아·헝가리제국의 수립과 구성

1867년 오스트리아와 헝가리 양국의 대타협(Ausgleich/the Austro-Hungarian Compromise)으로 시작된 제국은 1918년 제1차 세계대전 종전과 동시에 몰락하였다. 극적으로 통합된 제국은 불과 50여 년간 지속되는 데 그쳤다. 1948년 혁명 이래 헝가리를 비롯한 소수민족들의 독립 열망이 계속되는 상황에서 오스트리아는 1866년 프로이센·오스트리아전쟁에서 패퇴하여, 독일 통일의 주도권과 베네치아 인근 지역에 대한 통제권을 넘겨주면서 더 이상 제국을 통제하기 어려워졌다. 합스부르크 제국의 쇠퇴 속에서 오스트리아는 제국의 영향력을 유지하고 내부적 안정을 취하기 위해 헝가리와의 대타협을 선택했다. 반면 헝가리는 독일과 러시아로부터의 지정학적 위협에 대비하고, 헝가리 민족주의를 실현할 수단으로 대타협을 추진했다. 당시 헝가리 내부에는 대타협에 반대하고 독립과 자치를 원하는 다양한 목소리가 있었으나 헝가리 집권층은 제국과의 타협만이 헝가리를 외세의 위협으로부터 지켜줄 수 있다고 믿었다.

통합을 통해 중부 유럽의 강대국으로 부상한 오스트리아·헝가리제국은 영토가 60만km에 달했으며, 인구는 통합 당시인 1867년 3,500만 명, 제국이 붕괴하는 시점인 1918년에는 5,000만 명에 달한 유럽에서 세 번째로 큰 국가였다(김지영, 2013b: 152).

무엇보다 오스트리아·헝가리제국의 특징은 여러 민족이 공존했다는 점이다. 당시 오스트리아·헝가리제국 영토 안에 거주하는 민족은 오스트리아인과 헝가리인이 다수를 이루었지만 이외에도 체코인, 폴란드인, 루마니아인, 크로아티아인, 세르비아인, 슬로베니아인, 이탈리아인 등으로 다양하였다. 본래 오스트리아 제국은 다민족국가로 구성되어 있었으나 합스부르크 체제가 통치하에 있었을 뿐 각 민족 간의 결속이 긴밀하지는 않았다. 반면 당시 자유주의와 민족주의 사상이 전파되면서 민족의식이 새롭게 부상하는 시기였다. 이러한 가운데 오스트리아 제국은 헝가리와 이중체제로 전환하면서 소수 민족 문제들의 문제에는 큰 관심을 두지 않았다. 즉, 갈등과 분열의 씨앗은 복잡한 민족 구성과 집권 계층이 소수 민족을 배제하는 시선에서 이미 배태되어 있었다.

2. 1867년 대타협에 명시된 제국의 제도적 특징

대타협 직전 헝가리는 오스트리아 제국으로부터 독립을 추구했고, 빈 정부는 이에 대한 대응으로 헝가리를 탄압하였다. 대타협을 계기로 양국은 적어도 표면적으로는 동등한 지위를 갖게 되었고, 각각의 자치가 존중되는 행정 체제를 유지하였다. 오스트리아가 헝가리에 비해서 상대적으로 경제, 인구, 국제적 지위에서 우세하기 때문에 실제로는 오스트리아의 권력이 강했을 것이다. 하지만

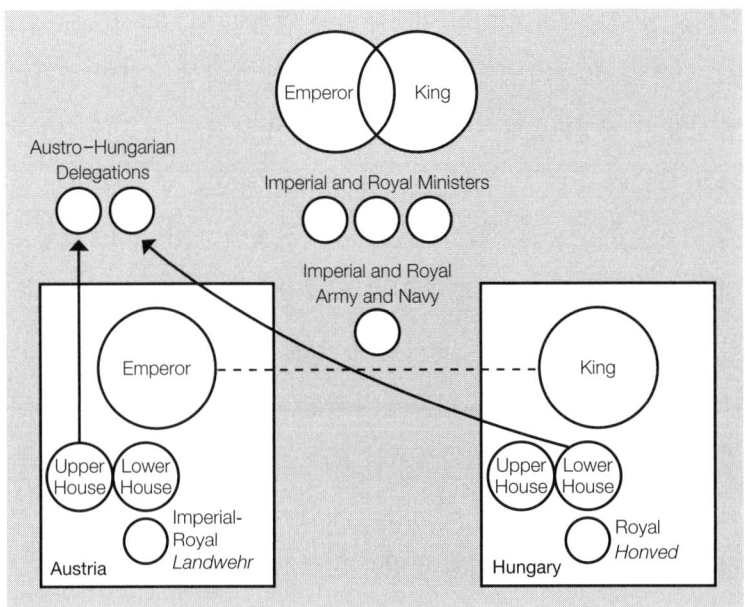

〈그림 1〉 오스트리아·헝가리제국 정치제도 도식

출처: Howe(2002: 125).

이 시기를 문화적, 경제적 성장의 기회로 활용한 헝가리는 제국의 50년을 대결이 아닌 평화의 기간으로 인식한다. 그렇다면 오스트리아·헝가리제국은 어떻게 적대적 관계에서 동등한 지위를 갖는 수평적 관계로 이행했는가?

1876년 대타협으로 성립된 오스트리아·헝가리제국은 기본적으로 두 개의 국가가 결합된 형태이다. 오스트리아 황제는 헝가리 왕을 겸하며, 재정, 국방, 외교정책을 공동으로 결정·추진하고, 각각의 정부는 독립적인 정치체제를 구축한 공동체 형태를 취하였다.

이러한 국가형태는 1867년 제정된 대타협법(law)에 따라 결정되었다.³ 1867년 2월 헝가리 자유주의 온건파인 언드라시(Július Andrássy)가 초대 총리로 선출된 후, 그해 3월 대타협 조항인 헝가리법 12조가 제정되었다. 8월에는 오스트리아 요제프(Franz Joseph) 황제가 헝가리 수도 부다페스트에서 헝가리 왕으로 즉위했고, 12월에는 오스트리아 제국회의(Reichsrat)가 개회하고 1867년 146항의 대타협법이 제정되면서 황제가 외교, 국방, 재정의 세 장관을 선출하고 제국의 최고 권한을 행사할 수 있게 되었다(Tihany, 1969: 115-116). 대타협법은 1918년 제국이 붕괴할 때까지 그 효력이 지속되었는데 이 글에서는 대타협법에서 오스트리아와 헝가리가 동등한 위치를 구성하고 있었던 근거가 무엇인지, 대타협법과 1849년 헌법 초안에는 어떠한 차이점이 있는지 살펴보고자 한다.

대타협을 통해 구현된 제국과 문제시되는 논점: 이원주의와 법안 14조

첫 번째로 논의할 사안은 헌법을 통해 구현된 제국의 개념과 헌법이 갖는 문제점에 관한 것이다. 박재영은 제국이 성립될 시기만 해도 '이원주의'라는 용어가 근대적 헌법 개념에 존재하지 않았고 동군연합에 대한 해석도 모호했음을 지적한다. 그는 대타협법이 독일 헌법학자 라반트(Paul Laband) 교수의 국가법 체계를 차용해 모든 국가조직, 행정조직의 주체는 국가이며, 권력으로서의 주권이 존재한다고 본 점을 들어 제국을 통합이 아닌 '타협' 또는 '정착'의 의미로 해석했다(박재영, 2007: 146). 이러한 이원주의는 여

3　1867년 제정된 대타협법을 오스트리아는 Law No. 146 of 1867, 헝가리는 the Hungarian Law 1867: XII로 명시한다.

러 비판을 낳았는데 대표적인 학자로는 코슈트를 들 수 있다. 코슈트는 대타협법이 오스트리아와 헝가리의 양국의 체제를 인정하는 이원주의를 기본 원칙으로 삼고 있다고 보았지만 실제로 동등한 이원 체계가 작동했는지에 대해서는 의문을 던졌다. 그는 헌법, 공동 대사 제도와 군사비 지출에 황제가 관여할 수 있었던 점을 지적하면서 오스트리아의 영향력과 헝가리의 영향력이 불균등하게 작용하고 있었다고 대타협법을 비판했다(Frank, 2001: 195).

프랭크(Tibor Frank)는 황제의 권한에 관한 조항에 주목했다 (Frank, 2001: 193-194). 예를 들어 대타협법은 제도적으로 각국 의회의 자치권을 인정했지만 의회 기능이 순조롭게 작동하지 않을 경우 황제가 참여하는 회의(crown council)를 개최하도록 규정했다. 이는 비형식적, 비헌법적 권한인 황제 개인의 영향력(personal influence, power of the monarch)을 유지함으로써 새로운 상위의 권위를 암묵적으로 인정한 것으로 이해할 수 있다. 즉 승인 제도(right of preapproval)가 황제의 권한을 강화시켜 정당한 의미의 이원 체제로 작동할 수 없는 기제로 작용했다는 것이다.

한편 빈 주재 영국 대사인 엘리엇(Henry Eliot)도 황제의 권한에 주목했다. 그는 제국의 생존과 작동 요인으로 황제권을 꼽았다. 즉 오스트리아와 헝가리 정부가 의회 책임제를 철저히 따르지 않았으며, 더욱이 공동 정책에 있어서는 황제의 권한이 강화되었다는 것이다(Frank, 2001: 197). 황제의 강화된 권한은 황제령(decree)에 관한 조항에서도 찾을 수 있다. 정치 분쟁이 심화되어 의회가 제 기능을 수행하지 못하고 휴회할 때 황제는 황제령을 발동하여 정책의 입법을 관철시킬 수 있었던 것이다. 비록 다음 회기에 의회의 승인을 받아야 하는 구조였지만 의회가 황제령을 뒤집을 정도로 안정성을 유지하지 못했기 때문에 황제는 대타협법 14조에 따라 의회가 휴회할 때 황제령을 발동, 얼마든지 새로운 정책을 입법할 수 있었다. 예를 들어 오스트리아의 경우 소수의 독일계 민족이 기득권층으로 집권하고 있었고 비독일계는 각 민족의 비율에 따라 의사 결정에 참여했기 때문에 법안 합의에 이르지 못하는 경우가 많았다(Konirsh, 1955: 232). 즉 의회가 합의에 이르지 못할 경우 언제든 황제령에 의존했기 때문에 대타협법하에서는 의회의 갈등도 심화되었고 의회 본연의 기능도 수행되지 못했다.

대타협법은 자유와 민주주의에 근거한 근대국가 건설보다는 봉건제의 유산이 내재된 헌법을 근대적으로 재정립한 것에 불과하였다. 따라서 민족 간 다양한 문제가 발생했고, 특히 1849년 헌법에서 출발한 개별 국적에 대한 평등권 보장 조항이 문제가 되었다. 개별 국적에 대한 평등권 보장 내용은 1867년 대타협법 14조(article 14)에 나온다.

> 1867년 대타협법 14조
> 국가 내 모든 민족은 동등한 권리를 누리고 각각은 국적과 언어를 보존하고 양성할 수 있는 불가침의 권리를 가진다. 국가는 지방의 학교, 행정, 공공 분야 등에서 사용되는 모든 언어에 대한 동등한 권리를 보장한다.

이 조항은 (1) 민족자치권 요구 촉발과 자치 지역 내 갈등 심화, (2) 정치 분쟁의 심화와 같은 문제를 유발했는데, 이는 다른 민족들의 자치권 및 독립에 영향을 주는 조항이었다. 예를 들면 언어 주권의 관점에서 체코의 자치와 독립 분쟁을 생각해볼 수 있다. 14조의 갈등 요인은 먼저 민족에 대한 정의가 명확하지 않고, 일상 언어(colloquial languages)에 대한 정의가 불분명하다는 점에 있다. 즉 학교, 관공서와 같이 포괄적 내용만 언급되었을 뿐 어떤 민족의 언어인지가 정확하게 기술되지 않은 것이다.

마지막으로 법안을 해석할 주체가 모호하다는 점도 문제였다. 의회가 법의 해석권을 가져야 하는지, 그렇다면 행정명령은 중앙 정부가 내려야 하는지 아니면 정부의 각 부처가 진행해야 하는지 등이 모호했던 것이다. 이러한 해석의 문제는 정치적 문제로 비화되었다. 의회를 안정적으로 이끌어갈 다수의 정치 세력이 없는 상황에서 의회는 제대로 기능하기 어려웠고 빈 정부 역시 행정명령을 발동할 정도로 강한 권력을 갖고 있지 않았기 때문에 의사 결정이 정상적으로 이루어지기 어려웠다(Konirsh, 1955: 236). 또한 민족 평등(national equality)에 대한 다양한 해석과 논쟁으로 오스트리아 내 정치 분쟁이 심화되면서 의회가 사실상 마비되었고, 국가의 행정은 실제로는 관료 조직을 통해 이루어졌다. 따라서 제국 내 분쟁과 갈등도 더욱 심화되었다.

이러한 맥락에서 대타협법에 비판적인 시각을 갖는 학자들이 있다. 코니르쉬(Suzanne G. Konirsh)는 대타협법을 1849년 헌법안과 비교하면서 1849년 헌법이 정치적 타협에 의해 결정된 반면, 1867년 대타협법은 의회 내에서의 치열한 합의 시도 끝에 나온 정치적 산물이라기보다는 황제로부터 주어진 선물에 가깝다고 평가했다(Konirsh, 1955: 135). 다시 말해서 대타협법은 엘리트 권력 집단 간의 정치적 합의에 불과하고 아래로부터의 정치적 투쟁의 결과가 아니라는 것이다. 따라서 대타협법이 평등성을 명확하게 언급하지 않은 것은 당연한 일인지 모른다.

조금 다른 차원에서 생각해보면 마자르 엘리트 권력 집단의 특권적 지위는 1867년 이후에도 큰 변화가 없었다. 이러한 맥락에서 포괄적인 개혁과 평등 달성에는 어려움이 있을 수밖에 없었다(Konirsh, 1955: 146). 즉 헝가리 마자르족은 제국 성립 이전에 이미 헌법으로 자신들의 권리를 보장받고 있었기 때문에 대타협 이후 추가적인 헌법적 개혁을 추진할 동기가 부족했던 것이다(Young, 1994: 788).

국방, 외교 및 경제 영역에서의 공동 사안

오스트리아와 헝가리가 각각 독자적 행정권을 행사하더라도 국방과 외교의 문제에는 합의를 통한 의사 결정이 필요했다. 분쟁을 초래할 수 있는 사안에 대해서는 양측이 합의를 통해 공동의 목소리를 낼 필요가 있었던 것이다. 이에 전쟁, 외교, 국방과 같은 사안에 대해 예외적으로 공동 결정의 원칙이 마련되었다. 또한 국방, 외교와 같이 양측이 보조를 맞추는 과정에서 발생한 비용 등을 처리하기 위해 재무 분야에 대해서도 공동의 합의가 요구되었다. 따라서 제국은 국방, 외교, 재무 분야에 국한해 공동 처리 규정을 마련하였다.

그렇다면 제국은 실제로 어떻게 운영되었을까? 오스트리아가 공동 정부 운영예산의 대부분을 부담했다는 점에서 실제로는 오스트리아가 강한 발언권을 행사했다고 보는 시각이 지배적이다(김지영, 2012: 135). 그러나 헝가리는 제국 내에서의 동등한 관계를 계속해서 요구했고 이러한 요구 중 일부는 실제 의사 결정에 반영되기도 했다. 다음에서는 각 영역에서 구체적으로 의사 결정이 어떻게 이루어졌는지 살펴보고자 한다.

먼저 국방 분야의 경우 대타협법 제11조는 제국의 공동방위 체계를 규정하고 있다. 오스트리아나 헝가리가 제국 내에서 주권을 가진 합법적 정치 단위라는 점에서 군 조직과 통일적인 지휘에 관한 모든 권리는 각각의 주권하에 통제되는 것으로 해석된다. 그러나 제12조는 헝가리가 새롭게 병력을 징발할 수 있는 권리를 유보하고 있으며, 유사시 군의 동원과 주둔에 관한 내용도 유보 조항으로 두고 있다는 점에서 실제로는 헝가리의 독자적 군대를 제한하고 있다(박재영, 2007: 143-145). 따라서 헝가리는 오스트리아와 헝가리의 공동의 이익을 위해서만 군대를 보유할 수 있었다. 제국은 군대가 오스트리아와 헝가리의 연합군임을 강조하였지만 실질적인 결정권은 오스트리아 지휘부에 있었다(김지영, 2012: 139).

외교 분야는 기본적으로 황제(왕)의 특권으로 인식되어 제도적 견제도 제한적이었다. 대타협법에 외교적 사안에 대한 언급은 많지 않은데 이중 한 가지를 소개한다. 영토의 상실과 재정적 부담 등 '조약'에 관한 결정은 오스트리아와 헝가리 의회의 승인을 받도록 했다. 제국 의회는 이들 의회의 결정에 대해 거부권을 행사할 수 있었으나 실제로 결정이 번복되거나 제국 의회가 개입하는 경우는 없었다. 거부권 행사를 위해서는 과반수 이상의 동의가 필요했기 때문이다. 이처럼 각각의 의회는 법률상으로는 외교권과 주권 사항에 있어 독자성과 자치성을 인정받고 있었지만 유보 조항을 둠으로써 각각의 정부의 동의를 구하도록 했다(Konirsh, 1955: 231).

재정 분야의 경우 예산집행은 각각의 의회에서 이뤄졌으며, 공동 재정은 외교와 국방 혹은 공동 장관의 활동을 유지하는 데 국한되었다. 또한 오스트리아와 헝가리 정부는 관세와 무역정책의 수립, 집행에 있어서 10년마다 연합 보고서를 의회에 제출했고, 공동의 사안에 대한 합의를 위해 노력했다.[4]

이 글에서는 오스트리아·헝가리제국의 금융정책에 관해 집중적으로 탐구하기에 앞서 제국의 경제적 성과에 대해 살펴보고자 한다. 먼저 비판적 입장에서는 헝가리의 경제적 불균형을 지적한다. 즉 노동 분업을 통해 수도만 집중 개발되면서 경제적 불균형을 낳았다고 보는 것이다. 학자들은 이를 '제국적 노동 분업(Colonial division of labour)'으로 명명하기도 했는데, 헝가리에서는 마자르족이 주요 산업을 담당하였고, 비마자르족은 노동이나 농업에 종사했다. 농업에서도 경제적 성과가 있었지만 부의 축척은 마자르족에게 집중되었고, 이로 인해 부의 불균형이 심화되었다. 또한 국토 개발 측면에서는 수도인 부다페스트가 집중 개발된 반면, 농촌 지역은 개발이 저조했다. 제국 후반기에는 이러한 현상이 더욱 심화되어 결국 제국의 붕괴로 이어졌다는 평가가 있다. 즉 이

---

4 재정에 있어 공동 예산 분담 비율은 실질적으로 오스트리아가 헝가리보다 높았다고 평가된다. 경제적 성과에 의해 비율이 변화했는데, 제국 초기에는 오스트리아의 분담 비율이 70%를 상회하였으나 헝가리의 경제가 나아짐에 따라 헝가리의 분담 비율이 높아졌고 1867년에는 헝가리의 부담률이 30%, 1890년대에는 34.4%, 이후에는 36.4%까지 증가했다(Kann, 1950: 334; Haze, 2002: 95).

중 제국 체제로 인한 변화가 헝가리 전체 경제 측면에서는 긍정적이었다고 볼 수 있으나 부의 불균등화와 계층화로 사회에 악영향을 미쳤다는 것이다. 또한 오스트리아가 산업 생산에 집중된 성장을 했고, 헝가리는 농촌에 편향된 사회로 발전했다는 평가도 있다(Frank, 2001: 199). 한편 오스트리아는 서유럽 국가들의 공산품과 비교할 때 품질이 떨어지는 물건들을 헝가리에 수출함으로써 경제적 이익을 취했다고 보는 주장도 있다.

긍정적 입장에서는 대타협을 계기로 헝가리 경제에서 자본주의의 발전이 시작되었고, 생산성에 있어 가시적인 성과가 있었으며, 자유주의 사상의 기반이 조성되었다고 보았다(Frank, 2001: 199). 콤로스(John Komlos)는 역내 무역의 관점에서 통합 이후 헝가리 경제가 보다 잘 작동될 수 있었음에 주목했다. 농업 국가인 헝가리가 통합으로 상당한 수출 물량을 확보했기 때문에 1890-1910년 사이 농업 분야에서 괄목할 만한 생산성 향상을 이루었다는 것이다(Flandreau, 2006: 4).

굿노 제국의 이중 체제가 양국의 경제 발전과 체제의 지속성에 기여했다고 평가하는 대표적 학자 중 한 명이다. 굿은 제국 시기에 헝가리의 국가 기반이 발전했고, 이를 바탕으로 경제성장이 이뤄졌다고 지적한다(Good, 1984; Reifowitz, 2009: 138). 이와 유사한 견해로 스케드는 제국의 이중 체제를 국제 관계의 변화와 국내 상황에 적응하는 유연성을 갖춘 능동적 구상체로 인식했다. 그는 이중 체제하에서 경제가 꾸준하게 성장하고 있었으며, 이전과 달리 생활수준, 인프라, 금융 제도 등에서 통합이 진행되고 있었다고 평가했다(Sked, 2001: 206). 플랑드로(Marc Flandreau)는 오스트리아·헝가리제국의 지속성의 요인을 통화정책에서 찾으려 하면서 대타협을 경제적 협상(bargain)의 관점에서 바라보았다. 즉 공동 화폐를 사용함으로써 중앙은행 및 금융정책이 헝가리에 유리하게 작용했으며, 이는 결과적으로 이중 체제가 존속하는 데 도움을 주었다는 것이다(Flandreau, 2006: 6).

제국은 경제적인 면에서 공동시장, 무역정책, 화폐 표준, 법적 시스템 등 공동의 틀을 갖추고 있었으나 각국은 주권을 행사하는 독립국가로 의회와 예산권을 갖고 있었다. 금융정책에 있어서 플랑드로는 대타협에서는 화폐 정책이 자세히 다뤄지지 않았다고 주장한다.[5] 즉 대타협에서는 헝가리가 별도의 은행을 설립하지 않는 데 합의했으며, 오스트리아 국립은행(Austrian National Bank)을 공동 통화를 발행하는 유일한 주체로 보았다는 것이다. 따라서 명시적 화폐 통합이 이뤄졌다고는 볼 수 없지만 사실상 공동 통화로 작동하는 통화동맹이 출범한 것이다. 당시 헝가리는 부다페스트에 오스트리아 국립은행의 독립적인 본점을 설치하기를 원했으나 오스트리아는 이를 수락하지 않았고, 이러한 상황은 1873년 빈, 베를린 주식시장의 하락세로 이어졌다. 공동 정책은 10년마다 재협상 과정을 거쳤는데, 이와 같은 상황은 1876년 재협상 과정에서 헝가리에 유리하게 작용되었다. 공동 화폐 문제는 제국의 정치적 통합을 유지하는 수단으로 기능했다. 공동 화폐 협상에서 헝가리 마자르 엘리트 지배층은 헝가리에 독립적인 중앙은행을 설립하겠다

---

[5] 공동 은행이 설립되고 이자율과 금본위제, 은본위제에 통화를 고정하는 정책과 관련해서 대타협법 84조, 111조에 변화가 있었다(Jobst and Scheiber, 2014: 11).

고 위협했고, 오스트리아는 이를 매우 경계했기 때문이다.[6] 이를테면 1878년 7월 오스트리아 국립은행은 오스트리아 헝가리 은행(Austro-Hungarian Bank)이라는 연방 기구로 발전했고, 헝가리 재정에 유리한 정책을 시행했다. 게르셴크론(A. Gerschenkron)에 따르면 헝가리 엘리트들은 철도 건설과 같은 인프라 건설에 공동 예산이 투입될 수 있도록 재정적 주권을 행사했다(Gerschenkron, 1962: 456; Flandreau, 2006: 5). 이는 헝가리 산업 경제 및 제국의 산업에도 긍정적인 영향을 미쳤다. 굿은 헝가리에 철도망이 확장되면서 지형적 제약이 극복되었고 산업 경제가 발전하는 계기가 되었다고 보았다.

오스트리아 헝가리 은행은 오스트리아 위주로 운영되던 오스트리아 국립은행과 달리 오스트리아와 헝가리가 동등하게 참여하여 운영하는 은행으로 바뀌었다. 즉 빈과 부다페스트 정부에 각각 주요 경영권이 부여된 것이다. 경영이사회(Managing Board)는 빈에서 운영했고, 황제에 의해 지명된 경영자와 오스트리아와 헝가리 재성상관이 운영에 관여했으며, 각각의 투자자들에 의해 각국에서 부의장이 선출되었다. 총 12개의 위원회가 존재했는데, 각 위원회에는 적어도 2명의 각국 위원들이 포함되어 있었다(Flandreau, 2006: 7). 따라서 구조적으로 헝가리의 영향력이 크게 발휘될 수 있었다. 실제 운영에서도 헝가리 지부의 확대가 두드러졌다. 1878년에는

---

6   오스트리아 국립은행은 정부 산하에 있는 민간 기관으로 헝가리와 오스트리아를 잇는 법적인 주체로 기능하였다. 당시 오스트리아 주주들은 오스트리아가 아닌 헝가리에 자신들의 통제권을 위임하는 데 우려를 표했다(Flandreau, 2006: 7).

23개 지부 중 오직 5개의 지부가 헝가리에 소재했다면 1888년에 이르러서는 전체 50개 중 19개가 헝가리에 위치하면서 비율이 전체의 38%에 이르렀으며, 1900년에는 69개 중 29개로 42%를 차지했다. 실질적인 운영의 측면에서 볼 때 인구 비례나 GDP 비례 지표 모두 헝가리가 통화정책 결정 과정에서 상당한 권한을 지니고 있는 것으로 평가되었다(Jobst and Scheiber, 2014: 5).

당시 화폐 발행 능력은 국가 건설의 중요한 도구로 여겨졌고, 신용을 통제하는 것은 분배 정책의 주요 수단으로 인식되었다. 펠너(Frigyes Fellner)에 따르면 헝가리는 외채, 즉 오스트리아로부터의 단기자본에 크게 의존하고 있었다. 따라서 독립 반대자들은 헝가리가 독립할 경우 오스트리아가 헝가리 국채를 모두 매각하여 외채 관리가 어려워질 것이라고 우려했다. 반면 독립 찬성 진영에서는 단기적 비용이 발생할 수는 있겠지만 외채 문제는 자연스럽게 안정될 것으로 보았다. 펠너는 헝가리가 제국의 그늘 아래 있다고 더 유리한 조건으로 자본을 유치할 수 있는 것은 아니라고 지적했다. 즉 주권국가로서 헝가리가 어떤 평가를 받는지에 따라 자금 유치 조건이 결정된다는 것이다. 개별 투자자들은 제국의 일부로 기능하는 헝가리를 그리 매력적인 투자처로 인식하지 못했고, 이런 측면에서 헝가리는 제국의 혜택을 제대로 누리지 못했다는 것이다. 이러한 맥락에서 펠너는 헝가리가 독립을 성취했더라도 헝가리의 국채 이자율은 크게 영향을 받지 않았을 것이라고 평가했다(Fellner, 1917: 145; Jobst and Scheiber, 2014: 14).

1870년대 서유럽 국가들은 금본위제가 본격적으로 작동하기 시작하면서 변화를 맞이했다. 독일과 프랑스, 라틴통화동맹, 스칸디나비아통화동맹 등에 이어 오스트리아·헝가리제국도 은을 폐화하였고 불태환 지폐가 유통되었다. 금본위제 적용을 위한 정책에 오스트리아와 헝가리 모두 합의했다(양동휴, 2012: 48, 53; Jobst and Scheiber, 2014: 11).

플랑드로와 욥스트(Clemens Jobst)에 따르면 국제통화와 단기 상업 금리 사이에는 밀접한 상관관계가 있었는데, 당시 이중국가의 통화 환율의 평균은 런던 통화 환율의 평균보다 높았다. 이는 헝가리에 매우 유리한 조건으로 작용하였고 독립국가로서의 조건도 선점하는 일이었다(Flandreau and Jobst, 2006). 또한 당시 헝가리의 각 지방에는 금리가 차등적으로 형성되어 있었다. 이는 독립을 통해 헝가리의 중앙은행이 독자적 화폐 정책을 시행하면 금리를 탄력적으로 조정할 수 있다는 점에서 헝가리에 유리하게 작용할 수도 있었다. 이러한 상황은 1905년에 헝가리 독립당(Independence Party) 중심의 연합 정부가 집권했을 때도 계속되었다. 그리고 헝가리가 독자적으로 군대, 외교, 무역정책을 실시하고 관세 제도를 도입하자는 목소리가 점점 높아지고 분리 독립 여론이 고조되어갔다. 그럼에도 불구하고 헝가리는 독립을 추진하지 않았는데 오스트리아는 오스트리아 헝가리 체제를 유지하기를 원했기 때문에 헝가리가 거래의 수단(deal-making)으로 통화정책을 사용했다는 주장이 있다. 실제로 1912년 헝가리 재무장관은 공동 중앙은행을 공개적으로 지지하였다. 플랑드로는 헝가리가 독립적이고 독자적인 금융정책보다 이중 체제와 공동 중앙은행을 선호한 이유를 국내외적 요인을 통해 설명했다. 즉 대외적 차원에서는 당시의 오스트리아 헝가리 화폐가 네덜란드의 플로린(florin)이나 벨기에의 프랑(franc)처럼 유럽의 주요 화폐로 통용되고 있었으나 헝가리가 독립 화폐를 만들 경우 이러한 이점이 사라지게 된다는 것이 문제였다.

국내적 차원에서 헝가리의 지방에서는 금융정책의 독립을 원하지 않았다. 앞서 지적한 이자율 정책에서 당시 공동 중앙은행이 빈과 유사한 조건으로 헝가리 지방 상인에게 할인율을 적용해주고 있었기 때문이다. 오스트리아도 제국을 계속 유지하기 위해서는 헝가리의 요구를 일부 수용하는 모양새를 취해야 했기 때문에 헝가리는 반복적으로 탈퇴하겠다고 위협하며 공동 중앙은행으로 하여금 자신들에 유리한 정책을 펼치도록 영향력을 행사할 수 있었다.[7]

3. 오스트리아 · 헝가리제국의 군악대 · 군대 문화 현상

통합 당시 오스트리아 · 헝가리제국은 11개 이상의 상이한 민족과 언어, 7개의 다른 종교가 혼재된 다민족 다문화 공동체였다(이상협, 1996: 74). 그러나 이들의 복잡한 민족 구성만으로는 실제로 이질적인 문화가 형성되었는지 단일한 공동체로서의 모습을 지향했는지 알기 어렵다. 페이토(François Fejtö)는 다민족으로 실패한 이질적 제국(the failed hetrogeneous state)의 이미지는 서구에서 만들어졌다고 비판한다. 제국에서 민족 간의 분열이 발생했다는 주장에는 제1차 세계대전 이후 영국과 프랑스 등 승전국에 속한 유럽인

---

[7] 마이클(Bernard Michel)은 이들의 재정적 고리가 대타협이 지속될 수 있었던 가장 강력한 토대 중 하나였다고 주장했다(Flandreau, 2006: 25).

들의 시각이 많이 반영되었다는 것이다(Fejtö, 1988; Sluga, 2001: 207). 액튼(Lord Acton)은 이질적 민족 구성을 건강한 국가의 필수 요소로 꼽으면서도 합스부르크 제국은 다원주의적 차원에서 실패했다고 본다. 대타협 이후에도 이중 제국이라고 불릴 만큼 제국이 두 국가로 여겨진 점을 보면 국가적 정체성이 완벽한 조화를 이루지 못했다는 것이다(Sluga, 2001: 208). 오스트리아·헝가리제국이 보스니아와 같은 다른 곳을 문화적으로 점령하는 등의 내용을 다루는 식민 문화 연구에서는 단일 문화로서의 제국이 간혹 관찰되기도 한다(Vervaet, 2009; Sauer, 2012: 5-23; Ruthner, 2002: 877-883). 단일 정체성 탐구를 위한 노력이 없었던 것은 아니지만 오스트리아·헝가리제국에 대한 단일 정체성 개념은 일반적으로 수용되는 견해는 아니다.

그렇다면 '오스트리아 헝가리' 시민으로서의 정체성은 어떻게 조명할 수 있는가? 양국 시민들이 오스트리아·헝가리제국 시민으로서 자신들을 어떻게 정의했는지를 살펴보기에 앞서, 1867년 대타협 후 그들의 사회를 어떻게 바라보고 있었으며, 서로의 문화를 어떻게 수렴했는지를 살펴볼 필요가 있다.

헝가리의 경우 통합의 시기에는 오스트리아 문화의 영향을 강하게 받아 유럽적인 것과 전통적인 것이 절충되기 시작했다(김지영·임상우, 2011: 157). 헝가리 사회는 이중 제국 시기를 통해 후진적 농업 국가에서 급속한 성장을 이뤄 근대화의 면모를 갖추었다. 농업과 산업적 측면에서도 괄목할 만한 성과가 있었고 신흥 산업 자본가들과 금융가들이 부상했으며, 중산층이 출현했고 노동자를 대변하는 정당이 결성되기도 했다. 1873년 부다와 페스트, 오부다가 합쳐져 재탄생한 부다페스트가 제국 시대의 문화를 수용하며 서유럽 도시로 발전한 것이 이를 방증한다. 산업과 문화 양쪽에서 폭발적 성장이 이루어져 영국에 이어 유럽에서 두 번째로 지하철을 건설하였고 영국, 독일, 프랑스 등 유럽적 문물이 유입되어 문화적 부흥기를 맞았다(김지영, 2013a: 158, 162).

이처럼 오스트리아·헝가리제국 시대에 헝가리는 외세의 침략과 정복에서 벗어나 사회 발전의 안정적 토대를 마련하고 오스트리아와 대등한 위상을 갖추게 됨에 따라 헝가리 고유의 민족문화에 유럽적 문화를 적극적으로 수용하여 새로운 문화 색을 띠기 시작했다. 헝가리인들은 '아시아에서 유래하였지만 성공적으로 유럽에 정착함으로써 유럽인의 정체성을 획득한 민족'이라고 평가받을 정도로 문화적 풍요로움을 보여주었다(김지영, 2013b: 14). 이처럼 당시 헝가리 사회에는 오스트리아 문화를 거부감 없이 유입하려는 경향이 있었음을 알 수 있다.

반면 오스트리아의 경우 '오스트리아·헝가리제국'은 하나의 국가로서 수용된 단위라기보다 여전히 통합 중인 영역에 가까웠다. 다시 말해 오스트리아 (합스부르크 왕국 시기) 사람들은 헝가리와의 연합을 제국의 기운이 다한 것으로 인식하여 매우 혼란스러워하는 경향을 보였다. 이들은 헝가리인들을 자신들과 동등한 위치로 상정하는 것에 내심 불만을 갖고 있었다(Wank, 1997: 48). 영국 역사학자 스케드도 제국 초기 오스트리아인들은 두 개로 나눠진 제국을 수용하기 어려워했다고 분석한다. 특히 제국 초기 오스트리아인들은 헝가리인들이 자신들과 같이 지배적 역할을 하는 것에 대해 분개하는 경향을 보이기도 했다(Sked, 2001: 301).

그러나 한편에서는 코즈모폴리턴적인 색깔도 나타나고 있었다. 다문화주의를 넘어서 상호 간의 문화를 혼합하여 새로운 문화 다양성을 추구하는 경향도 소설이나 문화 공간을 중심으로 관찰된 것이다. 이러한 복합적인 오스트리아 사회상을 두고 당시 소설가였던 무질(Robert Musil)은 국가 혼동(national confusion)의 문제를 숙고해야 됨을 언급하면서 과연 오스트리아·헝가리제국의 문화적 정체성(cultural identity)은 무엇이었는지 어떤 것들로 이 혼돈의 기간에 사람들을 하나로 통합할 수 있었는지에 대해 질문을 던져 여론을 환기시키기도 했다(Jonsson, 2000: 232). 그의 소설『특성 없는 남자』는 당시 제국의 문화적 위기를 잘 표현했다고 평가받는다. 주인공 울리히는 부르주아계급 출신으로 "가문의 재산을 물려받은 주인"이라는 뜻의 이름을 가졌지만 몰락한 왕국과 새로운 공화국 사이에서 적응해야만 하는 빈의 시민으로 묘사된다.

> 그가 꿈꾸는 천년왕국은 황제의 천년왕국도 아니고 기독교의 천년왕국도 아니다. 새로운 천년왕국에서 울리히가 시도하는 것은 새로운 도덕이기 때문이다. … 일상적 의미에서 도덕은 울리히에게 힘의 체계의 낡은 형식에 불과하다(Musil, 2017; 권송택, 2015: 32).

이처럼 오스트리아 시민들은 '오스트리아·헝가리제국'의 정체성을 형성하기보다는 합스부르크 제국의 쇠락과 함께 다양한 민족이 공존하는 새로운 시대로 접어들고 있음을 체감하고 있었다. 따라서 하나로 통합되는 문화적 현상이나 분위기가 감지되고 있었다고 보기는 어려우나 제국이라는 정체성에 대한 인식과 이에 공감하려는 분위기는 형성되고 있었다고 평가해야 할 것이다. 이러한 맥락에서 다음에서는 이와 관련한 문화적 현상의 일례로 군대 문화를 살펴보고자 한다.

뷔르크슈벤트너(Joachim Bürgschwentner)는 시각예술과 애국심을 다루는 연구에서 1914년부터 1918년까지 오스트리아의 엽서에 그려진 군인의 모습을 통해 당시 오스트리아·헝가리제국의 정체성을 분석하고자 했다. 엽서는 제1차 세계대전 중 90만 장이 소비될 정도로 새로운 시장인 동시에 정치 문화가 발산될 수 있는 영역이었다(Bürgschwentner, 2013: 102). 크리텐던(Camille Crittenden)은 오스트리아 헝가리 음악극을 분석하면서 서로의 문화가 상호 혼재되어 나타나고 있다고 파악한다. 그는 하나의 단일체(one nationality)에 소속된 집단이라는 차원에서 제국의 문화에 접근하고자 한다. 음악극 〈집시 남작(Der Zigeunerbaron)〉은 빈과 부다페스트 사람들의 음악적 스타일을 구분하고 이를 음악극을 표현하는 데 적용하였다(Crittenden, 1998: 254). 제국에는 각국의 전통 의상과 민족적 멜로디가 섞여 있었고 이를 따라하면서 자연스럽게 합스부르크 시민 의식이 형성되었다고 보았다(Crittenden, 1998: 270). 또한 프랑스 혁명 오페라를 작곡한 존슨(James Johnson)은 작곡가 스트라우스(Johan Baptist Strauss)가 군대 음악을 작곡함으로써 '존재하는 제국'과 동시에 '청중들의 열정'을 이끌어내고자 했다고 비평했다(Crittenden, 1998: 270).

여러 연구에서도 언급되었듯이 당시 오스트리아·헝가리제국의 군대는 단순히 전쟁에서 전투하는 군대의 역할로 그치지 않았다.

오스트리아·헝가리제국은 징병제를 채택하여 모든 사람이 병역의 의무를 수행해야 했지만, 제1차 세계대전 이전까지 이들 군대는 군인으로서의 역할보다는 경찰과 같은 치안 업무를 주로 맡았다. 군사훈련이나 규율이 비교적 약했으며 깃털 달린 모자와 화려한 군복으로 당시 시민들에게 인기가 높았다. 군대에 대해 비교적 친근한 이미지가 사회적으로 심어지고 있었다.

이처럼 군대는 다민족으로 구성된 오스트리아·헝가리제국에서 다양한 역할을 수행하는 것으로 인식되었다. 특히 군대는 제국 내에서 새로운 교육의 장으로 인식되기도 했다. 야시는 군대를 '충성을 배우는 학교'로 명하면서 군대에 가면 민족적인 것을 넘어 하나의 소속감을 느끼게 된다고 보았고, 제국을 마지막 피난처(refuge), 정신(spirit)으로 칭하면서 충성심을 강조했다(Jászi, 1929: 142). 스톤(Norman Stone)도 군대가 지방에서 문화적, 교육적 역할을 수행한다고 평가했다. 교육을 통해 개인들이 사회에 적응하듯 당시 군대는 군대 내부뿐만 아니라 사회를 응축시킬 수 있는 하나의 고리 역할을 수행했다고 볼 수 있다. 이에 대해 브룩셰퍼드(Gordon Brooke-Shepherd)는 제국 군대가 다민족 사회에서 시멘트 믹서와 같은 역할로 오스트리아·헝가리제국을 보다 단단하게 만들었다고 평가했다(Brook-Shepherd, 1996: 130).

홉스봄(Eric Hobsbawm)은 사회가 급속히 변형되어 '낡은' 전통에 기반하던 사회적 패턴들이 약화되거나 파괴될 때, 혹은 새로운 상황에 적응하지 못해 변화가 나타날 때, 새로운 목적들을 겨냥한 새로운 유형의 전통들이 형성되기 쉽다고 주장한다. 특히 특정 집단들에서 인위적이든 실재하든 공동체들의 사회 통합이나 소속감을 구축하거나 상징화하고, 제도, 지위, 권위 관계를 형성하거나 정당화할 때 새로운 전통이 탄생한다고 생각했다. 예를 들어 1963년 엘리자베스 2세의 대관식은 왕실과 제국을 하나로 합치고 변화의 시대에 안정을 강조하며 강대국으로서 영국의 연속성을 기념한 최후의 기념식으로 인식되었다. 여왕의 의복에는 자치령의 문장들이 새겨져 있었고 영연방 연대들과 식민지 군대들이 열을 맞추어 행진했으며 보호령 국가 원수들이 한데 모여 있었기 때문이다(홉스봄 외, 2013: 32-33, 285).

오스트리아·헝가리제국의 군대도 이와 유사한 접근으로 관찰할 수 있다. 당시 군대는 제국의 도처에서 민족의 구분 없이 징집되었다. 11개의 언어가 모두 허용되었기 때문에 군대는 종교를 인정하고 다양성을 존중하는 동시에 사회적 동질성을 포괄하는 곳이라는 의미를 내포하게 되었다. 또한 군대라는 곳은 위계와 질서에 따라 움직이는 공간이므로 서로 다른 민족들이 섞여 있다고 해도 군대 조직 안에서 자연스럽게 각자의 문화를 상호 교환하게 된다. 사실상 군대는 다민족 간의 실험실이었으며, 제국 시민들은 서로 다른 문화와 교류를 하며 공존해왔던 것이다. 특히 오스트리아·헝가리제국의 군대는 앞에서도 말했듯이 전투를 위한 군사훈련보다는 치안 위주의 활동을 했기 때문에 지방이나 국경 지역에 군대를 주둔시키는 것은 황제의 권위를 더욱 공고히 하고, 황제를 중심으로 제국 시민으로서의 단일한 형상을 이끌어내는 효과를 냈다. 따라서 시민들은 민족 개념과 관계없이 애국심을 고취하게 되었고, 분열을 초래하는 민족주의자들과의 갈등을 자연스럽게 막을 수 있었다(Heilman, 2009: 234).

역사적 문헌을 보면 600년 가까이 지속되어온 합스부르크왕가에 대한 종교적·사회적 신뢰와 맞물려 당시 군대는 대중적으로 관심을 많이 받았다. 따라서 이들이 행사에 동원되어 퍼레이드를 진행하게 되었을 때 대중의 거부감은 줄어들었고 부지불식간에 제국에 통합된 이미지를 부여할 수 있었다. 당시 군대는 오스트리아군은 39개 보병 연대와 3개 기병 연대, 헝가리군은 24개 보병 연대와 9개 기병 연대로 구성되었는데, 군악대는 빈과 부다페스트에서 행사가 있을 때 동원되었다. 제국의 기념행사에서 단체 합주나 퍼레이드가 진행되면 대중들은 일상 공간에서 이들을 접하게 되었고 이들에게 친근함과 동시에 동질성을 느낄 수 있었다. 무엇보다도 군악대는 대중들이 모인 장소에서 음악을 전해줌으로써 대중들에게 오스트리아·헝가리제국이라는 하나의 이미지를 투영시키는 역할을 하고 있었다.

하일먼(Jason Stephen Heilman)은 말러와 같은 작곡가들이 제국의 군대 행진 음악들을 통해 다양한 민족을 하나로 통합해 제국의 복잡한 정체성을 구현하고자 노력했다고 평가했다. 특히 이러한 작곡가들은 헝가리를 비롯한 제국의 전역에서 민족의 구분 없이 현재의 팝 아이콘과 같은 대중적인 인기를 누렸다고 한다(Heilman, 2009: 7-13). 크리텐던도 이러한 작곡가들이 오스트리아와 헝가리의 각 민족적 특성을 공연 안에 구분·배치함으로써 각국의 정체성을 유지하면서도 양국의 통합을 강조했으며, 이는 헝가리보다 오스트리아에서 훨씬 긍정적으로 수용되었다고 평가했다(Crittenden, 1998: 254-256, 273).

오스트리아·헝가리제국의 군대는 문화의 혼종을 위한 매우 강

〈그림 3〉 프란츠 요제프 황제 기념행사 60번째 행진 일러스트

출처: Heilman(2009: 64).

력한 도구로 작용했다. 이러한 시도가 오스트리아와 헝가리를 비롯한 다른 민족들에게 얼마나 효과적으로 수용되었는지에 대한 논의는 차치하더라도 당시 '군대'와 '군악대', '군대 음악'은 황제를 중심으로 하는 하나의 정체성을 만들어가는 시도로 활용되었음을 확인할 수 있다. 따라서 오스트리아·헝가리제국의 군대는 영토를 지키는 일차적 임무 외에도 다양한 민족 간의 긴장을 해소하고 통일성과 통합의 효과를 유인하기 위한 공간으로 파악할 수 있다.

V. 결론 및 함의

일반적으로 분쟁이 지속되고 양국 혹은 다자간의 갈등으로 인한 피로감이 극대화되면 평화협정을 체결하기 용이한 조건이 무르익은 것으로 생각한다. 그러나 평화협정이 '영구적 평화'만을 뜻하지는 않는다. 대부분의 평화협정은 아래로부터의 힘이 작용한 결과라기보다 정치적 협상 수단으로 이용되기 때문에 긴장이 잠재해 있을 수도 있다(황수환, 2017a). 오스트리아·헝가리제국도 유사한 관점에서 생각해볼 수 있다. 제국은 적대적 관계였던 오스트리아와 헝가리가 1867년 대타협을 통해 갈등을 조정함으로써 나온 평화의 산물이다. 오스트리아가 통치 구조에서 우위에 있는 질서가 유지되었더라도 대타협을 통해 오스트리아와 헝가리가 수평적 관계임을 규정함으로써 긴장 관계가 휴지기를 가질 수 있었다. 비록 대타협이 국제 질서 변화에 따른 양국 지배계급의 정치적 선택일지라도 대타협 법안의 내용은 평화협정과 유사한 기능을 한다는 점에서 주목할 가치가 있다.

그럼에도 불구하고 제국이 가진 모순들로 인해 평화가 영구히 지속되지는 못했다. 타협 법안의 이중성이 가진 모순과 이로 인한 갈등은 지배 엘리트의 책임을 약화시키고 황제의 권력이 존재하게끔 하는 복잡한 구조에서 비롯되었다. 더욱이 제국에는 다양한 소수민족이 있었지만 이들을 이중적인 잣대로 모호하게 대하였기에 수많은 내적 갈등 요인이 상존해 있었다. 제국은 이질적 속성들을 내포하고 있으면서도 이를 해소하려는 노력은 하지 않고 통일성과 동질성을 결여한 채 하나의 통합 구조를 이루고 있었다.

제국의 통합은 눈앞에 닥친 긴장이 잠시 가려진 것에 불과했다.

공동의 사안에 대해서도 불균등한 결정 구조를 보이거나 효율적이지 못한 부분이 많았다. 결과적으로 오스트리아·헝가리제국은 변화하는 국제 정세와 도전들에 단호하게 대응하지 못했고 내부로부터의 근본적 변화를 이끌어내는 데 실패했다. 이는 양국이 필요에 의해 합의를 추구했지만 아래에서부터, 내부에서부터 형성된 논의를 정책에 반영시키는 데 한계를 보였고, 제국이 제도적으로 구조화되지 못했기 때문이다. 또한 현실에 대한 명확한 판단과 실천의 부재도 제국의 평화를 깨뜨린 원인으로 밝혀졌다. 오스트리아·헝가리제국의 해체는 국제 정세의 변화에 따라 선택과 결정을 바꾸어야 했으나 정세를 읽어내지 못한 오스트리아와 헝가리 지도층의 무능함으로부터 출발한다. 우리는 '변화'의 조짐을 파악하지 못하고 정치적 이해에 집착한 결과 제국이 폐망의 위기를 맞게 되었다는 점을 기억해야 한다.

이러한 내재적 모순 속에서도 단일한 공동체로서의 성격을 공유하려는 시도가 '군대' 문화를 통해 관찰되었다. 비록 오스트리아 헝가리 모두 자기 인식에 있어 시각차가 있었지만 오스트리아는 격변하는 사회 변화 속에서 외부의 변화를 부정적으로 받아들이는 경향을 보인 반면, 헝가리는 민족문화를 강화하면서도 자본과 함께 수용된 근대적 문화를 긍정적으로 받아들이는 경향을 보였다. 그러나 이러한 분위기 속에서도 마자르, 체코, 독일, 루마니아, 리투아니아, 세르비아 등의 다양한 민족의 문화를 혼재하여 펼쳐놓은 새로운 장으로서의 군대 문화는 오스트리아·헝가리제국의 새로운 정체성 형성을 위한 시도로 이해할 수 있다.

이러한 맥락에서 현대사회처럼 다양한 문화가 결합하여 새로운 양태를 만들어내는 혼종성의 문화(culture of hybridity) 현상이 나타나는 시기에 제국의 통합은 숙고해볼 문제라고 생각한다. 영토라는 지리적 경계는 이전에 비해 의미가 약해졌고, '민족'이라는 범주와 묶어 설명하기 어렵다. 킴리카(Will Kymlicka), 테일러(Charles Taylor)는 정치적 공간과 문화적 정체성은 더 이상 일치하지 않는다고 주장하고 있으며, 벡(Ulrich Beck)과 츠나이더(Natan Sznaider)는 민족국가 중심인 방법론적 국가주의(methodological nationalism)에서 벗어나 코스모폴리탄적 조건들을 이해해야 한다고 주장한다.

큐어(Josep Quer)도 최근 나타나는 국제사회에서의 이주가 단순히 지리적 혹은 법적으로 국경을 제한하는 형태에서 영토적 경계를 넘어선 형태로 변하고 있다고 지적한다. 동북아 관계의 문제에서도 이와 같이 여러 민족이 공존하는 '초정체성(supra-identity)'의 현상을 현실 공간으로 수용할 수 있다는 점을 주목해볼 수 있다. 각기 다른 이질적 문화를 지닌 이들과 혹은 과거에 적대적 관계에 있었던 이들과 오늘날 공생하기 위해 우리는 개인으로서 혹은 통합된 사회로서 어떠한 시도를 고민해볼 수 있는가? 이러한 관점에서 오스트리아·헝가리제국의 군대 문화도 흥미로운 사례로 연구할 만한 가치가 있다.

제7장 영국-아일랜드 역사 갈등과 북아일랜드 평화 프로세스

김남국

I. 서론: 북아일랜드 사례의 특수성과 보편성

영국과 아일랜드는 1998년 성금요일협정(Good Friday Agreement)을 계기로 사실상 북아일랜드 분쟁에 마침표를 찍었다. 분쟁 종식을 위한 두 나라의 끈질긴 대화와 협상은 갈등 해결과 평화 구축의 대표적인 사례로 평가받는다. 북아일랜드 분쟁은 영국과 아일랜드 사이에서 벌어진 민족과 종교를 중심으로 한 오랜 역사적 갈등이라는 점에서 개별적 특수성을 가진 사건이라 할 수 있지만, 한편으로는 정체성을 중심으로 갈등하는 집단들이 어떻게 하면 서로 평화를 유지하고 공존하며 민주주의를 증진해나갈 수 있는가에 대한 하나의 해답을 제공한다는 점에서 세계의 다른 분쟁 지역에도 적용 가능한 보편성을 갖고 있다.

아일랜드가 1922년 공식적으로 독립한 이후 북아일랜드는 영국의 일부로 남아 자치 정부를 구성할 권한과 자율성을 부여받았지만 신교도와 구교도 사이에 갈등이 끊이지 않았다. 그러다가 1968년과 1969년의 폭력적인 유혈 충돌을 거쳐 1972년 영국 정부는 자치권을 회수하고 북아일랜드를 직접 통치하겠다고 선언하였고 이로써 또 다른 갈등의 시대로 접어들었다. 이후 언어 인정 등 정체성 투쟁과 사회경제적 차별로 인한 갈등이 중첩되어 진행되던 양측의 분쟁은 1998년 성금요일협정을 계기로 큰 고비를 넘게 된다. 이 평화협정의 주요 내용은 그동안 적대적이었던 세력들의 상호 인정을 통해 권력 분점 정부 구성에 합의하고, 아일랜드는 헌법 개정을 통해 북아일랜드를 포함시킨 기존 영토 조항을 수정하며 서로가 상대방을 멸절하는 통일을 배제하고 평화적 공존을 추구한다는 것이었다.

그동안 국내에서 진행된 북아일랜드 관련 연구는 매우 드물지만 주로 성금요일협정의 내용 자체에 대한 연구가 많았고(황수환, 2017b: 33-63; 모종린, 2000: 100-119; 이정훈, 2000: 80-99; 신혜수, 1998: 370-379; 이정우, 1998: 86-87) 북아일랜드의 특수한 상황을 배경으로 정당들이 민족 중심의 지지 기반을 동원하면서 갈등을 재생산하는 구조에 주목하는 연구가 있었다(박경미, 2009: 113-133). 북아일랜드의 상황을 탈식민과 탈분단의 관점에서 한반도와 비교하면서 이 사례의 보편적 교훈에 초점을 맞춘 연구도 있었는데(구갑우, 2013: 189-228; 2012: 189-227; 이우영, 2016: 5-39) 2017년에는 신한대학교 탈분단 경계문화연구원 주최 국제 학술회의를 계기로 언론이 관심을 보인 바 있다(배명복, 2017; 강태호, 2017).

최근 한국에서 보이는 북아일랜드에 대한 관심의 확산 이면에는 영국의 식민 지배와 독립 전쟁 이후 내전을 거쳐 분단을 겪고 오랜 기간 신교도와 구교도 사이에 폭력적인 갈등이 지속되었다는 점에서 이러한 북아일랜드의 현실이 일본의 식민 지배와 한국 전쟁을 거쳐 분단을 겪고 계속해서 군사적 위협에 노출되어 있는 한반도의 현실과 유사하다는 관찰이 자리 잡고 있다. 북아일랜드에 대한 이러한 관심이 갖는 적실성은 그동안 우리가 한반도 통일과 관련하여 주목했던 독일 사례와의 비교를 통해 확인할 수 있다.

독일은 분단 과정에서 국제정치적 요인이 크게 작용했고 냉전시기 좌우 이념 대립을 대표한 나라라는 점에서 한반도의 경우와 유사한 특징을 보여준다. 그러나 독일의 경우 동·서독이 직접 전쟁을 치른 것은 아니기 때문에 내전을 겪은 이후 지속적인 군사적 위협에 노출되어 있는 한반도와는 상황이 다르다. 반면 북아일랜드는 식민 지배와 내전을 거쳤고 구교도 공화주의자와 신교도 통합주의자 사이에 폭력적인 갈등이 지속되었다는 점에서 한반도의 현실과 공통점이 있다.

아래 〈표 1〉은 아일랜드 및 독일의 분단 상황을 분단 원인, 분단 구조, 갈등 양상, 갈등 구조 차원에서 한반도와 비교한 것이다. 분단 원인을 중심으로 볼 때 아일랜드는 식민 지배와 내전이 주로 작용했고 독일은 전후 패전에 따른 국제적 요인이 중요했다면 한반도는 식민 지배와 내전, 국제정치의 영향 등이 복합적으로 작용하고 있다. 분단 구조 차원에서 보면 북아일랜드는 1민족이 아일랜드와 영국 2개의 국가로 나뉜 분단 상태이지만 영국 입장에서 보면 2민족이 1국가를 이루고 있는 것이어서 북아일랜드 현실이 독일이나 한반도 현실보다 훨씬 더 복잡한 상황임을 알 수 있다.

갈등 양상은 독일이 비폭력적이었던 데 비해 북아일랜드와 한반도는 폭력적인 대결 양상이 지속되었다는 점에서 차이가 있다. 갈등 구조는 독일과 한반도가 이념과 체제 대립의 특징이 강하다면 북아일랜드는 민족이나 종교를 중심으로 한 독특한 정체성 갈등과 800여 년 넘게 지속된 식민 지배에서 누적된 역사적 갈등이 주요 특징을 이루고 있다.

〈표 1〉 북아일랜드와 독일 및 한반도의 분단 상황 비교

구분	독일	북아일랜드	한반도
분단 원인	패전+국제적 요인	식민 지배+내전	식민 지배+내전+국제적 요인
분단 구조	1민족 2국가	1민족 2국가+2민족 1국가	1민족 2국가
갈등 양상	비폭력적	폭력적	폭력적
갈등 구조	공산주의, 자본주의 체제 대립	민족, 종교 정체성 대립	공산주의, 자본주의 체제 대립

출처: 김정노(2015: 324)를 참고하여 수정.

이와 같은 세 지역의 비교가 북아일랜드 분쟁의 맥락을 파악하는 데 도움을 주지만, 갈등 해결과 평화 구축에 이르는 과정에서 북아일랜드 사례의 어떤 특징들이 다른 사례에도 적용 가능한 보편적인 모습을 보이는지에 대한 실마리를 얻기 위해서는 서구 학자들의 연구를 검토할 필요가 있다. 북아일랜드 분쟁에 대한 서구의 연구는 다양한 관점에서 많은 작업이 이뤄졌다. 우선 국내의 경우와 마찬가지로 성금요일평화협정을 비롯한 협정 자체에 대한 연구가 있다(O'kane, 2013: 515-535; Dochartaigh, 2015: 202-220). 또한

구체적으로 어떤 정책이 평화 프로세스에 도움을 주었는지에 대한 연구(Worden and Smith, 2017: 379-395; Bell and Stockdale, 2016: 1516-1539; Byrne, Skarlato, Fissuh and Irvin, 2009: 337-363)와 어떤 행위자의 역할이 중요했는지에 대한 연구들이 있다(Spencer, 2017: 588-607; Joyce and Lynch, 2017: 1072-1090; Goddard, 2012: 501-515). 분쟁의 큰 변수였던 아일랜드 공화주의자들의 입장을 추적한 연구도 있고(McAuley and Ferguson, 2016: 561-575; Hopkins, 2015: 79-97; McDermott, 2014: 98-115) 평화협정 전후의 담론 흐름에 초점을 맞춰 아일랜드와 영국 민족주의 정체성의 변화를 추적한 논문도 있다(Hamber and Kelly, 2016: 25-44; McQuaid, 2017: 23-41; McVeigh, 2015: 3-25; Gormley-Heenan and Aughey, 2017: 497-511). 나아가 유럽연합이 준 도움과 미국의 역할을 연구한 논문들이 있고(Cochrane, 2007: 215-237; Hayward, 2006: 261-284; Tannam, 2007: 337-356; Wilson, 2000: 858-874) 평화협정 이후 20여 년 동안 이뤄진 평화 프로세스의 결과를 평가하는 연구들도 있다(McMahon, 2015: 209-213; Knox, 2016: 485-503; McDowell, Branitt and Murphy, 2017: 193-202).

무엇이 북아일랜드 평화 프로세스를 가능하게 했는가라는 질문에 대해 이러한 기존 연구들이 내놓은 답은 대략 세 가지 차원으로 다시 정리할 수 있다. 첫째는 협정 내용에 담긴 다양한 시도와 아이디어를 포괄하는 정책의 차원이고, 둘째는 풀뿌리 수준에서 국가 수준에 이르는 여러 행위자에 초점을 맞추는 리더십 차원, 셋째는 유럽연합과 미국의 역할을 중심으로 한 국제적 차원이다.

우선 첫째, 정책적 차원에서 보면 성금요일협정은 북아일랜드 내 다양한 정당 및 시민단체가 합의한 다자 협약과 영국과 아일랜드 정부가 맺은 국제 협약 두 가지로 구성되어 있다. 즉 시민사회 및 제 정당이 평화협정의 주체로 참여하는 공동체 교섭 과정을 통해 북아일랜드 평화협정의 가장 독특한 모습인 다자 협약이 체결되었고 이 다자 협약의 이행을 정부 사이의 조약을 통해 보장하는 형식을 취한 것이다.

둘째, 리더십 차원에서 보면 영국 블레어 총리와, 1998년 노벨평화상 공동 수상자인 사회민주노동당 존 흄(John Hume)과 얼스터통합당 데이비드 트림블(David Trimble) 등 정치 지도자들의 판단과 노력이 중요한 역할을 했음을 알 수 있다. 블레어 총리는 1840년대 대기근으로 아일랜드 국민 120여만 명이 굶어 죽는 상황을 영국 정부가 방치한 사실에 대해 1997년에 영국 정부 대표로서 처음으로 공식 사과를 한 바 있다. 그는 1998년 5월에 실시된 국민투표에서 평화협정을 가결시키기 위해 협정안이 갖는 '건설적 모호성'을 최대한 이용해서 아일랜드공화군(IRA)의 무장해제가 곧 이뤄질 것처럼 국민을 속였다고 비판받기도 한다. 아일랜드공화군의 무장해제는 2001년 10월에서야 비로소 시작되었다.

셋째, 북아일랜드 평화 프로세스의 성공에서 가장 큰 역할은 미국과 유럽연합의 지원으로 대표되는 국제적 차원에서 찾을 수 있다. 유럽연합은 '북아일랜드 평화와 화해를 위한 프로그램'을 마련하고 1995년부터 2013년까지 3기에 걸쳐 12억 5,600만 유로를 공동체 건설과 신뢰 구축, 청년 교육 등의 프로젝트에 지원했다. 미국 역시 국제아일랜드기금(International Fund for Ireland)을 통해 1986년부터 2010년까지 8억 9,500만 달러를 지원했고 클린턴 대통령의 적극적 지지 아래 조지 미첼(George Mitchell) 전 상원의원을 특사로 파견하였다. 미첼은 1996-1998년 평화 협상의 의장을 맡았다.

 이처럼 정책, 리더십, 국제적 차원의 세 가지 요인을 중심으로 재구성한 북아일랜드 평화 프로세스는 세계의 다른 지역 분쟁을 이해하는 데도 적용 가능한 보편적 범주를 제시한다고 판단된다. 다음 절에서는 영국과 아일랜드 사이의 갈등의 역사를 재구성하고 1998년 성금요일협정의 주요 내용과 특징을 분석한 다음, 1998년 성금요일협정을 전후로 평화 프로세스를 가능하게 만든 정책, 리더십, 국제적 요인 등 세 가지 변수를 구체적으로 살펴본다. 마지막 결론에서는 북아일랜드 평화 프로세스가 갖는 가장 큰 특징으로서 영토 회복을 통한 통일이라는 이상적인 목표로부터 다른 정체성을 갖는 집단의 존재를 인정하고 평화공존이라는 현실적인 목표로 우선순위를 조정해간 경험을 강조하고자 한다(Coakley, 2017: 193-214).

II. 아일랜드와 영국 갈등의 역사적 구조와 화해의 조건

 아일랜드에 대한 영국의 영향력은 1169년 잉글랜드의 왕 헨리 2세가 아일랜드를 정복하면서부터 시작되었다. 이후 1542년 헨리 8세는 영국의 왕과 그의 후손, 계승자가 영원히 아일랜드의 왕이 되고 아일랜드는 대영제국에 속한다고 선언하였다. 1606년에 스코틀랜드와 잉글랜드로부터 아일랜드 북부의 얼스터(Ulster) 지역 아즈 반도(Ards peninsula)를 중심으로 이민이 시작되었다. 얼스터의 아일랜드 토착 귀족들이 유럽으로 이주하자 그 자리를 메운 이민자들은 1608년부터 아일랜드의 구교도로부터 몰수한 땅을 분배받았고 이는 토착 구교도와 갈등을 불러일으키는 씨앗이 되었다. 이들은 아일랜드 원주민에 대항하여 영국법과 프로테스탄트, 정주 방식의 농업을 지키는 유격대 역할을 맡았다. 이들이 주로 정착한 얼스터 지역은 9개 주(county)로 이루어져 있었는데 이 주들은 북부의 가난한 구교도 지역과 남부의 부유한 신교도 지역으로 뚜렷하게 나뉘었고 이러한 이분법적 구분은 점차 고착되었다. 결국 안트림(Antrim), 다운(Down), 타이론(Tyron), 아마(Armagh), 퍼마나(Fermanagh), 런던데리(Londonderry) 등 6개 주는 북아일랜드로 남아 영국의 일부가 되었고, 카반(Cavan), 모나간(Monaghan), 도네갈(Donegal) 등 3개 주는 아일랜드의 일부로 남아 분단이 이뤄졌다(Mulholland, 2003: 1-5).

1801년에 연합법(Act of Union)에 의거해 그동안 존재하던 아일랜드 의회(Ireland Parliament)를 폐지하고 영국(Great Britain)과 아일랜드의 두 의회를 통합하여 '영국과 아일랜드 연합 왕국(The United Kingdom of Great Britain and Ireland)'이 탄생하였다. 이후 19세기 후반부터 20세기 초반까지 영국과 아일랜드 사이에는 자치 여부를 둘러싸고 갈등이 계속되었다. 이른바 아일랜드 자치권(Home Rule) 문제는 1870년부터 제1차 세계대전까지 양국 관계의 지속적인 의제였다. 아일랜드 자치 법안은 1886년 글래드스턴 정부에서 처음으로 하원에 상정되었지만 실패하였고, 1893년에 2차로 상정되어 하원을 통과하였지만 이번에는 상원의 거부로 실패하였다. 1912년에 상정된 세 번째 법안은 마침내 상원까지 통과했지만 제1차 세계대전의 발발과 함께 종전까지 시행이 보류되었다. 그러는 사이 1916년 4월 아일랜드 독립 공화국을 목표로 하는 부활절 봉기(Easter Uprising)가 일어났고 아일랜드공화군(Irish Republican Army, IRA)으로 알려진 게릴라군을 중심으로 독립 전쟁이 개시되었다.

1916년의 봉기는 1798년 봉기 이후 가장 중요한 아일랜드의 저항으로서 무기를 동원한 무력 저항으로 기록되었다. 독립을 향한 지지가 점점 강해지는 분위기 속에서 1918년 총선이 치러졌다. 1882년에 설립되어 아일랜드 자치 권리 확보를 추진해온 '아일랜드의회정당(Irish Parliamentary Party)'은 1918년 총선에서 심각한 패배를 당하였고 승리는 독립을 주장하는 신페인당에 돌아갔다. 압도적 지지를 받은 신페인당은 이듬해 더블린에서 아일랜드 독립의회를 구성하였고 이로써 영국-아일랜드 사이에 전쟁이 시작되었다. 1919년에서 1921년까지 지속된 전쟁 기간에 영국 정부는 4차 자치 법안인 '아일랜드정부법(Government of Ireland Act)'(1920)을 제정해서 북아일랜드와 남아일랜드에 분리된 두 개의 의회를 구성하고자 하였다. 영국과 아일랜드 사이의 전쟁은 1921년 북부 얼스터 지방의 6개 주가 영국 의회의 최고 권위를 인정하되 독자적 의회를 구성하는 조건으로 영국의 구성원으로 남고, 나머지 3개 주와 남부 아일랜드가 독립해 아일랜드자유국(Irish Free State)을 구성하는 것으로 정리되었다.

그러나 1919년부터 1921년까지 지속된 독립 전쟁을 끝내면서 1921년에 맺은 영국-아일랜드협정(Anglo-Irish Treaty)을 놓고 아일랜드 내부에서 찬반이 엇갈렸고 결국 내전이 발생했다. 내전은 1922년 6월부터 1923년 5월까지 지속되었다. 이 협정에서 문제가

된 것은 3개 주와 남부 아일랜드가 완전한 아일랜드 공화국으로 독립하는 것이 아니라 대영제국의 일원으로 남아 자유국임을 인정받는다는 부분이었는데 이 내용에 동의하지 않는 사람들이 있었다. 아일랜드 내전은 영국 정부의 무기 지원을 받은 영국-아일랜드협정에 대한 찬성파가 승리했고, 이때 찬반을 둘러싼 세력 대결의 유산은 오늘날 아일랜드의 두 주요 정당인 반협정파의 아일랜드공화당(Fianna Fail, 1926년 창당)과 친협정파인 아일랜드통일당(Fine Gael, 1933년 창당)으로 이어지고 있다. 아일랜드 현대사에서 대부분 기간 동안 집권 정당은 아일랜드공화당이었고 1998년 성금요일협정 때도 집권당은 버티 어헌(Bertie Ahern)을 총리로 한 아일랜드공화당이었다.

  아일랜드의 독립 이후 북아일랜드는 민족 및 종교 정체성을 달리하는 두 집단이 함께 거주하면서 겪는 갈등을 관리해야 하는 과제에 직면하였다. 인구 구성에서 신·구교도가 각각 우위를 점하는 정도에 따라 지역공동체의 분리가 가속화하면서 사회경제적 측면에서도 신교도와 구교도 지역은 발전에 차이를 보였다. 정치적으로 북아일랜드는 스토몬트(stormont)에 위치한 북아일랜드 의회에서 수적으로 우세한 신교도 중심의 자치 정부를 구성하고 운영해왔다. 이에 1960년대에 이르면 그동안 누적된 신·구교도 사이의 차별을 시정하려는 목소리가 커졌고 많은 시민단체가 비폭력 캠페인을 시작하였다. 이들은 특히 구교도에 대한 직업 차별과 주택 배정 차별, 세대주만이 투표권을 갖는 문제, 신교도 통합주의자에 유리한 선거구 획정, 주로 신교도로 이뤄진 왕립 얼스터 경찰의 개혁, 영장 없는 수색이나 기소와 재판 없는 투옥 및 집회나 출판의 금지 등을 규정한 비상권한법(Super Power Act)의 폐지를 주장했다.

1968년 8월에 시민의 권리를 위한 첫 행진이 벌어졌다. 하지만 북아일랜드 자치 정부는 일부 행진을 금지했고 신교도 통합주의자 진영의 얼스터민병대(Ulster Volunteer Force) 등이 행진 대열을 공격하기도 했다. 1968년 11월에 자치 정부 총리인 테런스 오닐(Terence O'Neil)은 시민 권리 운동의 요구에 부응하기로 약속했지만, 구교도들이 보기에 그의 입장은 너무 소극적이었고 신교도들이 보기에는 너무 큰 양보로 비쳤다. 신교도들은 1969년 3월과 4월에 수도와 전기 시설을 공격하여 벨파스트 시 운영을 대부분 중단시켰고 이 공격을 통해 자신들이 목표로 했던 테런스 오닐의 사임을 이끌어냈다.

1969년 4월에 보그사이드(Bogside)에서 열린 북아일랜드 시민권리협회의 행진에서 왕립 얼스터 경찰의 무자비한 폭력이 있었고 이에 대한 분노가 결국 1969년 8월의 대규모 폭동으로 이어졌다. 영국은 경찰력을 강화하고 영국 군대를 배치해 사태의 진전을 막았지만 영국 정부와 경찰에 대한 신뢰는 낮아졌다. 이 기간에 아일랜드공화군(IRA)도 임시 아일랜드공화군(Provisional Irish Republican Army)과 공식 아일랜드공화군(Official Irish Republican Army)으로 나뉘었는데, 이전의 아일랜드공화군이 비폭력적인 시민 선동을 주로 했다면 임시 아일랜드공화군은 영국을 대상으로 하는 무장투쟁을 본격화하였다.

이들의 충돌은 결국 1972년 1월 30일 북아일랜드 시민권리협회에 의해 조직된 재판 없는 강제 구금을 반대하는 행진에서 14명이 죽고 많은 부상자가 발생한 '피의 일요일(bloody Sunday)' 사건으로 번졌다. 이후 영국 총리 에드워드 히스(Edward Heath)는 1972년 3월 30일자로 북아일랜드 잠정 조치법(Northen Ireland Temporary Provisional Act)을 발동하고 자치 정부 역할을 정지시킨 다음 런던의 직접 통치를 결정했다. 1972년에 시작된 이 직접 통치는 1998년 성금요일협정에 이르기까지 사실상 지속되었다. 단기적인 소강상태를 거치면서 1973년 6월에 북아일랜드 의회(Northern Ireland Assembly)가 선거를 통해 구성되었고 10월에 서닝데일합의(Sunningdale Agreement)가 발표되었다.[1] 서닝데일합의는 영국과 아일랜드 정부 그리고 북아일랜드의 민족주의자(nationalist)와 통합주의자(unionist)가 참여한 최초의 합의였고 많은 점에서 1998년 성금요일협정의 원형을 이룬다. 즉 민족주의자와 통합주의자, 신교도와 구교도가 권력 분점(power sharing)을 통해 정부를 구성하고 남아일랜드를 포함하는 아일랜드평의회(Council of Ireland)를 운영하면서 이른바 아일랜드 차원(Irish dimension)을 인정하겠다는 점에서 새로웠다.

그러나 많은 신교도 통합주의자는 당시만 해도 권력 분점 의견에 찬성하지 않았고 아일랜드평의회 설치에 반대했다. 그들은 이런 장치가 결국 남·북아일랜드를 통일시키는 길로 나아가는 것을 염려했는데 구교도 계열의 사회민주노동당 지도자였던 휴 로그(Hugh Logue)는 서닝데일합의가 결국 통합주의자들을 통일된 아일랜드로 슬금슬금 몰아갈 것이라고 발언하여 합의의 분위기를

---

[1] 20조로 이뤄진 전문은 얼스터대학 부설 CAIN(Conflict Archive on the Internet)에서 찾아볼 수 있다(Sunningdale Agreement, 1973).

깨뜨렸다. 더 결정적인 반대는 얼스터노동자평의회(Ulster Workers' Council)의 총파업과 신교도 계열 민병대인 얼스터방위연합(Ulster Defence Association)의 활동으로 가시화되었다. 이들은 전기와 수도를 정지시키고 산업 활동의 대부분을 멈춰 세움으로써 결국 권력분점에 찬성하면서 정부 구성에 참여한 신교도 인사들을 사임하게 만들었고 곧 서닝데일합의로 구성된 자치 정부는 무너졌다.

1960년대 후반부터 1998년 성금요일협정에 이르기까지 '분쟁의 시기(the Troubles)'로 불리는 30여 년에 걸친 '긴 전쟁(long war)'이 계속되는 가운데 1981년부터는 영국-아일랜드정부간회의(Anglo-Irish Intergovernmental Conference)가 출범하면서 북아일랜드 사태를 해결하기 위한 공식적 대화 채널이 마련되었다. 1985년에는 훨씬 의미 있는 진전이 있었다. 두 정부는 영국-아일랜드협정(Anglo-Irish Agreement)을 체결함으로써 소수의 권익을 보호하고 다수의 동의 없이 북아일랜드의 지위에 변화를 주지 않는다는 원칙을 확인하는 한편 북아일랜드의 사회 안정, 두 정파 간의 화해, 자치 정부 수립 등 모든 문제를 서로 협의해나갈 것을 합의하였다(Anglo-Irish Agreement, 1985). 1986년에는 영국-아일랜드협정 10조에 따라 국제아일랜드기금이 설립되었는데 이 기금의 목적은 아일랜드 내 민족주의자와 통합주의자의 접촉과 대화, 화해를 도모하고 두 진영의 사회경제적 발전을 지원하는 것이었다. 이 기금은 1998년 성금요일협정 체결 이후에도 북아일랜드 화해와 협력을 위한 국제적 지지를 보여주는 매우 중요한 자원으로서 역할을 계속하였다.

1991년과 1992년에는 북아일랜드 문제를 해결하기 위한 영국-아일랜드원탁회의(Round-Table Talks)가 양국 정부에 의해 개최되었다. 이 회의에서는 1998년 성금요일협정에서도 찾아볼 수 있는 세 차원의 협력이 그 원형으로 논의되었는데 첫째, 북아일랜드 내의 신·구교 관계, 둘째, 남·북아일랜드 관계, 셋째 영국·아일랜드 정부 관계를 문제 해결의 기본 틀로 하는 논의가 진행되었다. 1993년 12월 15일에는 레이놀즈 아일랜드 총리와 존 메이저 영국 총리가 북아일랜드 평화를 위한 공동선언문을 발표하였다.[2]

영국-아일랜드 공동선언문의 주요 내용은 다음과 같다. 첫째, 아일랜드 통일을 위한 남·북아일랜드 국민의 자결권을 인정한다. 둘째, 영국은 북아일랜드에 대해서 자국 중심의 전략적·경제적 이익을 취하지 않는다. 셋째, 북아일랜드는 북아일랜드 국민 대다수가 원하는 한 영국연방으로 남는다. 넷째, 북아일랜드 문제가 타결될 경우 아일랜드 헌법 2조와 3조를 개정한다. 다섯째, 아일랜드 정부는 남·북아일랜드의 모든 정당이 참여하는 평화와 화해를 위한 포럼을 설치한다. 단 신페인당은 폭력을 영원히 중단할 경우 협상에 참여할 수 있다. 이상의 합의 가운데 아일랜드 헌법 2조와 3조의 개정 문제, 신페인당의 협상 참여 조건, 다수 의견에 따른 북아일랜드 미래 결정 등은 1998년 성금요일협정에서도 주요 내용으로 다시 등장하고 있다.

하지만 1993년 양측의 분쟁은 다시 최고조에 이르렀고 사람들은 1970년대와 같은 폭력의 악순환 시대로 되돌아가는 것 아닌가 우려하게 되었다. 그해 10월 23일에 북아일랜드 신교도 핵심 지역

---

[2] 12개조의 전문은 UN의 웹사이트에서 확인할 수 있다(Downing Street Declaration, 1993).

인 샨킬가(Shankill Road)의 생선 가게에서 두 명의 아일랜드공화군 대원이 폭탄 설치를 모의하고 있었다. 폭탄은 원래 얼스터방위연합의 지역 지도자를 목표로 한 것이었지만 미리 터지는 바람에 산모 뱃속의 아기를 비롯하여 무고한 시민 10여 명이 죽었다. 희생자 가운데에는 폭탄을 설치하던 아일랜드공화군 대원도 포함되어 있었다. 이 사건을 자랑스럽게 알리는 구교도 지역의 낙서는 자신의 형제가 신교도에 의해 죽임을 당한 바 있는 전 구교도 수감자에 의해 지워졌다. 이에 대한 보복으로 바로 이어지는 주에 6인의 구교도가 신교도 저격수에 의해 암살당했고 신교도 계열의 얼스터자유전사(Ulster Freedom Fighter)가 구교도 지역의 그레이스틸(Greysteel) 마을에 있는 술집을 습격하여 8명을 죽였다.

그런데 많은 사람들이 전쟁이 끊임없이 지속될 것이라고 비관하고 있을 때 반전이 일어났다. 샨킬과 그레이스틸 참사 1주기인 1994년에 아일랜드공화군과 구교도 민병대는가 휴전을 선언한 것이다. 이 휴전 선언의 배경에는 자신들의 이해가 더 이상 폭력적인 방식으로는 진전될 수 없다는 두 진영의 깨달음과, 한편으로는 다수의 동의 없이 북아일랜드가 영국을 떠나 남아일랜드와 통일하는 일은 없을 것이라는 사실을 신교도 민병대 지도자들에게 끊임없이 알리고 약속한 영국과 아일랜드 정부의 노력이 있었다. 1994년 영국 정부는 북아일랜드 폭력 단체 요원의 육성 방송 금지를 해제했고 아일랜드공화군과 신교도 민병대는 폭력중단을 선언했다. 신교도 민병대 지휘부(Combined Loyalist Military Command)는 "지난 25년 동안 있었던 무고한 희생자들의 사랑하는 가족에게 비참하고 진정한 후회의 말씀을 드린다. 갈등의 시기에 그들이 겪은 참을 수 없는 고통은 우리의 어떤 말로도 보상되지 않는다는 사실을 잘 알고 있다"고 발표하였다(Shirlow, 2014: 713-719).

1995년에 영국과 아일랜드 정부는 북아일랜드 평화안(A New Framework For Agreement)을 발표하였다.[3] 그 주요 내용은 다음과 같다. 첫째, 비례대표제를 통해서 북아일랜드 의회를 90명으로 구성하고 입법권을 부여한다. 둘째, 아일랜드 의회와 공동으로 새로운 남·북아일랜드 기구(Cross-Border Body)를 창설하고 집행권을 부여한다. 셋째, 아일랜드 정부는 북아일랜드를 아일랜드 영토로 정한 아일랜드 헌법 2조와 3조를 개정하고, 북아일랜드에 대한 영토권 주장을 포기한다. 넷째, 영국이나 아일랜드 귀속 여부를 선택하는 결정권은 북아일랜드 주민들이 갖는 것으로 영국의 관련법을 개정한다. 이 선언은 앞서의 선언과 합의가 누적되어 반복되는 가운데 영토 조항이 유지되고 있고 북아일랜드 주민들이 자신들의 운명을 결정한다는 조항이 포함되어 있다. 그러나 북아일랜드의 신교도 통합주의자들은 북아일랜드 운명의 변경 가능성을 열어놓은 네 번째 조항에 주로 반대하였다.

1995년 11월 28일에는 영국과 아일랜드 총리의 공동성언도 발표되었다. 그 선언의 내용은 다음과 같다. 첫째, 모든 정당이 참여하는 회담의 조기 개최를 추진한다. 둘째, 북아일랜드 정당 간의 예비회담을 개최한다. 셋째, 아일랜드공화군의 무장해제를 위해 국제중립위원회(The International Body)라는 자문 기구를 구성하고

---

[3] 58개조로 이뤄진 14쪽의 전문은 UN의 웹사이트에서 확인할 수 있다(A New Framework For Agreement, 1995).

의장은 조지 미첼 전 미(美) 상원의원이 맡는다. 넷째, 조지 미첼은 1996년 1월까지 독자적인 보고서를 제출한다.

  1996년 2월 28일에 존 메이저 영국 총리와 존 브루턴 아일랜드 총리의 공동선언이 발표되었다. 그 주요 내용은 다음과 같다. 첫째, 전제 조건 없이 1996년 6월 10일 제 정당 회담을 개최한다. 둘째, 제 정당 회담 개최를 위한 북아일랜드 제 정당과의 다자 협의를 1996년 3월 4일 월요일부터 13일 수요일까지 개최한다. 셋째, 다자 협의에서 지역 의회 구성을 위한 선거 실시 방안과 실질적인 제 정당 회담 형식과 의제를 결정하고 지속적인 평화 정착에 관한 북아일랜드와 아일랜드 내 국민투표 실시와 관련하여 합의점을 찾도록 노력한다. 넷째, 양국 정부는 1996년 3월 13일 다자 협의를 마친 후 그 결과를 검토하고 영국은 선거 실시에 관한 입법을 추진한다. 다섯째, 상기 다자 협의에 참가하는 당사자들은 민주주의 및 비폭력 원칙을 준수할 것을 밝힌다(All Party Talk Plan, 1996). 이 공동선언의 합의대로 1996년 6월 10일에 제 정당 회담이 시작되었고 마침내 1998년 4월 신교도 통합주의자와 구교도 민족주의자, 그리고 영국과 아일랜드 정부는 성금요일협정에 합의하기에 이르렀다. 성금요일협정의 주요 내용과 특징은 다음 절에서 구체적으로 살펴보기로 하자.

III. 1998년 성금요일협정의 주요 내용과 특징

  성금요일협정은 1998년 4월 10일 벨파스트에서 서명이 이뤄졌고 1998년 5월 22일 남·북아일랜드의 국민투표를 통해 채택되었다. 이 협정은 영국과 아일랜드 정부 간 국제 협약과 북아일랜드 내 다양한 정당과 시민단체가 합의한 다자 협약 두 가지로 구성되었고, 다자 협약의 이행을 정부 간 조약을 통해 보장하는 방식이었다.

국민투표를 거친 후 양국의 협정은 내부 인준 절차를 거쳐 1999년 12월 2일부터 효력이 발생했다. 이 협정은 북아일랜드 민족주의자와 통합주의자 진영을 대표하는 얼스터통합당(Ulster Unionist Party), 사회민주노동당(Social Democratic and Labour Party), 신페인당, 북아일랜드동맹당(the Alliance Party), 진보통합당(Progressive Unionist Party), 북아일랜드 여성연합(Northern Ireland Women's Coalition), 얼스터민주당(Ulster Democratic Party), 노동당(Labour) 등 8개 정당이 서명했고, 이안 페이즐리가 이끄는 신교도 계열의 강경파인 민주통합당(Democratic Unionist Party)은 서명에 참여하지 않았다.

성금요일협정은 총 11개 장과 부속 협정으로 구성되어 있다(St. Friday Agreement, 1998). 제1장은 이 협정에 참여한 제 정당과 정부가 과거의 폭력적 분쟁과 그 과정에서 발생한 희생에 대해 깊은 후회를 천명하고 있으며 이 협정이 새로운 시작을 위한 역사적 기회를 제공하고 있음을 밝히고 있다. 또한 공화주의자와 통합주의자의 서로 다른 정치적 신념에 대한 근거의 정당성을 인정하고 동등한 존중을 선언하며 민주적이고 평화적 방법을 사용해 차이 해소를 위해 화해와 관용, 상호 신뢰를 바탕으로 노력한다고 약속하고 있다. 마지막으로 이 협정에 담긴 모든 제도적 구상은 상호 연계되어 있고 상호 의존적이며 서로의 성공을 상대에게 의지하고 있기 때문에 충실한 이행을 약속할 수 있고, 따라서 이 협정을 지지해 달라고 요청하고 있다.

제2장은 성금요일협정에서 전제하고 있는 헌법적 원칙에 대해 말하고 있으며 이 협정에 의해 변화가 필요한 영국의 입법 사항과 아일랜드의 헌법 개정 사항을 다루고 있다. 성금요일협정이 전제하고 있는 가장 중요한 원칙은 북아일랜드 주민의 다수 의사에 따라 미래가 결정된다는, 앞서 북아일랜드 평화안에 정한 바 있는 사실의 확인이다. 현재 북아일랜드는 다수의 주민이 영국과 통일 정부를 유지하고자 하는 입장에 서 있다는 사실과 함께 북아일랜드 주민의 상당수와 아일랜드의 다수가 아일랜드로의 통일을 바라는 입장에 서 있다는 사실을 인정했다. 북아일랜드 주민의 국적은 본인의 선택에 따라 영국인, 아일랜드인, 또는 두 가지 모두 선택 가능한 것으로 확대되었다. 이러한 전제 위에서 영국과 아일랜드는 관련법을 개정하는데, 영국은 남·북아일랜드의 분할을 가져온, 1920년에 제정한 아일랜드정부법을 폐지한다는 내용을, 아일랜드는 북아일랜드를 포함하는 아일랜드섬 전 영역을 자신들의 영토로 표시한 헌법 2조와 3조의 내용을 개정한다는 내용을 합의에 추가했다. 런던의 북아일랜드 장관은 북아일랜드의 다수가 원할 때 영국 잔류나 아일랜드 통일을 원하는지 묻는 국민투표를 실시할 수 있고 일단 한번 국민투표를 실시해서 의견을 묻고 나면 다음 국민투표는 7년 후에 실시할 수 있는 것으로 규정했다.

제3장부터 제5장까지는 북아일랜드 문제를 해결하는 기본 틀의 세 가지 차원, 즉 북아일랜드 내부의 민족주의자와 통합주의자의 관계, 남·북아일랜드의 관계, 영국-아일랜드 정부 관계를 차

례로 다루고 있다. 제3장은 이 가운데 첫 번째 부분인 북아일랜드 민족주의자와 통합주의자 사이에 어떻게 의회를 구성하고 정부를 구성하여 운영하는가에 대한 합의를 담고 있다. 북아일랜드 의회는 런던 웨스트민스터 의회의 지역구를 그대로 이용해서 108명으로 구성하며 정부는 지역공동체의 교차 지지를 필요로 하는 방식(cross community voting)으로 구성된다. 특히 모든 의회 직위와 정부직은 정당의 득표에 따라 비례적으로 동트 방식(d'Hondt system)에 따라 배분되지만 주요한 안건은 지역공동체의 교차 지지를 받거나 각각 40% 이상의 민족주의자와 통합주의자가 참여한 가운데 60% 이상의 가중 다수가 찬성해야 한다. 인권위원회를 설치하여 유럽인권선언과 북아일랜드 권리장전을 준수하고 인권 보호에 노력할 것을 규정하고, 평등위원회를 설치하여 민족과 종교에 근거한 차별을 감시하도록 했다. 기업과 노조, 민간단체 대표들로 구성된 민간자문포럼(Consultative Civic Forum)을 두어 경제, 사회, 문화 분야에서 총리(First Minister)와 부총리(Deputy First Minister)가 자문을 구할 수 있게 했다.

제4장은 남·북아일랜드의 관계 발전을 위해 남·북아일랜드의 총리와 부총리, 장관들이 참여하는 각료평의회(North South Ministerial Council)를 구성하여 12개의 협력 분야를 중심으로 연 2회 전체 회의와 분야별 수시 회의를 갖도록 규정했다. 6개의 공동 협력 기구는 아일랜드수로위원회(Waterway Ireland), 식품안전증진위원회(Food Safety Promotion Board), 언어대책위원회(The Language Body), 남북아일랜드간무역위원회(Inter Trade Ireland), 호수 및 등대위원회(Foyle, Carlingford and Irish Lights Commision), 유럽연합 특별프로그램

기구(Special European Union Program Body) 등이 있으며 공동으로 정책을 검토하지만 독자적으로 합의 사항을 이행하는 분야로 농업, 교육, 환경, 보건, 관광, 교통 등의 분야가 있다. 이 평의회의 사무국은 아마(Amagh)에 위치하고 있다.

제5장은 영국과 아일랜드 간 정기적인 평의회와 정부간회의 개최를 다루고 있고 공동 사무국 설치를 규정하고 있다. 영국-아일랜드평의회는 영국과 아일랜드를 비롯하여 북아일랜드, 스코틀랜드, 웨일즈, 맨섬, 채널제도 등 영국의 자치 정부가 모두 참여할 수 있도록 했다. 연 2회 정상 회의를 개최하고 분야별 장관과 해당 실무자 사이의 정기적인 회의를 개최하여 조화롭고 상생적인 정책 협력을 가능하도록 하는 것을 목표로 한다.

제6장은 인권 증진과 기회의 평등에 관한 내용을 담고 있다. 북아일랜드의 평화협정에 참가한 당사자들은 그동안 북아일랜드의 분쟁 속에서 침해된 사상의 자유, 종교의 자유, 민족적, 정치적 신념을 민주적으로 자유롭게 추구할 권리, 민주적이고 평화적인 방법으로 헌정 질서를 바꿀 권리, 거주이전의자유, 분파적 괴롭힘으로부터 자유로울 권리, 여성의 완전하고 평등한 정치적 참여 권리, 계급과 신조, 장애, 문화인종(ethnicity) 여부에 관계없이 사회경제적 활동에서 평등한 기회를 보장받을 권리 등을 보호하고 증진할 것을 약속하고 있다. 이를 위해 북아일랜드 인권위원회와 평등위원회를 설립하며 유럽인권선언을 받아들인 북아일랜드 권리장전을 만들고 남·북아일랜드 사이에 인권 증진을 위한 공동위원회를 운영하기로 규정했다. 또한 아일랜드 고유 언어 보존과 활성화를 위해 영화나 텔레비전 프로그램에 지원을 늘리고, 폭력 희생자

를 지원하고 화해를 위해 노력하며 특히 아일랜드는 유럽평의회의 소수민족에 관한 협약을 비준하기로 약속하고 있다.

제7장은 무장해제에 관한 조항이다. 모든 관련 당사자는 무장해제가 협상의 필수불가결한 요소임을 잘 인식하고 서로 노력하기로 하며 '무장해제에 관한 독립국제위원회(Independent International Commission on Decommissioning)'의 감시 아래 2년 안에 완전한 무장해제를 이룬다고 짧게 언급하고 있다. 이 조항은 아직 완전한 합의에 이르지 못한 어려운 사안에 대해 추상적이고 원칙적인 수준에서 언급하는 데 그침으로써 협상 참여를 쉽게 만드는 '건설적 모호성(constructive ambiguity)'을 보이고 있다고 평가된다.

제8장 안보에서는 북아일랜드에 배치된 영국군의 규모를 평화로운 정상적 사회 수준에 맞게 축소하는 문제에 대해 논의하고 있으며 영국 정부가 무기 규제에 관한 상태를 계속 검토하고 아일랜드 정부는 반국가행위법에 규정된 내용들에 대해 폐기와 개혁을 염두에 두고 광범위한 검토를 진행하기로 약속했다.

제9장 경찰과 형사사법제도에서는 폭력적이고 강압적인 활동으로 불만이 많았던 왕립 얼스터 경찰의 문제점을 인정하고 경찰 제도에 대한 체계적인 검토를 위해 경찰활동검토위원회를 설치하고 1999년 여름 이전에 보고서를 제출받은 다음 북아일랜드 정당 및 아일랜드 정부와 경찰 개혁에 관한 논의를 진행하기로 했다. 또한 형사사법제도검토위원회를 설치하여 1999년 가을 이전까지 보고서를 제출받기로 했다.

제10장은 수감자 석방 문제를 다루고 있다. 영국과 아일랜드 정부는 북아일랜드 문제를 둘러싼 분쟁 과정에서 수감된 사람들을

석방하기 위해 노력하지만 완전하고 명백히 휴전에 참여하지 않고 있는 민간 군사 조직 소속의 수감자들은 석방하지 않는다고 명시했다.

제11장은 비준과 이행 평가에 관한 내용으로서 1998년 5월 22일 국민투표를 실시해 이 협정에 대한 찬성 여부를 묻기로 정하고 구체적인 문안도 제시했다. 북아일랜드에서 실시되는 국민투표의 경우 정부문서 제3883호에 제시된 북아일랜드에 관한 다자 회담의 합의 내용을 지지하는가라고 묻기로 했고, 아일랜드의 경우 의회에 헌법개정안을 제출하고 헌법 2조와 3조의 개정 내용을 부속 문서로 첨부해서 제시하였다. 또 각 기관들로 하여금 매년 보고서를 작성하여 진행 상황을 알리도록 하며 협정이 시작된 후 4년 뒤에 평가를 위한 회의를 개최할 것을 제안하고 있다.

11개 장으로 이뤄진 모든 조항은 부록으로 추가되어 있는 영국-아일랜드협정에 의해 국제 협약으로 비준되고 있다. 양국 정부는 성금요일협정이 북아일랜드와 아일랜드에서 국민투표를 통과하고 최종적으로 영국과 아일랜드 정부 간 협정이 효력을 발생함과 동시에 성금요일협정에서 정한 각종 위원회와 기구들이 발족한다고 선언했다. 1998년 5월 22일 국민투표는 북아일랜드에서 71%의 지지율로, 아일랜드에서 94%의 지지율로 통과되었고 양국 정부와 의회의 절차를 거쳐 1999년 12월 2일부터 효력이 발생하였다. 아래의 〈표 2〉는 지금까지 살펴본 성금요일협정의 구성 및 내용을 간략하게 정리한 것이다.

<표 2> 성금요일협정의 구성 및 내용

순서	사안	주요 내용	부속합의
1장	협정에 대한 지지 요청	· 새로운 시작 위한 역사적 기회 지지 호소 · 서로의 정치적 신념에 대한 동등한 존중 · 민주적, 평화적 방법에 의한 차이 해소	
2장	헌법 사항	· 북아일랜드 자치권 인정 · 북아일랜드 다수 의사에 따라 미래 결정 · 아일랜드, 영국, 또는 복수국적 모두 인정 · 다수 의사를 묻는 투표 7년 후 재투표 가능 · 북아일랜드의 상당수와 아일랜드의 다수가 아일랜드로의 통일을 원하는 현실을 처음으로 인정	A. 영국의 아일랜드정부법 폐지 B. 아일랜드 헌법 영토 조항 개정
3장	첫 번째 차원: 북아일랜드 민주제도	· 108명 의원으로 구성된 의회 · 교차 지역공동체 지지 방식의 정부 구성 · 인권위원회 설치 · 유럽인권선언과 북아일랜드 권리장전 준수	정부직 취임 시 선서 및 행동 강령
4장	두 번째 차원: 남·북아일랜드 각료평의회	· 남북각료평의회 설치 · 남북각료평의회 사무국 설치	12개 협력 분야
5장	세 번째 차원: 영국-일랜드평의회 영국-아일랜드 정부간회의	· 연 2회 정상회담 · 정부간회의 공동 사무국 설치	
6장	인권, 이행 장치, 기회의 평등	· 인권위원회 평등위원회 설치 · 아일랜드 언어 사용 장려 지원 · 폭력 희생자 지원과 화해	

7장	무장해제	· 무장해제를 위한 독립국제위원회 활동 지지 · 2년 안에 무장해제 완성	
8장	안보		
9장	경찰 제도 및 사법 정의	· 왕립 얼스터 경찰에 대한 불만 인정 · 경찰활동검토위원회 설치 1999년 여름 이전 보고서 제출 · 형사사법제도검토위원회 설치 1999년 가을 이전 보고서 제출	경찰활동 검토위원회 형사사법제도 검토위원회
10장	수감자 문제	· 휴전 참여한 민간 군사 조직 관계자만 석방	
11장	비준 이행 평가	· 1998년 5월 22일 국민투표 명시	
Annex	영국-아일랜드 정부간협정		

출처: 성금요일협정 원문을 참고하여 재구성.

IV. 정책, 리더십, 국제적 요인과 평화 프로세스 정착 과정

북아일랜드 분쟁과 평화협정에 이르는 과정을 이해하는 시각에는 종교적, 역사적 갈등을 강조하는 관점과 사회경제적 갈등을 강조하는 관점, 또는 구조적 균열에 주목하는 시각과 변화 가능한 사회심리학적 요인을 강조하는 시각이 있다. 종교적, 역사적 갈등을 강조하는 시각은 구교도와 신교도 사이의 오랜 갈등과 반목을 역사 속에서 형성된 구조적인 요인으로 설정하고 이를 대표하는 시민사회와 정당들의 활동을 통해 문제 해결 과정을 이해하는 것이다. 반면 사회경제적 요인을 강조하는 시각은 북아일랜드의 갈등이 단지 종교와 역사의 문제일 뿐 아니라 그동안 누적된 사회

경제적 차별과 차이를 중심으로 진행된 것이라고 본다. 즉 종교와 역사의 정체성 문제에만 초점을 맞춰서는 해결될 수 없는 사회경제적 지위를 둘러싼 현실적인 갈등이 있고 이 문제를 해결해야만 평화를 향한 관리가 가능하다고 보는 것이다. 또한 사회경제적 차원을 강조하는 시각은 이 문제 해결을 위해 시장의 역할에 기대를 거는 자유주의적 해법이 실제로는 계층 간 격차를 해소하는 데 도움을 주기보다는 오히려 빈부 격차를 넓히는 과정을 동반하기 때문에 매우 주의해야 한다는 점을 강조한다(윤철기, 2015: 196-208).

1998년의 평화협정에 이르는 과정에서 정체성 차원과 사회경제적 차원이 모두 고려되었지만, 민족, 종교, 역사적 갈등을 중심으로 한 정체성 측면이 더 중점적으로 고려되었다고 볼 수 있고 이러한 시각에서 이 협정을 가능하게 만든 성공 요인은 정책적 요인, 리더십 요인, 국제적 요인으로 나눠 살펴볼 수 있다. 시민사회를 평화협정의 주체로 이끌어내는 교섭 과정은 결국 북아일랜드 평화협정의 가장 독특한 모습인 다자 협약의 체결로 이어졌고, 토니 블레어를 중심으로 노벨 평화상을 공동 수상한 존 흄이나 데이비드 트림블의 리더십 요인 또한 중요한 역할을 했다. 유럽연합의 지원과 미국의 지원이라는 국제적 요인 역시 평화협정의 성공에 결정적인 역할을 했다. 다음에서는 이러한 요인에 대해 차례대로 살펴보기로 한다.

1. 정책적 요인

북아일랜드 평화협정의 주요 정책적 특징은 첫째, 시민사회를 협상 과정에 끌어들여 협상에 대한 지지 세력을 다양하게 넓혀 갔다는 점이다. 정부와 정당의 정책을 뒷받침하는 지지 기반이 넓어질수록 당연히 평화협정의 성공 가능성은 커진다. 특히 북아일랜드의 지역공동체 개발 프로그램을 통한 시민사회의 활성화와 참여의 유도가 중요한 기여를 한 것으로 평가된다. 둘째, 오랫동안 갈등하고 분쟁해온 당사자이자 적대적인 두 세력이 권력 분점 정부 구성에 합의했다는 점이다. 이들이 합의한 권력 공유의 내용에는 교차 지역공동체 투표 등의 교과서적인 합의제 민주주의(Consensus Democracy)의 원칙들이 반영되어 있다. 셋째, 북아일랜드의 자치권을 인정하고 북아일랜드의 미래를 당사자의 결정에 맡기면서 아일랜드 헌법을 개정하고 영국의 아일랜드정부법을 폐지한 것이다. 넷째, 서로 다른 정치적, 종교적, 문화적 신념의 정당성을 인정하고 민주적이고 평화적인 방법에 의한 현상 변경을 모색하며 아일랜드인, 영국인, 또는 두 국적을 모두 인정하면서 제3의 정체성에 의한 대체가 아닌 적대적인 정체성의 공존을 현실적인 대안으로 모색했다는 점에서 특별하다.

각각의 정책적 특징들을 더 자세하게 살펴보면 첫째, 시민사회의 참여와 지역공동체 개발 프로그램은 평화협정의 지지층을 확보하고 대화 과정을 조직하고 정부와 정당들이 평화 프로세스를 진행시켜나가는 데 중요한 역할을 했다. 1969년 시민 행진을 둘러싼 폭력 사태가 심각해지는 상황에서 당시 영국의 노동부 장관 제임스 캘러헌은 공동체관계향상위원회(Community Relations Commission)를 설립했고 이 위원회는 북아일랜드 전역에 지역공동체 개발 프로그램을 도입할 것을 결정하였다. 이 위원회는 서닝데일합의가 체결되기 전까지 존재하였다가 폐지되었고 이후 1990년에 다시 도입되었다. 공동체관계향상위원회는 그동안 평화 구축에 적극적으로 참여하지 않았던 기업, 교회, 스포츠집단, 교육 관련 단체 등 다양한 집단과 활동가를 포괄하는 데 중점을 두었다. 이러한 노력은 정부와 정치인, 정당 관계자들뿐 아니라 더 많은 시민사회 집단과 개인을 평화 구축을 위해 일하는 네트워크로 끌어들이면서 지지 기반을 확대하는 결과를 가져왔다. 그리고 이러한 세력이 성장함으로써 정당들의 다양한 정치 연합도 가능해졌다. 예컨대 1996년에 결성된 북아일랜드여성연합(Northrn Ireland Women's Coalition)은 민족주의자와 통합주의자 양쪽을 모두 포괄하는 정당으로서 기존 북아일랜드 정당들이 여성의 요구를 존중하지 않는 현실에 대한 분노 위에 만들어져 신·구교도 진영을 뛰어넘는 방식으로 선거에 나섰다. 비즈니스 공동체의 등장과 이들의 노력도 평화 수립 과정에 긍정적인 영향을 미쳤다. 영국산업연맹(Confederation of British Industry)이나 영국상공회의소(British Chamber of Commerce)는 대형 노조와의 연대를 통해 민족주의자와 통합주의자가 대립을 끝내고 평화를 위해 나아가도록 압력을 가했다. 이러한 노력들은 결국 다자 협약의 체결이라는 독특한 평화협정의 형식을 가져오기에 이르렀다(피츠더프, 2000: 292-314).

둘째, 북아일랜드의 적대적 정치 세력이 권력 분점 정부 구성에 합의하면서 구체적인 선거 방식과 일정까지 확인해나가는 작업 과정에서 보여준 모습은 매우 인상적이다. 북아일랜드 권력 분점 정부는 흔히 협의제 민주주의(Consociational Democracy)로 불리는 모델의 4가지 요소를 그대로 반영하고 있다. 협의제 민주주의를 이루는 네 가지 요소는 다음과 같다. 첫째, 사회가 다양한 하위 균열(sub-segment) 구조 아래 분열되어 있다는 사실을 서로가 인정한다. 둘째, 각 집단들의 대표가 참여하는 대연정(grand coalition)을 구성한다. 셋째, 대연정 구성 방식은 각 집단의 지지나 크기를 반영하는 비례성의 원칙(proportionality)을 적용한다. 넷째, 그런 다음 각 집단에게 상호 거부권(mutual veto power)을 부여한다. 하지만 이러한 협의제 민주주의는 상호 거부권 발동을 통해 교착 상태에 빠지고 결국 작동하지 않는 정치 체계로 귀착되기 쉽다는 평가를 일반적으로 받아왔다. 그러나 북아일랜드의 사례는 행위자들이 학습과 경험을 통해 전쟁보다는 대화와 타협 속에서 공존을 모색하는 방향으로 나아간다는 것을 보여주고 있다.

사실 북아일랜드의 평화협정 과정은 합의제 민주주의(Consensus Democracy)가 갖는 장단점을 모두 드러내고 있다. 보통 합의제 민주주의에 대한 대표적 비판은 네 가지 정도로 요약된다. 첫째는 이 방식이 비민주적이라는 것이다. 즉 시민의 직접 투표에 의한 대표보다는 집단 간 타협에 의해 소수의 대표를 보장하는 과정에서 자의적인 왜곡이 생겨날 수 있다. 따라서 의회정치의 책임성 역시 약화될 수 있다는 점이 지적된다. 둘째는 비효율적이라는 것이다. 합의를 추구하는 과정에서 의사 결정의 속도가 느리고 집단 간 타협에 의해 정부의 자율성이 제약받기 때문에 경쟁력이 떨어질 수 있다고 본다. 셋째는 오히려 갈등과 폭력이 증가함으로써 사회적 소수와 다수의 분리를 공고화한다는 것이다. 북아일랜드 경우도 1970년대부터 합의제 민주주의에 근거한 노력이 계속되었지만 매번 실패했다는 점에서 이 점을 뒷받침하는 사례로 거론된다. 넷째는 시민들의 선호가 반드시 합의제 민주주의를 지지하지는 않는다는 것이다. 즉 합의제 민주주의에 가까운 의회중심제나 비례대표제, 지방분권화와 민주주의의 상관관계를 시민에게 물어보면 대부분 '원칙으로서의 민주주의'는 지지하지만 '실제로서의 민주주의'에 대한 지지율은 낮게 나타나거나 오히려 부정적인 상관관계를 갖는다고 주장하는 경우가 많다(Kim, 2008: 181-213).

합의제 민주주의가 갖는 이러한 한계들은 북아일랜드 사례에 그대로 적용되어 설명되는 측면이 있다. 즉 시민 개인보다는 대표적인 집단을 중심으로 대화와 타협을 모색했던 과정은 비민주적이고 엘리트주의적이라는 비판을 받을 수 있다. 또한 1973년 서닝데일합의에서부터 최근에 이르기까지 40여 년이 넘는 기간 동안 일시적인 성공과 파기를 반복한 그동안의 역사를 돌아보면 비효율적이라는 비판도 틀린 것은 아니다. 다만 갈등과 폭력이 증가하여 다수와 소수 사이의 분리를 공고화한다는 비판에 대해서는 북아일랜드의 경우 절반은 맞고 절반은 틀리다는 사실을 발견할 수 있다. 즉 1998년 성금요일 평화협정 이후 북아일랜드에서 폭력과 분쟁이 확실하게 줄어들었다는 점에서 틀렸다고 할 수 있지만 이것이 반드시 진정한 화해와 통합을 가져왔는지에 대해서는 여전히 의문이 있기 때문이다. 많은 학자는 지역공동체 사이의 분리는 더 공고화되었고 교류도 쉽지 않다고 말한다. 실제 시민들을 상대로 한 설문조사를 보면 의회중심제나 비례대표제, 지방분권화 등에 대한 지지가 낮게 나타나는데 이로부터 사람들이 북아일랜드의 현재 체제에 대해 느끼는 피로감을 발견할 수 있다는 점에서 아주 틀린 말은 아니다.

그러나 이러한 비판들은 북아일랜드처럼 인종, 문화, 종교적으로 균열을 보이는 사회의 가능한 평화공존 방식으로서 의무론적 정당화(deontological justification) 관점에 대해 더 숙고할 필요가 있다. 특정 정책에 대한 의무론적 정당화란 어떤 정책을 시행한 후 그 결과를 놓고 평가하는 결과주의론적 정당화와 달리 특정 정책이 그 자체로서 정당화가 가능한 장점이 있기 때문에 시행해야 한다고 보는 입장이다. 북아일랜드의 경우 합의제 민주주의 이외에 달리 평화적 공존의 방법을 찾기 쉽지 않은 상황에서 이 정책에 대한 비판들은 그 비판을 통해 더 나은 개선점을 찾아나가는 과정으로 이해할 수 있다.

셋째, 북아일랜드의 미래를 북아일랜드의 다수 의사에 맡기는 자치권을 인정함으로써 북아일랜드 내부의 민족주의자와 통합주의자 사이의 관계를 조정하고, 남·북아일랜드각료평의회를 설치함으로써 남·북아일랜드 관계의 제도화를 모색하면서 이 관계를 국제 협약의 일환으로 보장하는 영국-아일랜드평의회를 설치하고, 구체적으로 영국은 자국의 아일랜드정부법을 폐지하고 아일랜드는 헌법 2조와 3조의 영토 조항을 폐지하기로 한 것은 오랜 분쟁 가운데서도 대화와 타협을 끊임없이 시도해온 노력의 결과로서 북아일랜드 문제를 해결하는 세 가지 차원의 기본 틀을 찾아낸 현실적인 지혜를 담고 있다.

성금요일협정에 의해 1999년 개정하기 이전의 아일랜드 헌법은 2조에서 "아일랜드 영토는 아일랜드 본토 전부와 그에 따른 섬들 그리고 바다의 영토로 구성된다"고 명시하여 북아일랜드가 아일랜드의 영토임을 선언하고 있었다. 3조는 "통일이 될 때까지 이

헌법에 의해 설립된 의회와 정부가 아일랜드 전 영토를 통치할 권리에 어떤 침해도 받지 않으며 아일랜드 의회에 의해 제정된 법은 아일랜드 자유국가의 법처럼 동일한 적용 범위 및 분야를 가지며 역외 적용의 효과를 가진다"고 명시하였다.[4] 그러나 개정 이후 헌법 2조는 이러한 영토 관련 내용을 없애고 대신 "아일랜드에서 태어난 사람은 누구나 아일랜드 민족의 일원이 되며 아일랜드 시민이 될 권리를 가진다. 아일랜드 민족은 아일랜드의 문화적 정체성과 유산을 공유하는 해외 아일랜드 후손과의 특별한 관계를 소중히 한다"고 적고 있다. 3조는 "아일랜드에 사는 아일랜드인의 통일은 아일랜드 민족의 확고한 지향점이지만 반드시 민주적으로 표출된 다수의 의사를 반영한 평화적 방법으로 달성되어야 하며 그때까지 현재의 의회가 제정한 법의 적용 지역은 이전 헌법에 의해 구성된 의회가 제정한 법의 적용 지역과 같다"라고 명시해 사실상 자신들의 법적 효력이 북아일랜드 지역에 미치지 않음을 밝히고 있다. 또한 독자적인 집행력을 갖는 국가기구들이 아일랜드 전체나 일부 지역에 설립, 존재할 수 있음을 밝혀 북아일랜드의 독자적인 존재를 인정하고 있다.[5]

---

[4] Article 2. The national territory consists of the whole island of Ireland, its islands and the territorial seas. Article 3. Pending the re-integration of the national territory, and without prejudice to the right of the parliament and government established by this constitution to exercise jurisdiction over the whole territory, the laws enacted by the parliament shall have the like area and extent of application as the laws of Saorstát Éireann and the like extra-territorial effect.

[5] Article 2. It is the entitlement and birthright of every person born in the island of Ireland, which includes its islands and seas, to be part of the Irish Nation. That is also the entitlement of all persons otherwise qualified in accordance with law

넷째, 북아일랜드 평화협정의 중요한 특징 가운데 하나는 민족주의자와 통합주의자 사이의 갈등을 민족 정체성의 충돌로 인식하고 서로 다른 정치적, 종교적, 문화적 신념의 정당성을 인정한 상태에서 민주적이고 평화적인 방법에 의한 현상 변경을 모색하며 아일랜드인, 영국인, 또는 두 국적을 모두 인정하면서 제3의 정체성에 의한 대체가 아닌 적대적인 정체성의 공존을 현실적인 대안으로 제시했다는 점이다. 이러한 접근을 제안한 주요 보고서는 1984년 유럽의회가 작성한 하기럽 보고서(Haagerup Report)이다(Hayward, 2006: 261-284). 이 보고서는 영국과 아일랜드가 각자의 정체성을 평화적으로 표현하는 방법을 추천했고 이들의 정체성을 재구성하거나 제3의 대안적, 탈국가적 정체성을 개발하는 것을 장려하지 않았다. 즉 이 보고서는 민족주의자와 통합주의자가 각 진영의 정체성을 그대로 드러내는 것이 중요하고 그 대신 평화롭게 공존을 모색하는 방법을 찾는 것이 근본적인 해결책이 될 것이라

to be citizens of Ireland. Furthermore, the Irish nation cherishes its special affinity with people of Irish ancestry living abroad who share its cultural identity and heritage. Article 3. 1.It is the firm will of the Irish Nation, in harmony and friendship, to unite all the people who share the territory of the island of Ireland, in all the diversity of their identities and traditions, recognising that a united Ireland shall be brought about only by peaceful means with the consent of a majority of the people, democratically expressed, in both jurisdictions in the island. Until then, the laws enacted by the Parliament established by this Constitution shall have the like area and extent of application as the laws enacted by the Parliament that existed immediately before the coming into operation of this Constitution. 2. Institutions with executive powers and functions that are shared between those jurisdictions may be established by their respective responsible authorities for stated purposes and may exercise powers and functions in respect of all or any part of the island.

고 보고 두 집단이 공유할 수 있는 제3의 다른 정체성을 찾거나 유럽연합의 정체성이 기존 갈등하는 두 공동체의 정체성을 대체하는 것에 반대했다.

하기럽 보고서는 북아일랜드 갈등의 근본 원인으로 아일랜드와 영국 사이의 적대적인 감정을 꼽았고 양국의 역사는 아일랜드인의 저항과 영국인의 억압으로 점철되었다고 보았다. 전통적인 통합주의자들은 아일랜드 역사에서 남과 북의 분리를 강조하지만 민족주의자들은 그런 상황이 외부 개입에 의한 결과라고 간주했다. 이러한 정체성의 차이는 적어도 네 단계의 중첩되는 과정을 거쳐 고착화되었다. 첫째, 남과 북 사이 분단의 정치화, 둘째, 통합주의와 민족주의가 각각 북아일랜드 및 남아일랜드와 결합하는 과정, 셋째, 분단의 제도화, 넷째, 통합주의자가 지배적인 북쪽과 민족주의자가 지배적인 남쪽의 양극화 과정이다. 이러한 관점에서 보면 1974년 서닝데일합의의 파기 후 북아일랜드는 민족주의자와 통합주의자 사이에 양극화가 심해졌고 서로의 존재가 상대방의 안전을 위협하는 안보 문제로 전환된 상태에서 내부의 해결책을 찾기도 힘든 상황이 되었다. 이런 상황에서 유럽연합은 서로 다른 적대적인 정체성이 민주적이고 평화적인 방법을 통해 공존하는 관용의 중요성을 강조한 것이다. 하기럽 보고서에 나타난 유럽연합의 이런 조언에 힘입어 성금요일협정은 중간 지대를 북돋는 것보다 극단주의자들을 포괄했고 영국과 아일랜드의 헌법을 바꾸는 방식으로 다층 구조를 제도화했다. 이러한 방식은 적대적인 서로의 존재를 정면으로 직시해야 하는 괴로움을 안겨주지만 문제를 우회함으로써 얻을 수 있는 순간의 편안함이 궁극적인 문제 해결책이 될 수 없다는 중요한 통찰을 담고 있다.

성금요일협정의 이와 같은 정책적 내용들이 하루아침에 갑자기 이뤄진 것은 아니다. 이 협정은 1973년 서닝데일합의의 권력 공유 동의와 아일랜드평의회 설립 조항, 1985년 영국-아일랜드협정의 다수 동의 없이 북아일랜드 지위에 변화가 없다는 조항, 1991년과 1992년 영국아일랜드원탁회의에서 다뤄진 세 가지 차원, 즉 북아일랜드 내의 신·구교의 관계, 남·북아일랜드의 관계, 영국-아일랜드 정부 관계를 문제 해결의 기본 틀로 하는 조항, 1993년 양국 총리 공동선언과 1995년 북아일랜드 평화안에 담긴 아일랜드 헌법 2조와 3조 개헌 조항, 1995년과 1996년 양국 정부의 공동선언에 담긴 제 정당이 참여하는 회담과 선거 조항 등을 모두 포괄한 협약이었다. 이러한 이유 때문에 성금요일협정은 매우 늦게 서닝데일합의로부터 교훈을 이끌어낸 것이자 그 연장선상에 서 있는 것이라는 평가를 받기도 한다(Mallon, 1998). 그러나 성금요일협정이 서닝데일합의와 동일한 것은 아니다. 특히 북아일랜드의 다수 의사를 존중하는 자치권의 인정과 영국과 아일랜드의 정체성, 민족주의자와 통합주의자의 정체성을 인정하는 조항은 성금요일협정에 등장하는 새로운 내용이다. 다시 말하자면 성금요일협정의 내용은 30여 년에 걸친 분쟁의 시대를 거치면서 끊임없이 성공과 좌절을 반복했던 합의 사항들을 누적적으로 총망라하고 있으며 그 위에 새로운 합의 사항들을 추가한 것이다. 즉 북아일랜드 평화 프로세스를 위한 출발점이자 가장 중요한 합의였던 성금요일협정은 누군가의 기획에 의해 하루아침에 갑자기 이뤄진 사건이 아닌 것이다.

2. 리더십 요인

정치과정에서 정치 리더십은 항상 중요한 변수지만 북아일랜드 평화협정처럼 특히 기존의 갈등과 분쟁을 뒤로하고 평화를 위해 협상을 시작할 때는 더욱 중요한 변수가 된다. 평화 프로세스에서 정치 지도자의 역할은 기본적으로 이중적인 측면을 갖는다. 한편으로 기존 갈등의 요소를 한꺼번에 부정할 수는 없고, 동시에 발전을 위한 건설적인 인식의 변화를 추구해야 한다. 지역의 풀뿌리 실천가들부터 국가 수준의 지도자에 이르기까지 정치 지도자들은 과거의 폭력 시대를 극복해야 하고 동시에 새로운 정체성을 제시해야 한다(Rafferty, 2017: 197-221). 이런 측면에서 정치 지도자는 정책 결정자이자 사회적 영향력의 대리인이고 사회적 정체성의 운영자이다. 따라서 평화 프로세스에서 정치인의 역할도 세 가지로 나눠서 생각할 수 있다. 첫째, 사람들이 안전과 통제 문제에 대해 느끼는 심리적 위협을 해결해야 한다. 즉 평화 프로세스가 가져온 불확실성과 폭력적인 반대에도 불구하고 정치 지도자는 사람들에게 상황이 통제되고 있고 안전하다는 느낌을 제공할 수 있어야 한다. 둘째, 정치 지도자는 변화하는 집단 신념과 정서에 적응해야 하고 변화하는 현실에 맞게 집단 정체성을 바꾸는 과정을 도와야 한다. 셋째, 사회적 양극화를 막으면서 평화 프로세스에 대한 새로운 지지를 만들어내야 한다. 대체로 영국의 블레어 총리를 비롯한 흄, 트림블, 애덤스 등의 정치 지도자들은 평화 프로세스가 갈등의 시대를 더 이상 긍정하지 않으면서 동시에 평화의 시대를 준비하기 위해 기존 입장을 바꿔야 하는 이중적 상황을 불가피하게 가져올 때 불확실성에 위협받는 시민들을 설득하여 평화협정에 대한 지지를 끌어내는 데 중요한 역할을 했다(Roster, 2016: 177-180).

얼스터통합당의 데이비트 트림블과 신페인의 게리 애덤스는 자신들의 정당이 평화 협상 과정에서 충분하게 영향력을 발휘하고 있으며 폭력은 상대에게 빌미를 주는 것이기 때문에 반드시 멈춰야 하고 즉각적인 무장해제가 필요하다고 강조했다. 이제는 힘에 의한 안전이 아니라 평화와 변화에 의한 안전이 중요해졌다는 것이었다. 두 지도자는 점진적인 인식의 변화도 보여주는데 트림블의 경우 새로운 정부 제도와 민주적 기반에 의한 안전한 미래를 위해 실질적인 타협이 필요하다는 점을 정당화하고, 애덤스는 평화 프로세스가 아일랜드 통일을 위해 계속되는 공화주의자의 투쟁이라고 주장하며 민족주의자의 자치 목표가 모든 당사자의 동의를 필요로 하는 점진적인 과정이라고 재정의했다. 트림블은 평화협정에 대한 지지를 끌어내기 위해 얼스터통합당이 원하는 모든 것을 폭력이 아닌 헌정 질서 아래서 성취했고 우리에게 배신자라고 하고 소국을 쌀아넘기는 사람들이라고 비판하는 자들의 목표는 북아일랜드의 미래가 어떻게 되든 상관없이 오직 이 당을 파괴하는 것이라고 주장했다. 애덤스는 통합주의자 가운데 갈등을 끝내려는 진정한 의지를 갖고 있는 사람들이 있고 그들을 격려해야 한다고 주장했다. 그러나 그렇지 않은 나머지 사람들은 과거에도 신페인을 위협하지 못했고 앞으로도 그럴 것이라고 비판하였다(Roster, 2016: 178-179).

블레어 총리는 일찍이 집권 초기인 1997년에 1840년대의 대기근으로 아일랜드 국민 120여만 명이 굶어 죽는 상황을 영국 정부가 방치한 사실에 대해 영국 정부 대표로서 150여 년 만에 처음으로 공식 사과를 한 바 있다. 북아일랜드 구교도, 민족주의자들에게 영국 노동당의 집권은 자신들에게 우호적인 입장을 지닌 정부의 등장으로 받아들여졌고 따라서 협정의 성공 가능성을 높였다. 블레어 역시 평화협정에 대한 시민들의 심리적 위협을 무마하고 지지를 끌어내기 위해 애썼다. 특히 아일랜드공화군의 무장해제 문제에 대해 북아일랜드 신교도, 통합주의자들이 갖는 불안감을 달래기 위해 노력했다. 그러나 그는 이 설득의 과정에서 평화협정 국민투표를 성공시키기 위해 아직 불분명한 무장해제 합의에 대해 거짓말을 했다는 비판을 받기도 한다. 정치에서 거짓말이란 자신은 그것이 사실이 아니라는 것을 알고 있으면서도 다른 사람이 그것을 사실로 믿게 하려는 의도를 갖고 하는 발언이다. 정보의 조작은 어떤 목적을 위해 특정 사실을 강조하거나 축소하는 것을 말한다. 은폐란 어느 입장을 뒤집거나 약화시킬 수 있는 정보를 숨기는 행위를 뜻한다. 물론 모두 속임수의 일종인데 블레어의 경우 평화 협상의 비공개성 때문에 이 세 가지 혐의를 모두 받을 수도 있다(김남국, 2017a).

성금요일평화협정 7장의 무장해제 조항은 실제로 매우 간략하고 추상적인 문장으로 이뤄져 있고 단지 2년 안에 무장해제를 이루기 위해 최선을 다한다는 정도의 합의를 담고 있다. 어떤 이는 이 조항에 대해 '건설적 모호성'이라는 표현을 사용해 합의가 쉽지 않은 문제에 대해 전략적으로 모호성을 남겨 둠으로써 참여와 지지를 끌어내기 위한 방법이었다고 긍정적으로 평가하기도 한다(Aughey, 2005: 148). 블레어 총리는 1998년 5월 22일 국민투표에서 평화협정의 찬성을 이끌어내기 위해 무장 단체 수감자가 석방되기 전에 그리고 신페인이 정부에 참여하기 전에 아일랜드공화군의 무장해제가 이뤄질 것이라고 지지를 호소했지만, 실제로는 1998년 9월 무장 단체 수감자가 석방되고 1999년 12월 신페인이 정부에 참여하고 나서도 한참 후인 2001년 10월에서야 비로서 IRA의 무장해제가 시작되었고 2005년 9월에 무장해제가 완결된 것으로 평가된다.

  블레어 총리는 무장해제 문제에 대해 통합주의자들의 지지를 끌어내기 위해 평화협정의 합의에 관한 네 가지 테스트를 제시했는데 첫째, 폭력의 종식과 전쟁의 종료에 대한 분명한 약속, 둘째, 휴전은 구타에 대한 처벌과 준군사 조직의 해체를 포함하여 무조건적으로 완결되어야 하고, 셋째, 독립적인 국제무장해제위원회에 충분히 협조하며, 넷째, 폭력을 지속하기 위해 대체 조직을 교묘히 사용해서도 안 된다는 것이었다(*Daily Telegraph*, May 15, 1998). 국민투표가 있던 당일 아침에도 블레어 총리는 "조직이나 개인이 폭력을 포기하기 전까지는 수감자 석방은 없으며 사면도 없다. 준군사 조직과 연계된 정당의 대표들은 오직 폭력과 폭력의 위협을 포기했을 때만 북아일랜드 정부에 참여할 수 있다. 이것은 단순히 무장해제뿐 아니라 폭탄, 살인, 구타, 표적, 충원, 테러의 구조 해체를 포함한다. 민주주의와 테러 사이에 모호한 구분은 있을 수 없다. 북아일랜드의 시민들은 이런 상태를 받아들일 수 없다. 여러분의 총리로서 나는 평화협정이 약속하는 것을 지키기 위한 나의 노력을 믿어줄 것을 당부한다"고 신문에 기고했다(*Irish News*, May 22, 1998).

블레어의 무장해제에 관한 지지 호소는 후일 도덕적으로 틀렸지만 정치적으로 올바른 행위가 있을 수 있는가를 둘러싸고 많은 논쟁을 불러일으켰고 정당한 정치적 목적을 위해 수단을 가리지 않은 1998년의 성공 경험이 2003년 블레어가 이라크 침공을 결정할 때도 영향을 미쳤을 것이라고 추정하기도 한다(Dixon, 2014: 236-257; 2013: 108-137). 민족주의 계열의 아일랜드공화군의 무장해제도 더디게 진행되었지만 통합주의 계열의 준군사 조직 무장해제는 더 오랜 시간이 걸렸다. 얼스터민병대는 2009년 6월에, 얼스터방위연합은 2010년 1월에 무장해제를 완료했다고 보고되었다. 무장해제는 1997년 양국 정부 협정과 아일랜드 무장해제법, 영국의 북아일랜드 무장해제법에 의해 1997년 무장해제에 관한 독립국제위원회가 설립되어 큰 역할을 하였고 의장은 캐나다인 샤스트랭(John de Chastelain) 장군이, 위원으로는 핀란드 니미넨(Tauno Nieminen) 장군, 미국의 존슨(Donald C. Johnson) 대사(1997-1999), 센스(Andrew D. Sens)(1999-2011) 등이 활동했다.

블레어의 무장해제에 관한 지지 호소 전략은 평화협정 이후 진행 과정에서 신페인이 더 많은 양보를 할 수밖에 없는 압력으로 작용했다는 평가도 있고 다른 한편으로 그의 단기적인 국민투표 성공 전략 때문에 이후 간헐적으로 계속되는 아일랜드공화군의 폭력 사태로 평화협정의 협상을 주도했던 온건파 정당인 사회민주노동당과 얼스터통합당이 자신들의 지지 세력으로부터 신뢰를 잃는 데 영향을 미쳤다는 평가도 나온다. 그 결과 아일랜드와 영국이 기대했던 것과 달리 2007년에 성립된 진정한 의미의 첫 연립정부가 구교도 공화주의 세력의 급진파인 신페인과 신교도 통합주의 세력의 급진파인 민주통합당 사이에 구성되었다는 것이다. 민주통합당은 성금요일협정 당시 북아일랜드 9개 정당 가운데 협정에 서명하지 않은 유일한 정당이었다. 1990년대에 양측의 협상을 이끌었고 1998년 첫 공동 정부를 구성했던 구교도 온건파인 사회민주노동당과 신교도 온건파인 얼스터통합당은 평화의 시기가 본격적으로 시작된 2000년대 들어서는 다수당의 지위를 잃고 세력이 약화되었다.

그러나 대화의 시도가 곧 배신으로 여겨지던 분쟁의 시대에 신페인이 사회민주노동당과 사실상 연합을 이루고 영국과의 비밀 접촉을 통해 아일랜드 실지를 회복함으로써 통일을 이룬다는 목표를 우선순위에서 미룬 다음 권력 분점 정부를 구성하여 자치권을 유지하고 평화공존의 모색을 우선하기로 합의한 것은 분쟁 해결을 향한 북아일랜드 정치 지도자들의 중요한 기여이다(McMahon, 2015: 209-213). 북아일랜드 공화주의자와 영국 정부의 비밀 채널은 1993년 11월에 『옵저버(The Observer)』가 보도하고 2008년 주요 인물 가운데 하나였던 브렌단 더디(Brendan Duddy)가 골웨이대학(University of Galway)에 그의 문서들을 기증하면서 밝혀졌다. 이 비밀 채널의 주요 인물은 전직 가톨릭 성직자였던 브렌단 더디, 데니스 브래들리(Denis Bradley), 노엘 갤러거(Noel Gallagher)였다. 더디에 따르면 자신의 역할은 단순히 메신저가 아니라 일어나거나 일어나지 않은 대화에 대한 해석이었다. 영국 정보 당국은 이 비밀 채널의 역할을 높게 평가했고 언론인이자 다큐멘터리 영화 제작자인 피터 테일러(Peter Taylor)는 더디가 없었다면 성금요일협정에 이르게 되는 역사적인 아일랜드공화군의 무장해제도, 우리가 오늘날 누리고 있는 북아일랜드의 평화도 없었을 것이라고 평가했다(O'Kane, 2015: 401-420). 갈등의 격화로 비관적인 전망이 압도적일 때 비밀 채널을 포함하여 가능한 모든 방법을 동원해 대화를 시도한 정치 지도자의 노력은 북아일랜드 평화 프로세스의 성공에서 지도자의 판단과 용기의 중요성을 보여주고 정치과정에서 리더십 요인의 중요성을 보여준다.

3. 국제적 요인

북아일랜드 평화 프로세스의 성공을 가져온 요인 가운데 가장 결정적인 차원은 국제적 요인일 것이다. 북아일랜드 문제는 특히 미국과 유럽연합의 개입을 통해 영국의 국내 정치 문제라는 한계를 벗어나 국제 문제로 전환되었다. 이른바 문제의 국제화가 분쟁의 해결에 중요한 계기를 제공한다는 원칙을 만들어낸 사례가 된 것이다. 미국의 개입은 주로 전체 인구의 10%, 약 3,300여만 명에 이르는 아일랜드계 미국인의 존재가 있기 때문에 가능했다. 이들의 신뢰나 영향, 설득이 특히 아일랜드공화군의 무장투쟁 중단에 영향을 미친 것이다. 1990년대에 아일랜드계 미국인 조직의 로비 방향은 결과를 중시하는 목표 설정에서 과정을 중시하고 달성 가능한 목표를 중시하는 방향으로 바뀌었다. 또한 과거보다 규모가 줄어들고 응집력이 약해진 아일랜드계 미국인들의 변화도 신페인의 평화협정 참여에 영향을 미쳤다. 신페인의 게리 애덤스는 2005년 7월에 과거의 무장투쟁은 그것이 오직 남아 있는 가능한 저항의 방법일 때 유효했지만 이제는 민주적 목표를 위해 시민들과 국제적인 정치적 지지를 얻는 것이 중요해졌다고 발언했다 (Statment by Gerry Adams, 2005).

북아일랜드 분쟁 시기에 아일랜드 공화주의자의 가장 강력한 지지 그룹은 '아일랜드북부원조위원회(The Irish Northern Aid Committee)'였다. 그러나 1974년에 결성된 '아일랜드민족코커스(The Irish National Caucus)'는 이보다 덜 전투적이었다. 1992년 무렵에는 '새로운 아일랜드 의제를 위한 미국인들(Americans for a New Irish Agenda)'이라는 로비 그룹이 결성되어 아일랜드 통일이라는 목표로부터 갈등 해결과 평화 정착에 초점을 맞추는 변화가 있었다. 미국은 1994년 1월 게리 애덤스에게 48시간 체류용 미국 비자를 발급했고 1995년 3월에는 성 패트릭의 날 기념식에 참석하고 모금 운동을 할 수 있는 비자를 발급했다. 신페인이 1994년 워싱턴 DC에 오헤어(Rita O'Hare)가 이끄는 연락 사무소를 개설한 후 아일랜드공화군의 첫 휴전 선언이 있었고 1995년 12월에는 클린턴 대통령의 북아일랜드 방문이 있었다. 클린턴 대통령은 1998년과 2000년을 포함해 세 차례 아일랜드를 방문하여 북아일랜드 평화 프로세스에 대한 미국의 지지를 보여주었다. 클린턴은 또한 조지 미첼 전 상원의원을 특사로 파견하였고 그는 1996-1998년 평화 협상 기간 동안 의장을 맡아 중재하였다. 미국은 애초 북아일랜드 문제를 영국 내부의 문제로 간주하고 개입에 소극적이었지만 냉전이 끝나고 클린턴 대통령이 취임하면서 적극적 개입 정책을 취했다. 아일랜드계 미국인들 사이에서도 2001년 9.11 테러 공격 이후 무장투쟁에 대한 지지는 거의 사라졌고 평화협정 이행에 대한 지지가 훨씬 높아졌다(Cochrane, 2007: 215-237).

그러나 클린턴 행정부의 아일랜드에 대한 암묵적 지지는 아일랜드공화군의 계속되는 무장해제 실패의 부정적 결과를 감추는 역할을 했고 이러한 접근은 결국 북아일랜드에서 얼스터통합당이나 사회민주노동당과 같은 중간 지대 정당의 쇠퇴와 강경파 정당들이 민족적 호민관으로서 자신들의 장점을 자본화하게 만들어 2003년 선거에서 신페인과 민주통합당이 승리하는 원인이 되었다는 분석도 가능하다. 특히 부시 행정부 시절의 북아일랜드 특사였던 라이스(Mitchell Reiss)는 신페인의 2005-2006년 백악관 방문 금지 결정이나 공화주의자의 모금 운동 금지 결정 등을 통해 아일랜드 공화주의자들의 행동 패턴을 바꾸게 만들어서 궁극적으로 아일랜드공화군의 2005년 무장해제와 신페인의 2007년 권력 분점 정부 참여를 결정하게 만든 역할을 했다고 평가받기도 한다(Clancy, 2013: 173-197).

북아일랜드 평화 협상을 위한 미국과 유럽연합의 정치적 지지도 큰 역할을 했지만 이들의 경제적 지원은 북아일랜드 문제 해결에 실질적인 도움을 주었다. 미국의 자금이 대부분을 차지한 국제 아일랜드기금은 1986년에 영국, 아일랜드 정부와 미국, 캐나다, 오스트레일리아, 뉴질랜드의 지원으로 출범하여 1986년에서 2010년 사이에 8억 9,500만 달러를 북아일랜드에 지원했고 커뮤니티 리더십 프로그램이나 화해를 위한 커뮤니티 연계 프로그램, 젊은이들과 여성들을 지원하는 커뮤니티 행동 프로그램 등 5,800개 프로젝트를 지원했다. 유럽연합은 '북아일랜드 평화와 화해를 위한 프로그램'을 마련하고 평화 패키지 1기(1995-1999)에 5억 유로를 지원했고, 영국과 아일랜드 정부가 1억 6,700만 유로를 지원한 바 있다.

이 기간 동안에 총 1만 5,000여 프로젝트가 수행되었다. 평화 패키지 2기(2000-2006)에 유럽연합은 5억 3,100만 유로를 후원했고, 영국과 아일랜드 정부는 3억 400만 유로를 기부했다. 평화 패키지 3기(2007-2013)에 유럽연합은 2억 2,500만 유로를 지원했고 영국과 아일랜드 정부는 1억 800만 유로를 지원했다(Skarlato, Byrne, Ahmed and Karari, 2016: 157-182).

평화 패키지 1기는 고용이나 도시 농촌 재건을 통한 사회 통합, 지역공동체 사이의 협력 등에 초점을 맞췄고 2기는 지역 경제 회생과 발전을 통해 분쟁의 영향을 받은 지역에 상처를 치유하고 화해를 증진하는 일에 초점을 맞췄다. 3기는 신·구교도가 공유하는 커뮤니티 공간을 넓히고 건설적인 관계 개선을 통해 화해를 모색하는 프로그램 등이 주로 선정되었다. 외부의 경제적 원조는 확실히 커뮤니티 관계를 증진하고 경제 발전을 가져오는 효과를 보였다. 초기의 지원 프로그램은 주로 경제적 측면이 강했지만 나중에는 지역공동체 사이의 관계 개선이나 다른 커뮤니티 사이에 서로를 이해하고 함께하는 프로그램이 주를 이뤘다. 이런 과정을 통해 서서히 평화가 정착되는 긴 이행 시기가 시작되었다. 유럽연합의 지원 프로그램은 집행 과정의 관료적 관행 때문에 비판받기도 하고 보조금을 두고 경쟁하는 거대한 '평화 산업(peace industry)' 현상을 가져온 것으로 비판받기도 하지만, 리더십과 조정력, 공간, 자원이 필요할 때 이 모든 것이 함께 작동할 수 있는 자금을 지원해 서로 이해하고 참여하는 평화 프로세스를 가능하게 했다는 점에서 매우 중요한 역할을 한 것으로 평가된다. 특히 젊은이들에게 다른 커뮤니티의 사람들을 만나고 이해하면서 미래에 대한 책임을 공유하는 평화 건설의 경험을 쌓을 기회를 준 것은 높게 평가받는다. 유럽연합의 역할은 지역의 경제 발전과 화해 프로그램이 함께 작동할 수 있는 건설적인 개입이 어떤 방법으로 가능할까라는 질문을 남기지만 이 과정을 통해 유럽연합 자체도 단순한 경제 지원 조직에서 전후 화해를 이끄는 모델을 제시하는 조직으로 거듭났고 북아일랜드 평화협정을 개별 회원 국가의 문제가 아닌 유럽연합 차원의 기획으로 간주하고 문제를 해결해나가는 역량을 발휘하게 되었다(Tannam, 2007: 337-356).

V. 결론: 이상적인 실지 회복에서 현실적인 평화공존으로

북아일랜드 문제의 기원은 영국과 아일랜드가 서로에게 갖는 적대감을 바탕으로 민족과 종교를 근거로 벌인 배타적인 정체성의 충돌이라고 볼 수 있다. 그러나 정체성을 둘러싼 폭력적인 대결은 오랜 기간 사회경제적 차별과 함께 진행되었고 오늘날 북아일랜드 현실은 정체성 문제와 사회경제적 문제가 중첩되어 있다. 2011년 인구조사에서 북아일랜드의 종교에 따른 인구 구성은 가톨릭이 40.8%, 프로테스탄트가 41.6%, 무종교가 10% 안팎, 기타 종교가 6.8% 정도이다. 북아일랜드가 전체적으로 부유한 지역은 아니지만 구교도 지역이 상대적으로 더 빈곤한 양상을 보인다. 어떻게 보면 북아일랜드에서 지난 세기에 벌어진 폭력적인 갈등의 이면은 사실상 가난한 신교도 노동자와 가난한 구교도 노동자가 서로를 죽고 죽이는 비참한 현실의 악순환이었다.

이러한 상황을 타개하기 위해 평화 프로세스에서 신뢰 및 화해 프로그램과 더불어 경제적 지원과 도움을 위한 정책 마련은 불가피한 것이지만 이른바 경제적 자유주의에 근거한 일방적인 경제 발전의 유혹은 주의할 필요가 있다. 평화 협상의 결과가 과연 노동자에게 어떤 경제적 이익으로 돌아왔는지를 따져봐야 하는 것이다. 북아일랜드의 경우 평화가 가져오는 경제적 이익에 초점을 맞춰 지나치게 희망을 부풀린 경우가 많았다. 1994년에 존 메이저 총리는 평화는 북아일랜드 경제에 거대한 부흥을 가져오고 더 많은 일자리와 번영, 안전을 가져올 것이라고 주장했다. 1998년에 블레어 총리는 평화롭고 안정된 미래가 다국적 자본의 힘을 즐길 수 있게 만들 것이라고 연설했다. 1995년 클린턴 대통령은 북아일랜드가 자유경제체제를 만들기 위해 애쓰는 많은 나라에 모델이 될 것이라고 말했다. 2013년에 오마바 대통령은 평화 프로세스는 용기 있는 길이며 이 과정에서 생겨난 사회경제적 이익은 완전하게 근대화된 북아일랜드를 만들어낼 것이라고 주장했다(Coulter, 2014: 163-176). 북아일랜드 평화 프로세스에서 이뤄진 국제적 지원과 국내적 지원은 북아일랜드에서 발생하는 2/3의 경제활동이 공공 지출에서 비롯되는 결과를 가져왔고 공공 부문 고용 비율이 영국이 21%일 때 북아일랜드는 30%였다(O'Hearn, 2008: 108). 국가 지출에의 높은 의존은 긴축의 시기에 심각한 문제를 발생시킬 수 있다. 이런 관점에서 신페인의 평화협정 참여를 신자유주의로의 회귀이며 아일랜드 공화주의에 대한 배신이라고 비판하는 경우도 있다(McIntyre, 2008).

그러나 이러한 지적들은 어떤 경우에도 북아일랜드 평화협정의 필요성과 중요성을 부정하지는 못한다. 영원히 지속될 것 같던 폭력적인 대결을 종식시킨 것만으로도 성금요일협정의 중요성은 충분히 증명된다. 이 협정과 이후의 이행 과정은 그 목표에서 앞선 시기와 큰 차이를 보인다. 즉 1998년 이전까지 북아일랜드 분쟁의 해결 방법이 상대방의 멸절과 실지 회복을 통한 통일을 목표로 했다면 성금요일협정 이후부터는 서로의 존재를 인정한 상태에서 평화공존을 모색하는 방향으로 바뀌었다. 북아일랜드 분쟁의 최우선 목표였던 이상적인 통일보다는 현실적인 평화공존을 우선 추구하기 시작한 것이다. 이러한 방향 전환은 정책적 요인과 리더십 요인, 국제적 요인이 효율적으로 작용해 성공으로 이어졌다.

세 가지 요인의 작동 과정을 요약하자면, 첫째, 1998년 성금요일협정은 30여 년에 걸친 분쟁의 시기에 성공과 실패를 반복했던 모든 대화와 타협의 결과들이 누적되어 반영된 것으로서 어떤 조항도 하루아침에 생겨나지는 않았다는 사실이다. 특히 권력 분점 정부 구성, 영국의 아일랜드정부법 폐기와 아일랜드 헌법 2조 및 3조의 영토 조항 개정, 북아일랜드 신·구교 관계, 남·북아일랜드 관계, 영국-아일랜드 관계 등 3가지 차원의 대화 틀 구상, 북아일랜드의 미래를 북아일랜드 다수의 동의 없이는 누구도 바꿀 수 없다는 것을 내용으로 하는 자치권 인정 등은 평화 프로세스 성공을 위한 매우 중요한 사항들이었다. 따라서 긴장과 갈등의 부침이 계속되는 경우에도 대화와 타협을 통해 문제 해결을 위한 아이디어를 고안해내는 것이 중요하고, 이념과 진영을 달리하는 모든 정치세력의 노력이 결국 역사적으로 누적되어 미래에 영향을 미친다는 것을 알 수 있다.

둘째, 북아일랜드의 경험은 또한 시민사회와 정당이 대화와 타협 과정의 주체로 참여하여 정부와 함께 책임과 의무를 나눠 갖는 것이 평화 프로세스 성공의 중요한 가늠자라는 사실을 보여준다. 이 과정에서 정치 지도자의 리더십은 매우 중요한 역할을 한다. 특히 평화 프로세스는 갈등의 시대를 더 이상 긍정하지 않으면서 동시에 평화의 시대를 준비하기 위해 입장을 바꿔야 하는 이중적인 상황을 불가피하게 가져온다. 이런 상황에서 불확실성에 위협받는 시민들을 어떻게 설득하여 평화협정에 대한 지지를 이끌어 낼 것인지 여부는 정치 지도자의 역할에 달려 있다. 북아일랜드의 경험은 이 과정이 시민들을 광범위하게 평화협정의 주체로 참여하게 만드는 공동체 활성화 프로그램 등과 함께 진행되었을 때 긍정적인 결과를 가져왔다는 점을 보여준다.

셋째, 북아일랜드의 경험은 유럽연합과 미국을 비롯한 주요 영향력을 가진 주체들의 국제 협력과 지원을 이끌어내는 것이 평화 프로세스 성공 여부에 매우 중요하다는 사실을 보여준다. 특히 북아일랜드의 분쟁을 둘러싸고 이뤄진 평화를 향한 노력들은 1976년 폭력 종식 운동을 벌인 '평화로운 사람들의 공동체(Community for Peace People)'의 공동 대표 베티 윌리엄스(Betty Williams)와 머레이드 코리건(Mairead Corrigan), 그리고 1998년 성금요일협정의 당사자인 사회민주노동당 대표 존 흄, 얼스터통합당 대표 데이비드 트림블 등 4명의 노벨 평화상 수상자를 탄생시킴으로써 국제사회가 이 문제 해결을 지지하고 관심을 갖고 있다는 점을 상기시켰다. 지역의 문제를 국제화함으로써 다양한 국제사회의 시각에서 오랫동안 누적된 특수한 관계를 풀어갈 실마리를 찾고 이후 평화

협정의 안정적 이행 과정을 감시할 국제사회의 규정력을 높임으로써 결국 평화 프로세스의 성공을 이끌어낸 것이다.

북아일랜드는 이처럼 공존을 가능하게 만든 평화협정의 정책적 요인과 협정의 이행 과정을 담보해준 국제적 지지, 그리고 시민들의 참여를 이끌어낸 리더십 요인들이 합쳐져 평화협정 이전 30여 년 동안 양측의 폭력적 갈등으로 3,000여 명이 희생됐던 끔찍한 시기를 지나 더블린 출신의 버나드 쇼가 『존 불의 다른 섬』에서 그렸던 "사실이 너무 잔혹하지 않고 꿈이 너무 비현실적이지 않은 나라"에 더 가까워졌다(박지향, 2002: 95-124).

제8장 러시아-핀란드 국제 관계와 핀란드 외교정책 변화*

안상욱

I. 서론

핀란드는 러시아와 스웨덴이라는 주변 강대국 사이에서 영향을 받아왔다. 12세기와 13세기에 걸쳐서 스웨덴이 1, 2, 3차 북방 십자군(Northern Crusades) 운동을 전개하면서 현재 핀란드 지역에 대한 스웨덴의 지배권이 확립되었다. 스웨덴 왕 칼 12세의 무리한 군사정책으로 시작된 대북방전쟁(1700-1721년)에서 핀란드의 국토의 일부가 러시아로 편입되었다. 나폴레옹전쟁으로 유럽 전역에 혼란이 가중되었던 시기인 1809년 러시아는 핀란드를 점령하여 스웨덴으로부터 핀란드 지배권을 양도받았다. 제1차 세계대전과 러시아혁명의 혼란기였던 1917년 12월 6일 핀란드 의회에서 핀란드

* 이 글의 초기 판본은 『유럽연구』 제35권 4호(2017)에 게재되었다.

독립선언서가 채택되었고, 핀란드는 러시아로부터 독립하였다. 그러나 현재까지도 핀란드는 인구의 6%가량이 사용하는 스웨덴어를 핀란드어와 같은 핀란드의 공용어로 채택하고 있으며, 구소련의 일부였던 발트 3국이 북대서양조약기구(NATO)에 가입하였지만 핀란드는 가입을 하고 있지 않다.

핀란드와 같이 주변 강대국 앞에서 약소국이 어느 한쪽을 지지하지 않는 전략에 대해 '핀란드화(Finlandization)'라는 용어가 사용되고 있다. 김진호(2003: 241-242)에 따르면 소련과 관계 정립에서 유사한 상황에 있었던 오스트리아의 학자들이 핀란드 상황을 연구하였고, 이중 그루버(Gruber, 1953)는 그의 저술에서 '핀란드식 정치(Finnish Politik)'라는 용어를 사용하였으며, 이후 '핀란드화'라는 표현이 등장하였다고 보았다. 이후 브란트 총리 시절 서독에서도 '핀란드화(Finlandisierung)'라는 표현이 등장하였다. 브란트 총리의 동방정책(Ostpolitik)에 반대하는 서독 우파 진영에서 소련의 눈치를 보는 핀란드를 냉소적으로 바라보면서 사용한 표현이다.

실제 냉전 당시 소련은 미국의 원조 계획인 마셜플랜(Marshall Plan)을 거부할 것을 소련의 위성국가와 핀란드에 권고하였고, 핀란드는 마셜플랜을 거부하였다. 1948년에는 핀란드는 소련의 요구에 의해 '우호협력상호원조조약(Treaty of Friendship, Cooperation and Mutual Assistance)'을 체결하였다. 이 조약에 따르면 독일과 그 동맹국(실제로는 미국과 그 동맹국을 의미)이 핀란드 혹은 핀란드를 통해 소련을 침공하려 할 경우, 핀란드는 이에 맞서야 한다. 또한 이 조약에 따르면 핀란드는 필요할 경우 소련에 군사원조를 요청할 수 있다고 명시되었다.

이와 같이 핀란드는 제2차 세계대전 이후 소련을 자극하지 않고 핀란드의 주권을 지키는 방안에 외교정책의 중심을 두었다. 하지만 핀란드의 외교정책은 냉전 붕괴 이후 급속하게 변화하여왔다. 소련과 서방세계 사이에서 중립을 유지하려던 핀란드가 1992년 1월 소련과 우호협력상호원조조약을 폐기하였고, 1995년에 EU에 가입하였다. 또한 핀란드는 1999년 유로화를 최초로 도입한 11개 EU 회원국에 속해 있었다. 한편 발트 3국이 NATO에 가입한 현재까지도 NATO에 가입을 하지 않고 있다(주핀란드대한민국대사관, 2017).

 주변 강대국의 입장을 고려하여 주변 강대국을 자극하지 않는 방향으로 외교정책을 유지해온 핀란드는 과거에 전혀 다른 방식의 외교정책을 구현한 적이 있었다. 제2차 세계대전 이전에 핀란드는 1939년 11월에 발발하여 1940년 3월에 종결된 '겨울전쟁(제1차 소련-핀란드 전쟁)'과 1941년 6월부터 1944년까지 지속된 '계속전쟁(제2차 소련-핀란드 전쟁)'에서 소련의 침공에 맞서 주권을 수호하려 하였다. 그러나 핀란드는 주변 강대국과 충돌할 경우에 약소국가는 다른 국가의 지원이 없는 상황에서 큰 손실을 감수할 수밖에 없다는 현실 인식을 하게 되었다. 이에 따라서 제2차 세계대전 이후 핀란드는 현실주의적인 외교정책을 유지하였고, 서방세계에서는 '핀란드화'라며 소련에 굴종적인 핀란드의 외교정책을 조롱하였다.

 하지만 소련-우크라이나 사태 혹은 중국-동아시아 인접 국가의 갈등 해결 방식으로 핀란드화가 자주 거론되고 있다. 또한 '핀란드화'라는 단어의 부정적 의미를 싫어하는 핀란드인들은 핀란드의 외교정책이 현실주의에 기반하여 자국의 주권을 수호함으로써 핀란드가 발트 3국과 같이 소련에 편입되지 않았다는 사실에 큰 의미를 두고 있다.

이 글은 제2차 세계대전 이후 주변 국가(러시아와 EU)와의 관계에 있어서 핀란드 외교정책의 변화를 추적하고, 핀란드화에 대한 긍정적 평가와 부정적 평가를 검토하도록 한다. 또한 이를 통해서 현재 세계 질서에 핀란드의 외교정책이 주는 함의를 도출하도록 한다.

II. 선행 연구 분석

강대국을 인접 국가로 둔 약소국의 외교 전략 차원에서 핀란드의 외교정책은 우리에게 주는 시사점이 많다. 그럼에도 불구하고 관련 분야의 국내 연구는 특정 학술지를 중심으로 제한적으로 이루어졌으며(지정일, 1983: 139-163; 이기탁, 1983: 127-138; 하용출·박정원, 1998: 8-60; 김진호, 2003: 239-262; 김진호·강병철, 2007: 49-87), 핀란드의 외교정책은 주로 인근 스칸디나비아와의 비교 연구 차원에서 진행되었다. 또한 핀란드의 외교정책의 발전이 입체적으로 이해되기보다는 단편적인 사실을 중심으로 부각되었다. 일례로 겨울전쟁 당시에 소련군에 대항한 핀란드 스키부대의 용맹성, 다른 한편에서는 냉전 시절 '핀란드화'라 불리며 소련을 자극하지 않으려 자기 검열에 철저했던 핀란드의 외교정책 등의 단편만이 부각되었다. 이와 같은 기존 연구 경향에서는 러시아 지배 이전에 스웨덴어가 공식 언어로 통용되던 상황에서 러시아의 지배 기간에 민족 언어로서 핀란드어의 부상이 이루어졌다는 점과 겨울전쟁과 계속전쟁의 학습 효과를 통해서 제2차 세계대전 이후 소련을 자극하지 않으려는 외교정책이 실현될 수 있었던 점 등은 간과되어왔다. 또한 '핀란드화'라는 단어에 대한 핀란드인들의 반응에 대해서도 거의 무지한 상태로 연구가 진행되었다. 그리고 냉전 해체 이후 EU에 가입하고 유로화를 사용하는 등 매우 발 빠르고 적극적으로 유럽 통합에 참여한 핀란드의 외교정책 변화에 대해서도 간과하였다.

반면에 해외에서는 핀란드 외교정책에 관한 연구가 상당히 오래전부터 시작되었고 꾸준히 이루어졌다(Kuusisto, 1959: 37-50; Wharton, 1978: 8-13; Sariola, 1982: 20-27; Forster, 1979: 109-124; Palosaari, 2013: 357-375; Forsberg and Pesu, 2016: 473-495). 이미 냉전이 본격적으로 시작된 1959년에 핀란드의 중립 외교 노선에 대한 논문이 출간되었고, 이후 지속적으로 핀란드의 외교정책에 대한 분석이 이루어졌다. 이 가운데 팔로사리(Palosaari)의 「핀란드는 재판관이기보다는 의사인가?(Still a Physician rather than a Judge?)」라는 논문은 "핀란드가 국제 위기에서 재판관이기보다는 문제를 해결하는 의사여야 한다"는 우르호 케코넨(Urho Kekkonen) 핀란드 전 대통령의 발언을 인용하여 핀란드 외교정책의 방향을 진단하였다. 퀘스터의 논문은 1989년 냉전 종식 직후 핀란드화 방식이 서방세계에서 주로 부정적으로 묘사되었지만, 당시 구소련에서 분리되려고 하는 발트 3국에 핀란드화가 주는 긍정적인 함의에 대해서 주목한 것이다(Quester, 1990: 33-45). 또한 '핀란드화'를 통한 국제 질서 문제 해결 방식이 유럽을 넘어서 다른 지역에서 국제 질서의 안정을 가져오는 데 적용될 수 있는가를 검토한 논문들도 있다(Kivimäki, 2015: 139-166; Kaplan, 2004; Gilley, 2010: 44-60). 이와 같은 흐름을 참고하면서 이 글은 핀란드의 외교정책 변화 과정에 대해서 분석하고 핀란드 외교정책의 현실주의와 유연성이 확립된 과정에 대해서 연구를 진행한다.

III. 핀란드 주변국 관계와 핀란드 독립

오늘날 핀란드의 공용어는 핀란드어와 스웨덴어이다. 인구의 6%가 스웨덴어를 사용하고 있다(주한핀란드대사관, 2017). 올란드(Åland) 같은 지방에서는 스웨덴어가 핀란드어보다 더욱 비중 있게 사용되고 있다. 핀란드에 대한 스웨덴의 영향은 12세기와 13세기로 거슬러 올라간다. 12세기와 13세기에 스웨덴이 십자군 운동을 전개하면서 현재의 핀란드 지역에 대한 지배권을 확립하여, 이 지역의 해안 지방을 식민화하였다.

1397년 덴마크 여왕 마르그레테 1세(Margrete I)가 스웨덴 귀족들의 동의 아래 북유럽 국가들의 국가 연합체인 칼마르동맹(Kalmar Union)을 결성하였을 때 당시 스웨덴 영향 아래 있었던 현재의 핀란드 지역도 포함되었다. 그러나 칼마르동맹 결성 이후 스웨덴과 덴마크는 분쟁을 거듭하였고, 1523년에 구스타브 바사(Gustav Vasa)는 스웨덴을 독립 왕국으로 만들었다. 이때 다시 현재의 핀란드 지역도 스웨덴 왕국에 편입되었다. 또한 구스타브 바사 왕은 종교 개혁을 받아들여 루터교를 스웨덴의 국교로 정하였고, 그 영향으

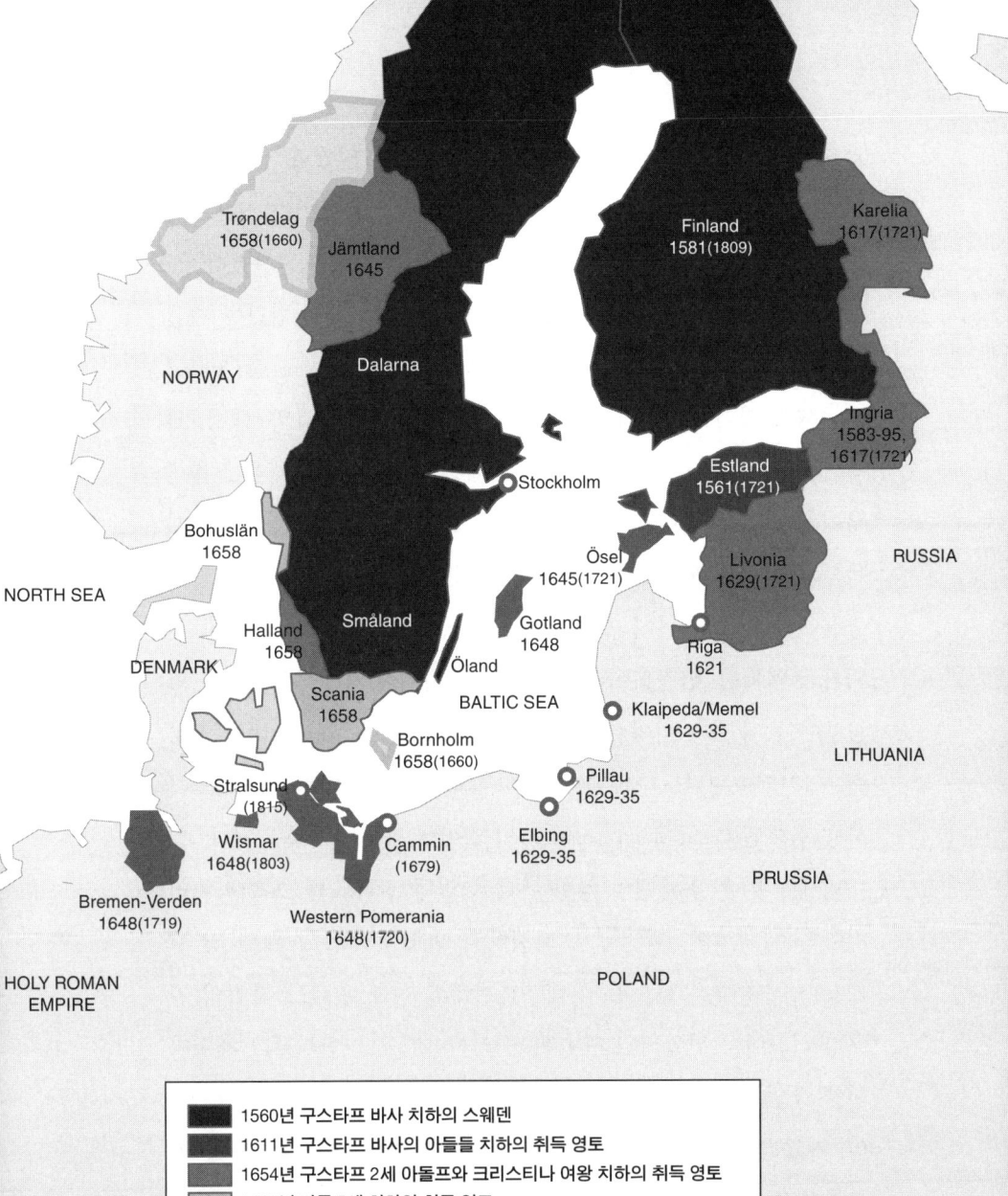

〈그림 1〉 스웨덴 제국의 영토 변화

숫자는 영토 취득 연도(단 괄호 안 숫자는 영토 상실 연도)
출처: 『매일경제』(2014) 참조.

로 현재의 핀란드에서 루터교가 주요 종교가 되었다. 스웨덴 왕 구스타브 2세 아돌프(Gustav II Adolf, 1611-1632년 재위)는 스웨덴이 동쪽으로 영토를 확장하는 전초 기지로 핀란드를 활용하였다. 스웨덴 여왕 크리스티나(Christina, 1632-1654년 재위) 재위 기간에 핀란드 지역에서 문예 진흥이 일어났고, 투르쿠대학(University of Turku)이 설립되었다. 그 결과 17세기에 스웨덴어가 상류사회, 행정, 교육 언어로 핀란드 지역에서 자리를 잡게 되었다. 러시아와 스웨덴 사이의 전쟁에서 러시아가 승리하여, 1809년 핀란드 지역이 러시아의 자치령이 되었을 때도 스웨덴어는 핀란드 지역에서 유일한 공용어였다. 1882년에 가서야 핀란드어에 스웨덴어와 대등한 지위가 부여되어, 핀란드어와 스웨덴어가 러시아 자치령인 핀란드의 공용어가 되었다. 이와 같이 스웨덴어의 핀란드 문화에 대한 영향력은 1917년 핀란드가 러시아로부터 독립하여 대대적인 핀란드어 사용 캠페인(Finnicization campaign)이 일어날 때까지 지속되었다.

12세기 이후 스웨덴의 영향 아래 있었던 핀란드는 스웨덴과 러시아의 세력 다툼 과정에서 러시아로 편입되었다. 스웨덴 왕 칼 12세가 무리하게 일으킨 대북방전쟁에서 현재 핀란드 지역의 일부가 러시아로 편입되었다. 1788년 러시아가 오스만튀르크 제국과 전쟁 중인 상황을 활용해서 스웨덴 왕 구스타프 3세는 실지(失地)인 '카렐리야'의 반환을 요구하였다. 러시아는 스웨덴의 요구를 거부하였고 러시아와 스웨덴 사이에 전쟁(1788-1790년)이 발생하였지만 국제중재에 힘입어 영토 변화 없이 전쟁이 종결되었다. 이후 나폴레옹전쟁 중에 핀란드 영토를 둘러싼 열강의 외교전이 펼쳐진 끝에 1809년 러시아가 핀란드를 점령하였고, 러시아는 스웨덴으로부터 핀란드 지배권을 양도받았다. 핀란드는 러시아의 자치령이 되었다.

러시아에 핀란드가 편입된 19세기에 핀란드 민족주의가 부흥하게 되었다. 민족주의가 일어남에 따라 12세기에 핀란드 지역이 스웨덴에 편입된 이후 지배적인 스웨덴 문화와 스웨덴어로 인해 발달되지 못하였던 핀란드어의 사용이 확산되었다. 엘리아스 뢴로트(Elias Lönnrot)는 1835-1849년에 핀란드 민족 서사시 『칼레발라(Kalevala)』를 저술하여 핀란드 민족주의 확산에 기여하였다. 1882년 핀란드어는 스웨덴어와 동일한 지위를 부여받아 러시아 자치령인 핀란드의 공용어가 되었다. 또한 러시아 통치 시기인 1906년에는 핀란드 의회가 보통 선거제로 구성되었고, 유럽 최초로 여성들에게 선거권이 부여되었다.

12세기 이후 스웨덴과 러시아의 영향을 받았던 핀란드는 제1차 세계대전과 러시아혁명의 혼란기를 활용하여 독립을 쟁취하였다. 러시아혁명이 1917년 3월과 10월에 발발하였고 같은 해 12월 6일 핀란드 의회에서 핀란드 독립선언서가 채택되었다. 핀란드 독립선언은 핀란드가 독립국임을 선언하고 핀란드가 러시아 자치령의 지위를 유지하는 것을 거부하였다. 러시아혁명의 여파 속에 1918년 핀란드는 좌우 진영이 적백내전을 치렀다. 적백내전은 공산주의 반란 세력인 적군의 패배로 끝이 났고, 승전한 백군의 장군은 과거 지배계급인 스웨덴 귀족 가문 출신의 만네르헤임(Baron Carl Gustaf Emil Mannerheim)이었다. 또한 반란 적군 세력의 진압에 백군은 독일의 지원을 받았다.

이와 같이 19세기에 러시아의 지배 아래서 핀란드 민족주의가

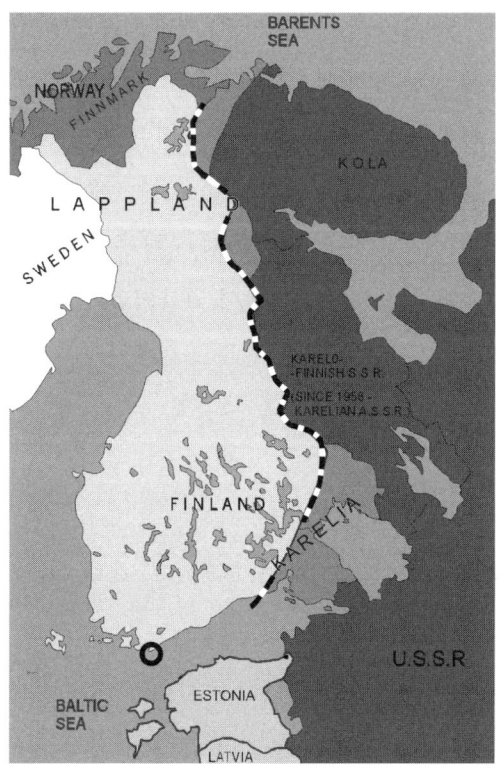

▬ 1944년 핀란드가 소련에 양도한 영토
-- 1947년 최종 평화 조약으로 확정된 러시아-핀란드 국경
○ 1945년 소련에 임차되었다가 1956년 핀란드로 반환된 포르칼라 기지

〈그림 2〉 제2차 세계대전 후 핀란드

출처: http://www.conflicts.rem33.com/images/Finland/suomenkronik2.htm, 여기서 핀란드의 독립 이후 자세한 국경 변화 또한 참고할 수 있다.

부흥하고 러시아혁명기에 독립을 선포한 과정과 적백내전의 과정에서 핀란드에서는 스웨덴과 러시아와 관련된 사항이 복잡하게 얽히게 되었다.

  1920년 핀란드는 공화국을 수립하였다. 그러나 1939년 이후 제2차 세계대전이 끝날 때까지 핀란드는 소련과의 계속되는 전쟁에

휘말렸다. 1939년 8월 23일 소련은 나치 독일과 리벤트로프-몰로토프 밀약(독소불가침조약)을 맺어 중앙 유럽, 동유럽, 북유럽의 일부를 독일과 소련이 각각 분할하기로 하는 비밀 의정서를 만들었다. 이 의정서에서 핀란드는 소련의 영향권으로 인정받았다. 이후 발트 3국을 점령한 소련의 이오시프 스탈린은 영토 일부를 넘겨줄 것을 핀란드에도 요구했다.

핀란드는 소련의 영토 양도 요구를 거절하였고 1939년 소련의 침공으로 겨울전쟁이 시작되었다. 소련은 발트 3국과 마찬가지로 핀란드도 간단히 점령한다는 계획이었으나 핀란드는 국가의 생존을 걸고 저항하였다. 만네르헤임 장군의 선전(善戰)에도 불구하고 1940년 소련과의 전쟁은 패배로 끝나, 원래 소련의 요구보다 많은 영토를 내주어야 했다.

1941-1944년에는 독일의 지원을 받아 영토 회복을 위한 '계속 전쟁'이 벌어졌다. 처음에는 핀란드가 영토를 회복하는 데 성공했지만 소련의 반격에 다시 영토를 잃었다. 결국 1944년에 핀란드는 소련에게 영토를 더 내어주는 정전협정을 맺었고 소련은 과거 휴전 조약에 따른 카렐리야-핀란드 소비에트 사회주의 공화국과 더불어 핀란드 동부의 거의 대부분의 영토를 병합하였다. 1944-1945년에는 같은 편이던 독일군을 핀란드 북부에서 몰아내기 위한 라플란드전쟁을 벌였다. 이와 같이 핀란드는 독립 이후 소련과의 전쟁을 불사하며 국익을 수호하려 하였지만 결국엔 전쟁에서 패배하여 소련이 처음 요구를 제시했을 때에 비해서 더욱 불리한 조건에 놓이게 되었다. 이와 같은 경험은 냉전 기간 동안에 핀란드가 러시아를 자극하지 않으려 노력하는 중립 외교 노선을 운영

하는 데 영향을 미쳤다.

IV. 냉전 시기 핀란드-소련 관계: '핀란드화'

핀란드는 독립 이후 제2차 세계대전 종전 때까지 소련에 대해 적대적인 외교정책을 사용했다(김진호, 2003: 251-252). 러시아로부터의 독립선언 이후 핀란드 정국의 주도권을 갖게된 보수파는 공산주의의 확산을 막으려 하였고, 당시 유럽의 역학 관계에서 독일이 핀란드의 이익을 옹호해줄 것이라 기대하여 외교정책을 친독 노선에 맞추었다. 또한 독일 황태자를 핀란드의 왕으로 선택하여 독일이 핀란드 독립을 지속적으로 지지하도록 보장받으려 하였다. 적백내전 당시에는 적군 토벌을 위해 독일군의 지원을 요청하였으며, 핀란드군 편성을 위해 독일 군사 전문가가 초빙되었다(김진호, 2003: 252). 그러나 제1차 세계대전에서 독일이 항복하자 친독 정책은 서구 접근 정책으로 변화하였다. 독일 황태자 출신으로 핀란드 왕으로 선출된 핀란드 왕은 핀란드에 도착하기도 전에 퇴위하였고, 핀란드 외교에서 친독 지도자들은 배제되었다.

물론 1930년대 말에는 핀란드식 중립 정책을 사용했지만, 중립 선언이 핀란드를 전쟁의 참화에서 구해내지는 못했다. 소련군의 침공으로 1939년 11월 '겨울전쟁'이 발발하였다(Forsberg and Pesu, 2016: 478). 겨울전쟁 도중 프랑스와 영국은 노르웨이의 나르비크 항구를 통해서 10만 명의 병력을 투입하고 이들이 스웨덴을 거쳐 핀란드로 들어가서 핀란드를 지원한다는 계획을 세웠지만, 노르웨

이와 스웨덴은 영국군과 프랑스군의 자국 영토 통과를 거부하였다. 노르웨이와 스웨덴은 영국군과 프랑스군이 핀란드를 지원하기보다는 노르웨이 나르비크 항구와 스웨덴 북부의 광산지대를 점령하여 철광석이 독일로 수출되는 것을 막는 것을 주요 목적으로 한다고 보았기 때문이다. 실제로 프랑스와 영국은 이와 같은 계획을 수립하고 있었다.

결국 1939-1940년 사이의 '겨울전쟁', 1941-1944년 사이의 '계속전쟁'에서 핀란드는 선전(善戰)했지만 패배하여 소련에 영토의 일부를 양도할 수밖에 없었다. 이와 같은 상황에서 제2차 세계대전이 끝났을 때, 핀란드는 외교 전략에서 선택의 여지가 없었다. 토마스 포스버그와 마티 페수의 논문(Forsberg and Pesu, 2016: 478)에서 지적되었듯이 "전쟁에서는 패배했고, 소련과는 새로운 관계 정립이 필요했으며, 소련의 동구 질서는 보다 더 가까이 다가와 있었고, 서방세계는 핀란드가 손을 뻗치기에는 멀리 있었다."

1948년 소련과 체결한 '우호협력상호원조조약'에는 핀란드가 침공받을 경우 소련에 지원을 요청할 수 있다는 조항과 소련을 위협하는 어떤 국가에도 핀란드의 영토를 제공하지 않는다는 조항이 들어가 있다. 이는 핀란드에 대한 소련의 영향력을 인정한 것이었다.

이와 같은 핀란드의 친소 노선에 대해서 서방세계에서는 '핀란드화'라는 표현을 사용하였다. 핀란드화에 대한 논의는 냉전 시기 정치적인 담론으로 1970년대에 사용되었다. 유럽과 미국의 보수 정치인들이 데탕트(Détente)가 이루어지면 서유럽이 핀란드화할 위협이 커질 것이라고 경고하였다. 사민당 소속 빌리 브란트 서독 총리가 동구 유럽 국가에 문호를 개방하는 동방정책을 추진했을 때, 서독의 기민당은 '핀란드화' 가능성을 들면서 이를 경고하였다(Forsberg and Pesu, 2016: 474). 1970년대 서방세계에서 핀란드화의 담론은 상당히 부정적인 의미로 사용되었다. 1980년대에 들어와서 '핀란드화' 담론에는 조금 더 긍정적인 의미가 부여되었다. 다른 동유럽 국가들의 소련 종속에 대한 해결책으로 핀란드 모델의 방식이 거론되었기 때문이다.

핀란드인들은 서방세계 시각의 부정적인 의미가 담긴 '핀란드화'라는 표현에 대해서 긍정적인 반응을 보이지 않는다. 핀란드인들은 '우호협력상호원조조약'에 바탕을 둔 소련과의 질서 확립이 핀란드의 민주주의를 보장한다고 생각하였다(Forsberg and Pesu, 2016: 479). 1968년 '프라하의 봄'으로 일컬어지는 체코슬로바키아의 민주화 시위 이후 체코슬로바키아가 더욱 철저하게 소련의 위성국가가 되었던 것과 비교하면 핀란드는 냉전 기간 동안 소련과의 관계에서 비교적 훌륭하게 주권을 수호하였다.

케코넨 대통령은 소련 지도부와 친분을 쌓으려 노력하였고 소련을 자주 방문하면서 아첨 섞인 발언을 하며, 우호라는 단어를 자주 사용하였다. 서독의 재무장이 결정되었을 때, 소련은 이를 안보 위협으로 인식하였고 핀란드에 외교 공문을 보내 우호협력상호원조조약에 입각해서 이에 대항하는 양국의 안보 협의가 시작되어야 한다고 주장하였다. 그러나 이는 서방세계에 대한 핀란드의 입장을 난처하게 만들 수 있는 상황뿐만 아니라 소련군이 핀란드에 주둔할 수도 있는 상황을 초래할 수 있었다. 케코넨 대통령은 후르시초프 소련 공산당 서기장과 소련의 노보시비르스크에서 회담을 가지면서 안보 협의 개시 연기를 이끌어내었다.

한편 케코넨 대통령은 1961년 미국을 방문했을 때 다음과 같이 핀란드의 패러독스에 대해서 설명하였다. "핀란드가 평화로운 이웃 나라로 소련과 신뢰를 유지하면 할수록 서방과 밀접하게 협력할 기회가 더욱 증대된다"라고 언급하면서 핀란드의 입장에서 소련과의 선린 우호 관계의 중요성을 강조하였다(Forsberg and Pesu, 2016: 479).

물론 냉전 시기 핀란드는 자기 검열을 철저하게 함으로써 소련을 자극하지 않으려고 했다. 핀란드는 소련이 반소련 성향으로 인식한 NATO와 EEC에 가입할 수 없었다. 또한 핀란드는 소련이 1956년 헝가리, 1968년 체코슬로바키아, 1979년 아프가니스탄을 침공했을 때 이를 비난하지 않았다.

케코넨 대통령은 언론의 자유에 대해서 잘 이해하고 있었음에도 불구하고 핀란드 언론의 보도가 핀란드 외교정책과 조율될 것을 요구하였다. 언론의 사설이나 의견란에도 소련에 대한 비난이 있어서는 안 된다는 것이었다. 케코넨 대통령은 이를 철저히 관리하면서 필요할 경우 신문사 주필에게 이를 직접 상기시켰다. 심지어 1973년 핀란드와 소련은 양국의 우호와 신뢰가 유지되도록 하는 데 양국의 언론에 책임이 있다는 선언문을 발표하였다.

실제로 정치인과 언론은 소련을 비판하지 않았다. 소련에 반대하는 도서들도 유통될 수 없었다. 핀란드의 영상물등급위원회는 소련에 반대하는 영화도 금지했다. 이와 같은 핀란드의 자기 검열 조치의 사례로 1970년 노벨 문학상을 수상한 소련의 반체제 작가 알렉산더 솔제니친(Alexander Solzhenitsyn)의 책이 핀란드에서 출판 거부된 것을 들 수 있다. 소련의 강제수용소를 다룬 솔제니친의 작품『수용소군도』의 핀란드어 번역본이 핀란드 출판사인 탐미(Tammi)에서 출판될 예정이었는데, 이에 대한 압력이 들어오자 출판사가 출판을 포기하는 상황이 발생하였다. 결국 솔제니친의『수용소군도』의 핀란드어 번역본은 스웨덴에서 출판되었다. 심지어 핀란드의 역사 해석까지 친소적으로 변형시키려는 시도가 이루어지기도 하였다. 케코넨 대통령은 핀란드가 소련에 대항해서 전쟁을 한 '겨울전쟁'에 핀란드 측의 잘못이 있으며, 핀란드의 독립은 핀란드의 위대한 친구인 블라디미르 레닌이 선물한 것이라고 주장하였다. 이와 같은 소비에트 방식의 역사 해석은 교육과정에 도입되는 과정에서 저항에 직면하여 철회되었다. 또한 이 시기 핀란드의 친소 정책은 인권 문제를 야기했는데, 핀란드 정부가 소련 출신의 망명객을 소련으로 송환한 것이었다.

그러나 핀란드의 친소 성향의 중립 외교 정책은 핀란드에도 여러 현실적인 이익을 가져왔다. 그중 하나가 수도인 헬싱키에서 남쪽으로 40km 떨어져 있는 폴라카항을 소련으로부터 반환받은 것이다. 폴라카항은 1944년 '계속전쟁' 패배의 대가로 소련이 50년간 조차한 항구였는데, 소련군이 주둔하고 있었다. 핀란드 내 소련군의 유일한 군사기지인 폴라카항의 반환이 이루어지고 소련군이 핀란드 내에서 완전히 철수해야 핀란드의 중립 외교 노선이 실현될 수 있었다. 양측의 협의가 성공적으로 이루어져서 1956년 1월 소련군은 폴라카에서 철수하였다.

또한 냉전 시기 핀란드는 다른 자본주의국가와 달리 소련과 활발한 무역 활동을 하였다. 소련은 핀란드의 최대 교역 대상국이었고, 1952년에서 1980년 사이에 핀란드 수출에서 소련이 차지하

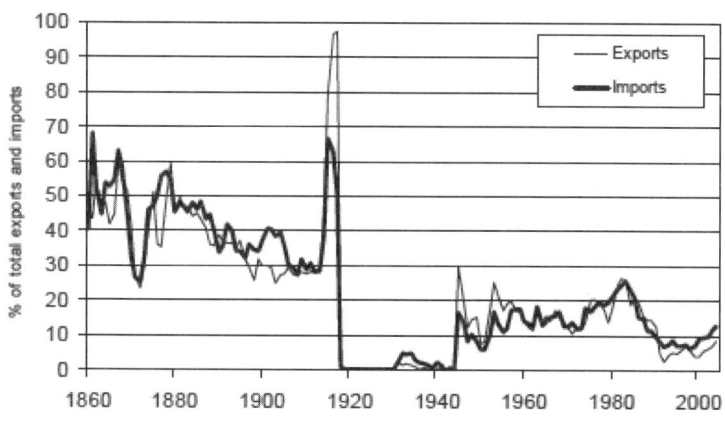

〈그림 3〉 핀란드의 러시아(1860-1917)/소련(1917-1991)/러시아(1991-) 수출 비중
출처: 핀란드 중앙은행(Bank of Finald)(Sutela, 2005에서 재인용).

는 비중은 평균 15%였으며, 1980년대 초반과 중반에는 그 비중이 26%로 확대되었다. 그러나 구소련 붕괴 이후에는 러시아에 대한 핀란드의 수출이 급속하게 줄어들었다.

대러시아 수출이 핀란드 전체 수출에서 차지하는 비중이 1990년에는 10%, 1991년에는 5%까지 하락하였다. 러시아와의 밀접한 경제 관계 때문에 러시아 경제에 불안정성이 생기면 이는 핀란드 경제에도 영향을 주었기 때문이다. 또한 냉전 붕괴 이후 핀란드가 러시아 교역에서 가지고 있던 상대적 장점들이 소멸하기 시작했기 때문이기도 하였다. 예를 들어 러시아가 핀란드로부터 주로 수입하던 물품 중에는 섬유, 신발, 식료품 등이 포함되어 있었는데 이들 품목은 핀란드가 전 세계적인 경쟁력을 가지고 공급하는 물품들이 아니었다. 구소련과 서방국가와의 교역에 제약이 있을 때, 핀란드가 물품 공급의 통로가 되었던 것이다. 따라서 냉전 질서 붕괴 이후에는 핀란드가 소련과의 교역에서 다른 서방 선진국에 비해 독점적으로 가지고 있던 이점은 사라지고, 다른 서방 선진국과의 경쟁은 더욱 심화되어갔다.

V. 핀란드화의 해소와 유럽 통합

이와 같은 상황에서 핀란드는 친소 중립 노선 위주의 정치, 경제 운영에서 벗어나 다른 대안을 찾아야 했다. 그 대안은 유럽 통합이었다. 우선 소련과 서방세계 사이에서 중립을 유지하려던 핀란드가 1992년 1월 소련과의 우호협력상호원조조약을 폐기하였다. 그리고 핀란드는 1995년 EU에 가입하였고, 1999년 유로화를 도입하였다. 1970년대에 구소련의 압력으로 EEC에 가입하지 못했던 상황이 완전히 변화한 것이다. 핀란드는 1999년 유로화를 최초로 사용한 EU 11개 회원국에 포함되었다. 1999년 당시 주변 EU 회원국이었던 스웨덴, 덴마크 등이 유로화를 도입하지 않고 자국 화폐 사용을 유지한 것과는 대비되는 조치였다.

주목할 만한 점은 과거 소련의 일부였던 리투아니아(2015), 라트비아(2014), 에스토니아(2011) 역시 유로존 회원국이 되었다는 점이다. 이들 국가는 이미 모두 NATO 회원국이 되었다.

또한 2016년 기준으로 EU 회원 국가와의 교역 비중이 핀란드 전체 수출의 62.2%, 전체 수입의 59.1%를 차지할 정도로 크게 증가하였다. 반면에 1980년대 초반과 중반에 핀란드 전체 수출의 26%를 차지하던 러시아의 비중은 크게 축소되었다. 전체 수입의

11.2%, 수출의 5.7%가 러시아와의 교역에서 발생하였다.

〈표 1〉 유로화 사용 국가

유로화 사용 이전 자국 통화	유로화 대비 자국 통화 최종 환율	유로화 사용 개시연도
ATS 오스트리아 실링(Schilling)	13.7603	1999
BEF 벨기에 프랑(Franc)	40.3399	1999
CYP 키프로스 파운드(Pound)	0.585274	2008
DEM 독일 마르크(Mark)	1.95583	1999
ESP 스페인 페세타(Peseta)	166.386	1999
EEK 에스토니아 크론(Kroon)	15.6466	2011
FIM 핀란드 마르카(Markka)	5.94573	1999
FRF 프랑스 프랑(Franc)	6.55957	1999
GRD 그리스 드라크마(Drachma)	340.750	2001
IEP 아일랜드 파운드(Pound)	0.787564	1999
ITL 이탈리아 리라(Lira)	1,936.27	1999
LTL 리투아니아 리타스(Litas)	3.45280	2015
LVL 라트비아 라트(Lats)	0.702804	2014
LUF 룩셈부르크 프랑(Franc)	40.3399	1999
MTL 몰타 리라(Lira)	0.4293	2008
NLG 네덜란드 길더(Guilder)	2.20371	1999
PTE 포르투갈 에스쿠도(Escudo)	200.482	1999
SIT 슬로베니아 톨라르(Tolar)	239.640	2007
SKK 슬로바키아 코루나(Koruna)	30.1260	2009

출처: 그리스 중앙은행.

<표 2> 핀란드의 주요 교역 상대국

	수입		수출		무역수지
	백만€	%	백만€	%	백만€
주요 교역 상대국					
독일	8,175	14.9	6,814	13.1	-1,361
스웨덴	6,155	11.2	5,563	10.7	-592
러시아	6,145	11.2	2,977	5.7	-3,168
중국	4,067	7.4	2,680	5.2	-1,387
네덜란드	3,350	6.1	3,485	6.7	135
프랑스	2,233	4.1	1,587	3.1	-645
미국	2,114	3.8	3,923	7.6	1,809
에스토니아	1,659	3.0	1,495	2.9	-165
영국	1,652	3.0	2,492	4.8	840
폴란드	1,624	3.0	1,408	2.7	-215
기타	17,828	32.4	19,453	37.5	1,625
합계	55,003	100	51,878	100	-3,125
EU28	34,234	62.2	30,675	59.1	-3,559
유로존	21,867	39.8	19,399	37.4	-2,469
기타 유럽	8,475	15.4	6,427	12.4	-2,048
아시아	7,591	13.8	7,379	14.2	-212
아프리카	590	1.1	1,250	2.4	660
북중미	2,877	5.2	4,730	9.1	1,852
남미	1,101	2.0	937	1.8	-164
오세아니아	134	0.2	481	0.9	346
OECD	37,924	68.9	37,530	72.3	-394
개발도상국	8,701	15.8	8,530	16.4	-171

출처: 핀란드 통계청(Statistics Finland, 2017).

경제 분야에서 핀란드의 대러시아 의존도는 냉전 시기에 비해서 크게 축소되었다. 정치 분야에서도 핀란드는 과거 친소 중립 노선을 탈피하여 서방세계와 보조를 맞추고 있다. 러시아가 2014년 3월 우크라이나 영토인 크림반도를 합병한 이후 서방세계는 러시아의 세력 확장을 견제하기 위해 대러시아 제재를 시행하고 있다. 러시아가 크림반도를 합병한 사태가 발생한 2014년 3월부터 미국과 EU는 무역 제한, 자산동결, 입국 금지 명단 발표 등의 제재를 시행하고 있다. 대러시아 제재 조치에 동참하여 핀란드 정부는 2015년 7월 헬싱키에서 개최된 유럽안보협력기구(Organization for Security and Co-operation in Europe, OSCE) 총회에 참석하려던 세르게이 나리스킨(Sergei Naryshkin) 러시아 하원 의장의 핀란드 입국을 거부하였다. 이로 인해 러시아와 핀란드 간에 외교 분쟁이 발생하기도 하였다(오인제, 2005). 냉전 시기 소련을 자극하지 않기 위해서 솔제니친의 작품의 핀란드어 번역본 출판까지 거부하던 상황과는 완전히 다른 현상이 발생하고 있는 것이다. 이와 같은 변화는 1990년대 이후부터 불과 20여 년 사이에 이루어진 것이다.

과거 소련의 압력으로 NATO에 가입하지 못했던 핀란드는 현재도 NATO 회원국은 아니지만 NATO와 밀접하게 협력하고 있다. 핀란드는 1994년 NATO와 '평화를 위한 동반자 관계(Partnership for Peace, PfP)'[1]를 맺고 긴밀한 협력 관계를 구축하였

---

1   냉전 종식 이후 야기된 중·동유럽의 안보 공백에 대한 우려와 이들 국가의 NATO 가입 요구 증대로 NATO가 1994년 1월 브뤼셀 정상회담에서 PfP를 제창, NATO 확대의 점진적 과정에 참여를 제안. PfP 가입이 NATO 가입을 대신하거나 궁극적인 NATO 가입을 보장하는 것은 아니지만 NATO 가입 희

다. 1997년에는 '대서양 동반자 관계이사회(Euro-Atlantic Partnership Council, EAPC)'[2]의 회원국이 되었다. 또한 러시아의 크림반도 병합 이후에는 NATO와의 협력을 보다 강화하고 있다. 2014년 9월에는 NATO와 '주둔국지원협정(Host Nation Support Agreement)'을 체결하여 군사훈련이나 재난 구호 등을 위해 NATO가 핀란드 영토에서 활동할 수 있는 근거를 마련하고 있다. 이제 핀란드가 사실상 NATO 가입 전 단계까지 도달한 것으로 판단할 수 있다.

에너지의 측면에서도 핀란드는 세계 최대의 천연가스 수출 국가인 러시아가 이웃 나라로 있지만, 최종 에너지 소비에서 천연가스가 차지하는 비중이 다른 EU 국가에 비해서 현저하게 낮은 편이다.

망국에게 NATO 활동에 대한 실질적인 참여 기회를 제공했으며, NATO는 PfP 회원국들과 수차례에 걸친 대규모 합동 군사훈련을 실시했다. PfP 회원국(23개국)은 알바니아, 아르메니아, 오스트리아, 아제르바이잔, 벨라루스, 크로아티아, 핀란드, 그루지야, 아일랜드, 카자흐스탄, 키르기즈스탄, 몰도바, 러시아, 스웨덴, 스위스, 마케도니아, 타지키스탄, 투르크메니스탄, 우크라이나, 우즈베키스탄, 보스니아헤르체고비나, 몬테네그로, 세르비아다(주벨기에유럽연합대한민국대사관, 2017a).

[2] 유럽-대서양 동반자 관계이사회(EAPC)는 1997년 5월 NATO 동반자국(PfP 회원국)과 위기관리, 평화 유지, 지역 안보, 군비 통제, 방위 정책-전략, 비상사태 대비 계획, 과학 협력, WMD 비(非)확산 등의 협의를 위해 창설된 협의체. 회원국 49개국(26개 NATO 회원국과 23개 PfP 회원국으로 구성)(주벨기에유럽연합대한민국대사관, 2017b).

<표 3> 2016년 EU 회원국 1차 에너지 총 내수(Gross Inland Energy Consumption) (단위: Mtoe)

	석유 및 석유제품	천연가스	고체 연료 (석탄 등)	원자력	재생 에너지	폐기물, 비(非) 신재생 에너지	전기
EU-28	567.1	383.0	240.7	216.7	216.6	14.9	1.6
비중(%)	34.6	23.3	14.7	13.2	13.2	0.9	0.1
벨기에	23.84	14.30	2.96	11.23	3.92	0.68	0.53
불가리아	4.23	2.69	5.70	4.08	1.95	0.03	-0.55
체코	8.27	7.02	16.62	6.24	4.31	0.30	-0.94
덴마크	6.75	2.90	1.90	0.00	5.01	0.44	0.44
독일	108.80	70.33	77.23	21.83	38.92	4.51	-4.34
에스토니아	1.13	0.43	3.80	0.00	0.97	0.07	-0.18
아일랜드	7.41	4.24	2.09	0.00	1.11	0.07	-0.06
그리스	12.83	3.49	4.37	0.00	2.64	0.06	0.76
스페인	53.49	25.04	10.19	15.13	17.43	0.24	0.66
프랑스	75.19	38.31	8.58	104.01	24.59	1.65	-3.57
크로아티아	3.28	2.17	0.65	0.00	2.00	0.01	0.48
이탈리아	55.30	58.08	10.99	0.00	26.02	1.18	3.18
사이프러스	2.27	1.84	0.19	0.00	0.15	0.02	0.00
라트비아	1.49	1.11	0.04	0.00	1.62	0.04	0.09
리투아니아	2.77	1.84	0.19	0.00	1.46	0.05	0.71
룩셈부르크	2.64	0.71	0.05	0.00	0.22	0.03	0.54
헝가리	7.01	8.03	2.26	4.16	3.00	0.16	1.09
몰타	0.57	0.00	0.00	0.00	0.03	0.00	0.13
네덜란드	32.19	30.13	10.21	1.02	3.70	0.86	0.42
오스트리아	12.24	7.18	2.96	0.00	10.05	0.82	0.62
폴란드	26.54	14.63	49.08	0.00	8.77	0.74	0.17
포르투갈	10.73	4.30	2.85	0.00	5.62	0.21	-0.44
루마니아	9.31	9.01	5.33	2.91	6.19	0.08	-0.43
슬로베니아	2.40	0.71	1.15	1.47	1.13	0.05	-0.10
슬로바키아	3.53	3.90	3.23	3.86	1.58	0.20	0.23
핀란드	9.53	2.07	4.53	5.99	10.61	0.27	1.63
스웨덴	12.02	0.83	2.05	16.28	18.28	0.79	-1.01
영국	71.40	69.55	11.76	18.50	15.36	1.35	1.51

출처: European Commission(2018: 42).

핀란드의 경우 비용의 측면에서 러시아에 연결된 천연가스 파이프를 도입하기 쉽지만, 에너지 정책에서는 전혀 다른 선택을 보이고 있다. 핀란드는 EU 차원의 기후변화 대응에 발맞추어 신재생에너지 활용을 확대하면서 현재 핀란드 전체 전력 생산에서 33%의 비중을 차지하는 원자력 에너지의 확대 운용을 추진하고 있으며, 신규 원전을 건설할 계획이다.

이제 핀란드는 과거 "핀란드화"라고 서방세계에서 비판적 시각으로 바라보았던 친소 중립 노선에서 거의 완벽하게 탈피하였다. 핀란드가 지정학적인 한계를 극복하고 러시아의 압력에 더 이상 굴복하지 않게 된 주요 원인은 냉전 해체와 핀란드의 적극적인 유럽 통합 참여였다.

VI. 핀란드 외교정책이 한국의 외교정책에 주는 함의

국제사회에 영원한 친구도 영원한 적도 없다는 현실을 감안할 때, 핀란드의 외교적 실용주의는 통일을 염두에 두고 있는 한국의 동북아 외교에도 큰 시사점을 주고 있다.

시진핑 주석 체제의 출범 이후 중국은 과거 덩샤오핑 시절의 '도광양회(韜光養晦)' 전략을 버리고 적극적으로 국제 질서에서 중국의 힘을 과시하고 있다. 이러한 가운데 남중국해 문제와 센카쿠 열도 영토 분쟁이 촉발되었다. 중국의 부상에 대해서 안일하게 대처하였던 한국도 사드 배치 이후 중국의 경제적 압박 속에서 결국 한국의 최대 교역 상대국인 중국의 눈치를 보지 않을 수 없었다.

또한 한국은 트럼프 체제 이후 더 이상 냉전 시절의 미국의 리더십에 의지하는 외교 전략을 펼칠 수 없게 되었다. 미국은 한국에 대한 통상 압박을 늦추지 않고 있으며, 트럼프 미국 대통령은 2018년 2월 12일 한국과 일본 등 일부 국가를 특정해 "무역에 관해서는 동맹국이 아니다"라며 '대응 관세(reciprocal tax)'를 도입하겠다는 방침을 밝혔다.

이와 같이 한국은 중국과 미국의 압박 속에 놓이게 되었으며, 아시아-태평양 지역에서 미국의 역할을 점차 대신해가는 일본의 압박 속에도 놓이게 되어 사면초가 상황에 직면하였다.

이러한 상황에서 동북아 질서에서 한국의 외교 전략은 그 어떤 국가도 전적으로 신뢰하지 않으면서 독자 생존을 모색할 수 있어야 한다. 이를 위해서 단기적으로는 강대국에 끌려다니는 듯하였지만 장기적으로는 국익을 도모하였던 핀란드의 외교 전략에서 큰 시사점을 얻을 수 있다. 또한 한국의 외교의 주안점은 동북아 국제 질서의 흐름을 잘 관찰하고 그 국제 질서를 주도하는 세력과 가급적 우호적인 관계를 형성하는 것에 두어야 바람직하다.

특히 한국의 경우 미국과 중국 모두 한국 경제에 밀접한 영향을 주는 국가이기 때문에 어느 한 국가와의 이해관계가 손상되어도 한국 경제에 악영향을 초래할 수밖에 없는 상황이다. 따라서 한국은 동북아 질서의 변화를 민감하게 관찰하고 이에 대응할 필요가 있다.

이에 따라서 한국은 구한말과 같이 강대국의 압박 속에서 시달림을 당할 수도 있고, 냉전 시기의 동서 진영 간의 소통 창구였던 핀란드의 역할과 같은 중요한 역할을 담당할 수도 있다.

〈표 4〉 한국의 10대 수출 대상국

연도	총수출액 (백만 USD)	상위 10개국 총수출액(백만 USD)	총수출액 대비 비중 (%)
2017년	573,694	396,812	69.2

순위	교역 상대국	총수출액	총수출액 대비 비중 (%)
1위	중국	142,120	24.8
2위	미국	68,610	12.0
3위	베트남	47,754	8.3
4위	홍콩	39,112	6.8
5위	일본	26,816	4.7
6위	호주	19,862	3.5
7위	인도	15,056	2.6
8위	대만	14,898	2.6
9위	싱가포르	11,652	2.0
10위	멕시코	10,933	1.9

출처: 한국무역협회 무역통계(2018).

본 연구에서 다루어본 바와 같이 12세기 이후 스웨덴의 지배를 받았던 핀란드는 19세기 이후 러시아로 그 지배권이 넘어갔고, 1917년 러시아혁명 발발로 인한 혼란기에 러시아로부터 독립하였다. 이후 핀란드는 핀란드의 지배권을 다시 확립하려는 소련과 전쟁(겨울전쟁과 계속전쟁)을 하였고, 결국 전쟁에 패배하여 소련에 일부 영토를 양도해야 했지만, 결사 항전 덕분에 소련의 위성국이 되지 않고 독립을 유지할 수 있었다.

또한 영국과 프랑스 등의 강대국은 핀란드의 대소련 전쟁에서 핀란드의 지원을 표방하였지만, 실질적으로 이루어진 지원은 없었다. 우호 관계를 유지하던 독일은 제1차 세계대전과 제2차 세계대전의 패전국이 되어서 핀란드를 지원할 수 없었다.

결국 제2차 세계대전 이후 핀란드는 자국의 이익을 보호하기 위해서 자발적으로 친소 중립 노선의 외교정책을 선택하였다. 소련의 압력으로 NATO에 가입할 수도, EEC에 가입할 수도 없었고, 또한 철저한 자기 검열을 함으로써 소련에 대한 비판을 스스로 금지했다. 다른 한편으로는 소련과 서방세계를 연결하는 다리 역할을 하면서 소련과의 무역에서 다른 서방국가가 갖지 못했던 이점을 가질 수 있었다.

한편 소련의 중립 노선에 대해서 냉전 시기 서독의 우파를 중심으로 '핀란드화'라는 표현이 사용되면서 소련의 압력에 굴복하는 부정적인 측면이 크게 부각되었다. 그러나 1980년대에 들어서 동유럽 국가와 소련과의 관계, 나아가 발트 3국과 소련과의 새로운 관계 정립에 핀란드 모델이 긍정적으로 부각되었다. 핀란드는 러시아/소련과의 관계에서 전쟁 수행과 친소 정책을 모두 다 활용하였지만 결과적으로 국가 주권을 수호하고 국민의 희생이 없었던 시기는 친소 중립주의 정책을 활용했던 시기였다. 그리고 핀란드 모델을 다른 지역에 활용할 수 있을까에 대한 관심이 고조되었다. 중국과 다른 아시아 국가의 충돌, 우크라이나 문제 등에 핀란드 모델의 적용 가능성이 현재 여러 연구를 통해서 검토되고 있다.

그러나 한 가지 간과해서는 안 될 사항은 냉전이 해체되는 상황에서 핀란드는 소련과 체결한 우호협력상호원조조약을 폐기하였고, 소련이 반대하였던 EU에 가입하였다. 또한 핀란드는 최초로 유로화 사용을 개시한 11개 국가에도 포함되었다. 현재 NATO

와도 협력을 강화하고 있다. 소련의 지배를 받았던 발트 3국 모두 EU 회원국이고 EU 단일 통화인 유로를 사용하고 있으며, NATO 회원국이다. 결국 약소국이 자국의 이해를 가장 잘 보장할 수 있는 방법은 지역 연합체를 통해서 이익을 확보하는 것이고, 이와 같은 상황이 성립되지 않을 경우에 냉전 시기의 핀란드 모델이 고려될 수 있다.

최근 국내에서도 동아시아 안보 문제에 대한 해법으로 핀란드 모델의 적용 가능성이 정치적 입장에 따라서 부정적으로 또는 긍정적으로 거론되기도 한다. 핀란드는 정치적 상황에 따라서 전쟁 수행, 주변 강대국에 대한 우호 정책, 지역 통합 참여 등의 다양한 방식을 외교정책으로 활용하였다. 핀란드가 독립 초기에 전쟁 수행을 하지 않았다면 주권을 모두 상실하고 구소련의 회원국 중 하나로 전락했을 수 있으며, 제2차 세계대전 이후 반소 정책을 취했다면 냉전 시기에 소련과의 국경에서 끊임없는 안보 문제에 직면했을 것이다.

결국 핀란드는 주변의 강대국에 대해서 시대 상황에 맞는 외교정책을 수행하여왔다. 이와 관련된 사례 중 하나가 냉전이 끝나고 소련의 영향력이 약화되었을 때, 핀란드가 EU에 가입한 것이다. 이처럼 핀란드의 외교정책은 약소국의 입장에서 주변 강대국의 세력 변화를 관찰하며, 유연성을 가지고 변화하여왔다는 특징을 지니고 있다. 이는 현재 진행되고 있는 동북아 국제 질서에서 한국에 큰 시사점을 준다.

결론: 유럽의 사례와 동북아 평화 공동체 구상

김남국

　지금까지 살펴본 8개의 유럽 사례는 한일 관계 정상화 및 동북아 평화 공동체 구상에도 많은 함의를 준다. 이 장에서는 8개 사례의 주요 내용을 다시 한번 요약하고 각 사례에서 보이는 공통점을 추출하여 가능한 정책들을 제시하고자 한다.

　첫 번째 독일-프랑스 관계 정상화와 지역 협력을 다룬 사례연구에서는 양국이 오랜 역사적 갈등을 극복하고 관계 정상화를 통해 지역의 평화 정착 및 협력을 모색할 수 있었던 주요 동인은 무엇이었는지, 프랑스의 입장에서 전쟁의 상흔이 여전히 남아 있고 더군다나 독일 재건에 대한 두려움이 거의 국민적 강박관념 수준이었던 상황에서 독일을 품고 미래를 설계할 수 있었던 '협력의 동인'은 무엇이었는지에 대한 문제 제기를 중심으로 논의를 이어나갔다. 이를 위해 전후 유럽 통합을 위한 계획, 특히 쉬망플랜부터 1992년 유럽연합(EU)의 탄생에 이르기까지 독일-프랑스 관계 정상화가 유럽 통합 발전에 미친 영향을 살펴보았고 '독일문제'와 관련한 프랑스의 외교적 고민과 딜레마를 살펴보면서 독일-프랑스 관계의 성격 변화와 유럽 통합의 성과를 살펴보았다.

주요 발견으로는 프랑스의 유럽 통합 추진 과정에서 가장 큰 동인은 제2차 세계대전 후 다시 제기된 '독일문제(Question Allemande)' 해결에 있었다는 점, 제2차 세계대전 후 프랑스는 대독일 보복 정치를 버리고 유럽 차원의 정치 및 경제적 공간을 창출하여 독일에 대한 견제와 독일과의 균형을 유지하고자 했다는 점, 드골-아데나워가 이룩한 독일-프랑스 협력의 정신이 담겨 있는 '엘리제조약'의 정신은 드골 시대보다 이후의 지스카르 데스탱과 슈미트의 노력에 의해서 실현되었다는 점, 1970년대 세계경제 및 사회적 위기에 직면하여 지스카르 데스탱-슈미트의 협력은 유럽 통합의 심화, 확대에 결정적인 기여를 하였다는 점, 독일-프랑스 관계는 1950년대 경제적 '협력 관계', 1960년대 '신뢰할 수 있는 동반자 관계', 1970년대 '위기의 시대 동반자 관계' 그리고 1980-1990년대 'EU 시대 동반자 관계'로 변화, 발전하였다는 점 등을 제시할 수 있다.

결론적으로 프랑스로서는 유럽 통합이 힘으로나 외교적으로 어찌할 수 없는 '독일문제'를 해결하기 위한 '유럽적 차원의 대책'이었다. 즉 프랑스는 자국이 처한 외교의 위기 또는 딜레마를 해결하기 위해 유럽 통합을 적극 활용하였던 것이다. 그러므로 독일-프랑스 관계 정상화는 1950년대부터 진행되어온 오랜 지역 협력의 결실로 볼 수 있다. 한일 관계 정상화 및 동북아 평화 공동체 구상도 '아시아적 해법' 모색, 즉 유럽연합처럼 아시아 공동체와 같은 지역 협력 체제를 한일 관계 정상화의 지렛대로 활용하는 정책이 요구된다.

두 번째 사례연구는 라인강 상류 지역의 프랑스-독일 영토 분쟁을 다뤘는데 그 정치적 귀속을 놓고 오랜 역사적 갈등의 대상 지였던 독일과 프랑스 간 국경 지대는 하나의 경제 공간으로서의 '라인 상류 지역' 구축을 통한 지속 가능한 공존 방식을 모색하였다. 라인강 유역 갈등의 직접 당사국인 독일과 프랑스만이 아니라 스위스의 바젤이 접경 지역 간 교류 활성화 방안에 참여하였다는 것은 주목할 만하다. 스위스는 유럽경제공동체의 회원국은 아니지만 라인강 유역의 다른 독일이나 프랑스보다 경제지표가 월등히 좋다. 이는 이 교류의 중심에 경제 활성화라는 자연스러운 동인이 작용하고 있음을 알게 해준다. 제2차 세계대전 이후 라인강 상류 지역에서 점진적으로 진행된 3국 간의 교류 활성화는 마침내 2008년 1월 라인강 상류 3국 메트로폴리탄 지역을 구축하기에 이르렀고 이는 이 지역의 지속적 평화 유지를 위한 공고한 기반이 되고 있다. 라인강 상류 지역의 초국경 상호 협력이 가능했던 요인으로는 국가 하부의 지방 층위부터 정부 간 층위 그리고 유럽연합 층위까지 다층적 협력 의지와 강력한 제도화 의지가 중요한 요인으로 작용하였다는 사실을 꼽을 수 있다. 독일-프랑스 간의 역사 분쟁을 잠재울 수 있었던 것은 성숙한 역사의식과 정치의식이라기보다는 공동의 경제 번영 공간 형성에 있었다는 사실도 아울러 고찰할 수 있다.

이 사례에서 유추할 수 있는 한국과 동북아 상황에 대한 교훈으로는 광역두만강개발계획의 추진 필요성을 제시할 수 있다.

1992년 유엔개발계획(UNDP)에 의해 제안된 한국, 북한, 중국, 러시아 그리고 몽골 정부 간 다자간 협의체인 광역두만강개발계획(GTI)은 오랫동안 의미 있는 진전을 보지 못했지만 광역두만강개발계획이 동북아 개발 협력뿐 아니라 동북아 평화 구축을 위해 중요한 역할을 담당할 수 있을 것이라고 기대하는 이유를 라인강 유역 3국의 초국가적 협력의 예에서 찾아볼 수 있다. 아울러 한중, 한러 간 공동 이해관계를 확대하여 양자 협력은 물론 남북중, 남북러 3각 협력을 추진함으로써 양자 및 다자 협력 등 중층적 협력을 강화해야 할 필요성이 있다. 특히 향후 일본의 참여를 유도하여 동북아의 모든 국가를 포함함으로써 역내 갈등 구조를 최소화하고 두만강 유역에서 동북아 6개국이 모두 참여할 수 있는 실천적 초국경 협력 사업을 발굴하여야 할 것이다.

　세 번째 독일-폴란드 국경선 분쟁 사례연구는 독일과 폴란드 관계의 걸림돌로 작용하였던 슐레지엔 문제를 중심으로 독일과 폴란드 국경선 분쟁의 평화적 해결 및 역사 화해 과정을 살펴보고 독일과 폴란드 사례가 미래지향적인 한일 관계에 주는 의미 및 시사점을 도출하였다. 연구 구성은 역사상 가장 논란이 많은 국경·영토 분쟁 중 하나인 슐레지엔 문제를 통해 독일과 폴란드의 역사 화해 과정을 분석하고, 오데르·나이세국경선에 대한 인정과 양국의 역사적 화해 과정에 대해 포괄적으로 이해하고, 영토 분쟁의 원인과 배경, 영토 문제의 해결 과정 및 그 결과에 대해 면밀하게 접근하고, 갈등과 반목의 역사를 협력의 역사로 전환한 그 역사적 경로를 추적하고, 상호 이해와 역사 화해의 성공적인 사례라 할 수 있는 독일과 폴란드의 교과서 협력 과정인 독일-폴란드 교과서 대화를 살펴봄으로써 현재적 의미에서 슐레지엔 문제 조망하는 것이다.

　슐레지엔은 독일과 폴란드 관계의 걸림돌로 작용했지만 민족적 갈등과 오랜 반목의 역사를 청산하고 역사 화해와 정치 협력을 이루어낸 유럽의 역사 화해의 실례가 되었다. 특히 슬라브 문화와 게르만 문화의 융합과 혼종화로 새로운 정체성을 만들어가고 있는 곳, 유럽 통합의 심화와 확대 과정에서 유럽 문화로 통합되어 가면서 독자적인 지역 문화가 발전하고 있는 곳으로 설명되고 있다. 미래지향적 한일 관계에 대한 함의는 다음과 같다. 1) 독일과 폴란드는 공존의 불가피성을 인정하고 유럽의 평화와 안정을 위해 과거의 역사적 갈등을 해결하는 데 주력했다. 2) 영토와 국경분쟁을 넘어 접경 지역의 탈민족화와 문화의 융합 및 혼종화를 통해 서유럽과 접촉하는 접경지대에 새로운 정체성을 평화적으로 만들어냈다. 3) 과거사 문제, 영토 분쟁, 역사 교과서 문제를 겪고 있는 한중일의 관계 설정에 걸림돌로 작용하는 부정적인 고정관념을 해소하고 영토 분쟁으로 심화된 적대적 이미지를 바꾸는 데 중요한 시사점을 제공한다. 4) 민족주의적 시각을 상대화하고 역사의 탈민족주의화를 이루는 일련의 과정은 동북아시아에서 서로의 갈등과 반목의 역사를 넘어 협력과 평화의 시대를 만들어가는 데 중요한 교훈을 줄 수 있다.

　네 번째 네덜란드-독일 간 역사 청산에 관한 사례연구에서는 경제적 협력을 중심으로 실용적인 과거 청산의 길을 택한 네덜란드 경험을 추적하고 있다. 네덜란드와 독일은 제2차 세계대전이 발발하기 전까지 150여 년간 긴밀한 경제적 관계를 유지했다. 네덜란드 경제에 있어 독일은 필수적이었다. 평균적으로 네덜란드 수출의 1/4 이상은 독일로의 수출이었다. 독일에 있어 로테르담 항구를 포함한 네덜란드의 운송 항로는 루르 지역의 대규모 물자들을 운송하는 데 절대적으로 중요했다. 네덜란드 농산품의 상당 부분이 독일에 제공되었고 1920년대까지만 해도 네덜란드는 독일 산업의 최대 투자국이었다. 독일은 네덜란드에 석탄과 기계를 제공해주었다. 네덜란드 경제에 있어 독일의 중요성은 많은 정치인과 기업가로 하여금 독일의 회복이 네덜란드의 전후 복구와 직결되어 있다고 생각하도록 했다. 이처럼 네덜란드와 독일은 상호 정치적 압력을 주기에는 그 경제적 중요성이 너무 컸다.

네덜란드는 전후 불안정한 국제 정세 속에서 전후 배상을 포함한 독일문제를 해결해야 했다. 종전 직후 연합국의 독일 분할 점령 정책은 네덜란드와 독일의 무역 관계 개선에 장애로 작용했다. 네덜란드는 이를 탈피하기 위한 경제적 고려를 다른 정치적 고려들보다 우선시했고, 연합국의 정책 방향이 명확해진 후에야 네덜란드의 대독일 처리 문제는 합의점을 찾을 수 있었다. 결국 전후 독일문제 해결에 대한 네덜란드의 다양한 입장은 온건한 입장을 고수하던 정치인들과 산업계의 경제적 입장을 강조하는 방향으로 수렴되었다. 결과적으로 네덜란드는 독일에 대해 피해 보상 요구를 강경하게 관철하는 대신 온건하고 미래지향적인 협력의 방향으로 전후 양국 관계를 마무리했다. 이는 한국과 일본 간 전후 인식과 향후 양 지역 관계 개선을 위해 다음과 같은 함의를 갖는다.

첫째, 네덜란드와 독일은 치유가 어려운 전쟁의 상처를 공유하지만, 미래지향적 관계 발전을 위해 상호 합의에 기반한 전후 복구안을 마련했다. 둘째, 이 과정에서 피해자인 네덜란드의 양보와 이해가 우선하였으며, 독일로부터의 경제적 혜택을 회복해야 한다는 강경한 여론을 설득한 정치적 리더십의 역할을 주목해야 한다. 실제로 네덜란드와 독일 간 경제 교류는 전후 빠르게 회복되어 전전 수준을 상회할 수 있었다. 셋째, 네덜란드와 독일은 유럽공동체라는 다자적 지역공동체의 틀 속에서 정치적 평화와 안정을 꾀하는 동시에 무역과 경제 관계의 양자적 중요성 역시 강조하며 유지하고자 했다. 한국과 일본 역시 동북아 지역 협력체의 구상을 통해 북핵을 포함한 안보 위협을 극복하고 상호 간의 경제, 사회 교류를 증진할 수 있는 양자적 협력 방안의 모색을 강화해야 할 것으로 보인다. 이를 통해 양 지역 국민이 신뢰를 증진해나가는 것이 상호 보완적이고 호혜적인 미래 협력의 기반을 마련하는 초석이 될 것이다.

네 번째 사례인 슐레스비히-홀슈타인의 '공존과 협력' 모델에 관한 연구에서는 덴마크와 독일 사이에서 오랜 기간 국경선 분쟁을 상징하는 내표적인 곳이었던 슐레스비히-홀슈타인 지역을 살펴보았다. 오늘날 이 지역 내에 살아가는 독일계 및 덴마크계 소수민족들은 그들에 대한 적극적이고 다양한 지원책 덕분에 각 지역에 성공적으로 자리 잡아 살아가고 있으며 이 사례는 유럽 내에서 소수민족문제를 잘 해결한 가장 대표적인 사례로 꼽히고 있다. 이 지역의 소수민족문제가 어떻게 잘 해결되어 대표적인 '공존과 협력'의 모델로 정착하게 되었는지를 정치적, 경제적, 사회·문화적, 그리고 유럽적 차원에서 나눠서 살펴보았다.

정치적인 차원에서 독특한 점은 소수민족이 다양한 정치기구를 통해 활발하게 의견 개진이 가능한 구조를 갖추고 있다는 점이다. 북슐레스비히의 BDN은 독일어 사용 및 독일 문화를 장려하기 위한 기구로 설립되어 덴마크 내 소수민족의 모든 이슈를 관장하고, 남슐레스비히의 SSF는 사회·문화 기구로서의 역할을 하면서 독일 내 소수민족의 정치적 이해관계를 대변하고 옹호한다. 또한 지역 정당인 슐레스비히당(SP)의 적극적인 활동도 소수민족의 정치적 대표에 도움을 준다. 경제적인 차원에서 1990년대 유럽연합이 INTERREG 프로그램을 도입하면서 독일과 덴마크 양측 간의 경제협력이 본격화되었고 오늘날 80여 개 프로그램을 운영 중이다. 예컨대 농민협회(LHN)는 덴마크 남부 지역의 농업 발전과 개선을 위해 일하며 신용조합은 농민의 이익을 대변하며 조합은행은 저금리 대출을 알선한다. 사회문화적 차원에서도 1990년대부터 협력이 활성화되어 소수민족 학교에 대한 전폭적인 지원이 실시되고 있으며 소수민족의 전통과 문화를 유지하도록 배려, 지원하고 있고 유럽적 시각에 대한 교육을 통해 유럽 통합의 과정과 유럽 시민의 소양을 가르치고 있다. 유럽적 차원에서는 유럽연합의 재정 지원 사업으로 유럽지역개발기금과 슐레스비히-홀슈타인 중소기업을 위한 투자 기금 등이 있다. 또한 네크워킹 사업으로서 유럽 소수민족연합체는 유럽평의회와 연계를 갖고 있으며 유럽대화포럼은 유럽의회와 연계하고 있다.

　이 사례를 통해 도출해볼 수 있는 시사점은 문화적 다양성을 인정하는 것이 양국 간의 갈등 관계를 해소하는 데에 무엇보다도 중요하다는 점이다. 그 구체적인 방안으로 현재 실행 중인 동아시아 문화도시 프로그램의 실효성을 높이는 것을 제시해볼 수 있다.

즉 슐레스비히-홀슈타인 사례는 유럽 내 급증하는 이민자 문제를 해결하는 데 참조점이 될 수 있고, 한국에서도 궁극적으로 통일 한국과 다인종 사회 대비하는 의미에서 우리에게 주는 시사점이 있다.

다섯 번째 오스트리아·헝가리 이중 제국(1867-1918)의 사례에서는 어떻게 이 제국이 평화와 공존을 시도했는가에 대한 답을 찾는다. 오스트리아·헝가리 이중 제국은 그 성립에 있어서는 상호 실리적 방법을 추구하는 과정에서 국제 정세의 영향과 양국 엘리트들의 외교적 성공에 힘입은 결과라고 전제할 수 있지만 헝가리 내에서도 '행복한 평화의 시기'이자 '평화의 황금시대'라고 명명할 정도로 새로운 협력 관계의 시대를 열었다. 결과적으로 볼 때 역사적 맥락에서 오스트리아·헝가리 이중 제국은 제도적 결함을 갖고 있었고 국제 정세의 변화에 따른 새로운 선택과 결정이 요구되는 상황이었으나 오스트리아와 헝가리 지도층은 이에 대처하기에는 너무 무능했다. 그들은 공동체 제도의 모순을 드러내는 대내적인 변화와 국제 정세 변화의 조짐을 파악하지 못하고 정치적 이해에 집착했고 그 결과 이중 제국은 폐망의 위기를 맞게 되었다.

특히 오스트리아·헝가리 이중 제국의 성립과 존망에 있어 국제 환경은 가장 중요한 요소로 꼽힐 수 있다. 독일통일에 대한 두려움이 합스부르크 제국과 헝가리가 타협에 이르게 된 직접적인 요인이라면, 이중 제국 체제가 갖고 있던 제도적 모순점과 이로 인해 발생한 민족문제는 당시 국제 정세와 엮여 이중 제국이 해체된 요인이었다. 당시 사회를 이끌었던 정치 세력의 무능함과 연결해 본다면, 더 정확한 국제 정세에 대한 파악과 이에 따른 정책이 수

반되었다면 다른 결과를 가져왔을 것이다.

　이와 같은 점은 현재 한국의 위치와 동아시아 문제에 대입해볼 수 있다. 탈냉전이라는 변혁의 질서가 도래하면서 지역주의 논의가 가시화되었고, 한국의 경우 분단이라는 특수 상황을 극복하고 경제적 위상을 확대하고자 동아시아 공동체를 통한 새로운 협력에 관심을 두고 있다. 그러나 동아시아 각국은 매우 이질적인 정서와 반감으로 상생을 위한 타협보다는 위기감이 증대되는 경우가 허다하다. 특히 한국이 국제무대에서 갖는 위상을 고려해볼 때 우리에게는 국제 정세를 정확히 이해하고 국내 문제에 사로잡혀 이를 놓치는 우를 범하지 않는 리더십과 결단력이 필요하다. 오스트리아·헝가리 이중 제국의 사례에서 알 수 있듯이 제도를 통한 공동체의 성립 이후에도 지도자의 정확한 인식과 판단, 추진력 등은 평화를 유지하는 데 매우 중요하다. 그러나 이는 결과론적인 요인에 그치기 쉬우며 그 중요성에 비추어 여러 변수를 내포하고 있다.

　이 연구는 한국이 지향하는 동아시아 공동체는 무엇인가라는 질문으로 이어진다. 아마도 그것은 삶의 공간의 확대이자 현실 공간인 동시에 평화와 공생, 환대가 공존하는 공간일 것이다. 민족주의적 경쟁의 장이 아닌 공평하고 조화로운 공간, 한 국가의 패권이 추구되거나 위계질서가 형성되지 않는 체제가 바람직할 것이다. 오스트리아·헝가리 이중 제국은 문화적으로 자기 인식에 있어서도 시각 차이를 보였다. 특히 오스트리아가 진행했던 정체성의 시도들은 이러한 고정관념에 대한 변화 및 새로운 도전으로 받아들일 수 있다. 오스트리아·헝가리 이중 제국이라는 공동의 유대감을 생성하기 위해 '군대, 군악대, 군대 음악'을 만들어냈고 이는 대중들에게 효과적으로 파고들었다. 이것들은 사람들로 하여금 자신들이 오스트리아인이면서 동시에 오스트리아·헝가리 이중 제국의 시민이라는 인식을 갖게 했다. 즉 이러한 시도들은 공동체 내에서 유동적으로 변형되어가며 공유되는 감정을 유발한 것이다. 이런 의미에서 공동체는 변하지 않는 특정한 상태로 고정되어 있는 것이라기보다는 유동적이고 발전해가는 '정치적 구성물'이라 할 수 있다. 그렇다면 동아시아 공동체를 추진할 때에도 이러한 문화적 정체성의 형성과 공유를 시도하여 보다 원활하게 협력체를 추구할 수 있을 것이다. '한국인'이면서 '동아시아인', 나아가 '아시아인'으로서의 정체성을 만들어가는 것이다. 이를 위해서는 각국별로 적극적인 가치 공유가 필요할 것이며 상생과 조화를 위한 연대감을 구축해야 할 것이다. 그리하여 '동아시아적 가치'라는 것이 있다고 가정할 때 이것은 단순히 지리적 개념에서의 아시아가 아니라 아시아 문화의 특수성과 장점을 인류 보편적 가치로 조화시키고 각국의 개성을 이해하는 가치관을 제공하는 형태의 것이어야 할 것이다. 이는 다양한 형태로 가시화될 수 있는데 예를 들어 아시아 문화 자원에 대한 수집과 연구를 통해 모든 국가가 공유 가능한 유사한 스토리텔링을 찾아낼 수 있을 것이다.

일곱 번째 북아일랜드 평화 프로세스의 성공에 관한 사례연구에서는 우선 북아일랜드와 독일 사례의 유사성과 차이점에 주목한다. 한반도의 평화와 통일의 한 모델로서 우리가 오랫동안 관심을 가져온 나라는 독일이었다. 독일은 분단 과정에서 국제정치적 요인이 크게 작용했고 냉전 시기 좌우 이념 대립을 대표했다는 점에서 한반도 분단 상황과 유사한 특징을 보여준다. 그러나 독일의 경우 동·서독이 직접 전쟁을 치른 적이 없다는 점에서 내전을 겪고 이후 계속해서 군사적 위협에 노출되어온 한반도의 경우와는 상황이 다르다. 반면 최근 주목을 받는 북아일랜드 사례는 식민 지배와 내전을 거쳤고 구교도 공화주의자와 신교도 통합주의자 사이에 폭력적인 갈등이 지속됐다는 점에서 한반도의 현실에 시사점이 있다.

북아일랜드 평화 프로세스 성공 요인은 정책, 리더십, 국제적 차원으로 나눠 살펴볼 수 있다. 첫째, 1998년 성금요일협정은 30여 년에 걸친 분쟁의 시기에 성공과 실패를 반복했던 모든 대화와 타협의 결과들이 누적되어 반영된 것으로서 어떤 조항도 하루아침에 생겨난 것이 아니었다. 특히 권력 분점 정부 구성, 아일랜드 헌법 2조 및 3조의 영토 조항 개정, 북아일랜드의 미래를 북아일랜드 다수의 동의 없이는 누구도 바꿀 수 없다는 내용의 자치권 인정 등은 평화 프로세스 성공에 매우 중요한 사항들이었다. 둘째, 북아일랜드의 경험은 또한 시민사회와 정당이 대화와 타협 과정의 주체로 참여하여 정부와 함께 책임과 의무를 나눠 갖는 것이 평화 프로세스 성공의 중요한 가늠자라는 사실을 보여준다. 이 과정에서 정치 지도자의 리더십은 매우 중요한 역할을 한다. 북아일랜드의 경험은 이 과정이 시민들을 광범위하게 평화협정의 주체로 참여하게 만드는 공동체 활성화 프로그램 등과 함께 진행되었을 때 긍정적인 결과를 가져온다는 점을 보여준다. 셋째, 북아일랜드의 경험은 유럽연합과 미국을 비롯한 주요 영향력을 가진 주체들의 국제 협력과 지원을 이끌어내는 것이 평화 프로세스 성공 여부에 매우 중요하다는 사실을 보여준다. 지역의 문제를 국제화함으로써 다양한 국제사회의 시각에서 오랫동안 누적된 특수한 관계를 풀어갈 실마리를 찾고, 이후 평화협정의 안정적 이행 과정을 감시할 국제사회의 규정력을 높임으로써 결국 평화 프로세스의 성공을 이끌어낸 것이다.

마지막 여덟 번째 사례로서 핀란드 외교정책 변화를 러시아 의존성 약화를 중심으로 분석한 연구에서는 매우 독특한 핀란드의 외교 안보 정책의 발전 과정을 추적하고 있다. 12세기 이후 스웨덴의 영향력 아래 있었던 핀란드는 스웨덴과 러시아의 세력 관계 변화에 따라서 19세기에 러시아의 자치령이 되었고, 러시아혁명 시기에 독립을 쟁취하였다. 그러나 독립 이후 소련과의 갈등에 직면하였고, 핀란드는 '겨울전쟁'과 '계속전쟁'을 통해서 소련에 대항하였지만 결국 영토를 상실하였다. 제2차 세계대전 이후 핀란드는 과거와 다른 친소 중립 노선을 외교정책으로 활용하면서 자국의 주권을 보호하였다. 냉전 시기 핀란드의 친소 중립 노선은 1960년대와 1970년대에 서방에서 부정적으로 해석되었다. 특히 서독에서는 사민당 소속 브란트 총리의 동방정책을 비판하는 과정에서 '핀란드화'라는 용어가 사용되기도 하였다. 하지만 1980년대에는 핀란드 모델이 동유럽 문제를 해결할 수 있는 방안으로 서방세계에서 긍정적으로 검토되었고, 핀란드 모델의 적용 가능성이 이후 다른 지역의 국제분쟁 사례에서도 검토되었다. 친소 중립 정책을 취하는 기간 동안 핀란드에서는 소련과 관련된 사안에 대해서 철저한 자기 검열이 있었다. 하지만 핀란드는 소련과의 평화 유지를 통해서 경제적 이점을 취하는 등 실리를 취하기도 했다. 또한 국제 관계 변화에 따라서 핀란드의 외교정책은 유연하게 변화하여 20세기 후반에는 친소 중립 노선을 폐기하고 유럽 통합에 적극적으로 참여하였다.

핀란드는 정치적 상황에 따라서 전쟁 수행, 주변 강대국에 대한 우호 정책, 지역 통합 참여 등의 다양한 방식을 외교정책으로 활용하였다. 핀란드는 독립 초기에 전쟁 수행을 하지 않았다면 주권을 모두 상실하고 구소련의 회원국 중 하나로 전락했을 수 있었으며, 제2차 세계대전 이후 반소 정책을 취했다면 냉전 시기에 소련과의 국경에서 끊임없는 안보 문제에 직면했을 것이다. 결국 핀란드는 주변의 강대국에 대해서 시대 상황에 맞는 외교정책을 수행해왔다고 볼 수 있다. 이에 해당하는 또 하나의 사례는 냉전이 끝나고 소련의 영향력이 약화되었을 때 핀란드가 EU에 가입한 것이다. 이런 점에서 핀란드의 외교정책은 약소국의 입장에서 주변 강대국의 세력 변화를 관찰하며 유연성을 가지고 변화해왔다는 데 그 특징이 있다. 최근 국내에서도 동아시아 안보 문제에 대한 해법으로 핀란드 모델의 적용 가능성이 정치적 입장에 따라서 부정적으로 또는 긍정적으로 거론되기도 한다. 그러나 핀란드 외교정책은 시기에 따라 다양하게 변화했기 때문에 핀란드 모델에 대한 입체적인 이해 없이 특정 지정학적 상황에 핀란드 모델을 적용하려는 시도는 오히려 혼란을 초래할 수 있다.

이상의 여덟 가지 사례에서 얻을 수 있는 역사적 교훈을 다시 한번 간략하게 요약하면 첫째, 역사 화해를 통한 지역 협력의 대표적인 사례연구로서 독일-프랑스 관계 정상화는 두 나라가 지역 협력이라는 적극적인 '유럽적 해결책'을 추구하고 새로운 독일-프랑스 관계를 정립, 발전시켜나간 결과라는 점을 기억해야 한다. 양국 관계는 1950년대 경제적 '협력 관계', 1960년대 '신뢰할 수 있는 동반자 관계', 1970년대 '위기의 시대 동반자 관계' 그리고 1980-1990년대 'EU의 시대 동반자 관계'로 변화, 발전하였다. 오랫동안 숙적 관계였던 독일과 프랑스를 화해와 협력으로 이끌었던 독일과 프랑스 사이의 협력 동인을 살펴봄으로써 한일 관계의 정상화를 위한 적극적인 '아시아적 해법'의 도출이 가능할 것이다.

둘째, 유럽 분쟁 지역 관리의 대표적인 사례로서 독일-프랑스 국경 지대 연구는 오랫동안 정치적 귀속을 둘러싼 역사적 갈등의 대상지였지만 제2차 세계대전 후 스위스를 포함한 하나의 경제 공간으로서 '라인 상류 지역' 구축을 통하여 지속 가능한 공존 방식을 모색하였다는 점을 발견하였다. 한국과 동북아 상황에서도 영토 분쟁과 같이 복잡하고 민감한 문제를 해결하는 효율적인 해법으로 공동의 경제 번영 공간의 창출이 중요할 것이다. 이런 의미에서 한국, 북한, 중국, 러시아 그리고 몽골 정부 사이에서 이미 진행되고 있는 공동의 경제 번영을 위한 나사산 협의체인 '광역두만강개발계획(GTI)'은 동북아 개발 협력뿐 아니라 동북아 평화 구축을 위해 중요한 역할을 담당할 수 있을 것이다.

셋째, 독일과 폴란드의 국경선에 인접한 슐레지엔 지역은 역사상 가장 많은 논란이 있어온 국경·영토 분쟁 지역 중 하나이다. 역사적으로 슐레지엔 문제는 독일-폴란드 관계의 오랜 걸림돌로 작용해왔으나, 제2차 세계대전 후부터 양국은 공존의 불가피성을 인정하고 지역 분쟁의 해결을 위해 정치적, 경제적 협력뿐만 아니라 공동의 역사 교과서 구성을 추진하면서 역사적 갈등을 해결하였다. 슐레지엔 지역연구가 주는 함의는 접경 지역의 탈민족주의화 과정이 평화의 통로로서 기능하며 새로운 지역 정체성의 형성을 크게 도울 수 있다는 점이다.

넷째, 독일-네덜란드 역사 청산에 관한 사례연구는 오랜 식민지 역사를 겪은 우리에게 시사하는 바가 크다. 제2차 세계대전 당시 독일의 지배를 받은 네덜란드는 전후 독일에 전쟁에 대한 피해 보상을 요구하는 강경한 대책보다 온건하고 미래지향적인 경제협력 방향을 모색하였고 이를 통해 독일과의 새로운 관계를 정립, 발전시켜나갔다.

다섯째, 독일-덴마크 국경분쟁 지역인 슐레스비히-홀슈타인 지역은 국경선에 인접해 있는 소수민족에 대한 다양한 지원책을 통해 국경분쟁 문제를 해소하였다. 이러한 슐레스비히-홀슈타인 사례는 유럽 내 급증하는 이민자 문제를 해결하는 데 중요한 참고 사례가 될 수 있고, 궁극적으로 통일과 다인종 사회에 대비해야 하는 한국에도 시사점이 있다.

여섯째, 오스트리아·헝가리 분리·독립에 관한 사례연구는 1867년 성립된 오스트리아·헝가리 이중 제국의 '대타협(Ausgleich)'을 중심으로 제도적 특징과 문화적 공존을 위한 노력들을 분석했다. 이 연구는 오스트리아·헝가리 제국의 공존의 가능성과 한계를 되짚어보면서 남북통일 및 동북아시아의 연합 형태 등 서로 다른 이질적 요소들이 어떻게 공존할 수 있는지에 대한 함의의 도출을 시도하며 특히 제도를 통해 공동체가 성립했다고 하더라도 문화적 정체성을 공유할 수 있는 다양한 노력들이 추가되어야 하며 리더의 정확한 인식과 판단, 추진력 등이 평화를 유지하는 중요한 요소였다는 함의를 이끌어낸다.

일곱 번째 사례연구의 대상인 북아일랜드는 1998년 성금요일협정 체결 전까지만 해도 내전을 겪은 이후 계속해서 군사적 위협에 노출되어온 한반도와 매우 흡사한 역사를 가진 지역이었다. 그러나 정책과 리더십 그리고 국제적 지원이라는 세 요소가 종합적으로 작용한 결과 유혈사태를 끝내고 평화를 정착시켰다. 북아일랜드 평화 프로세스에서 특히 중요한 점은 아일랜드가 헌법의 영토조항 개정을 통해 북아일랜드 실지회복을 포기하고 영국 역시 남·북아일랜드의 분리를 규정한 1920년의 아일랜드정부법을 폐기함으로써 상대의 멸절을 통한 통일이 아닌 현실적인 평화로운 공존에 합의했다는 것이다. 북아일랜드 평화 프로세스는 또한 미국과 유럽연합의 국제적인 지원이 결정적 역할을 함으로써 '지역 분쟁의 국제화'를 통해 문제 해결을 모색한 대표적인 사례가 되었다. 무엇보다도 북아일랜드 사례가 보여주는 중요한 교훈은 평화를 이루기 위해서는 오랜 기간 성공과 실패를 반복하면서도 포기하지 않고 끊임없이 대화하고 타협하는 노력이 필요하다는 사실이다.

마지막으로 여덟째, 러시아-핀란드 국제 관계에 관한 연구는 핀란드가 약소국의 입장에서 어떻게 주변 강대국의 세력 변화를 관찰하며 주변 강대국에 맞서 시대 상황에 맞는 외교정책을 펼쳤는지 분석했다는 점에서 향후 한반도의 외교 방향과 안보 문제에 참고가 될 중요한 지역연구로 볼 수 있다. 핀란드는 정치적 상황에 따라서 전쟁 수행, 주변 강대국에 대한 우호 정책, 지역 통합에의 참여 등 다양한 방식을 활용하면서 주변 강대국의 세력 변화에 맞취 유연하게 외교정책을 변화시켜왔다는 점을 알 수 있었다.

이상의 논의를 바탕으로 오늘날 한일 관계와 한반도를 둘러싼 동북아시아 질서를 생각할 때 우리가 얻을 수 있는 공통적인 교훈을 정리하면 다음과 같은 다섯 가지 내용을 제시할 수 있다. 첫째, 독일과 프랑스가 관계 정상화를 위해 유럽 통합을 지렛대로 이용하며 유럽적 해법을 만든 것처럼 한국과 일본도 관계 정상화를 위해 아시아 공동체와 같은 지역 협력의 구도를 일구고 이를 지렛대로 경제적 이익과 정체성의 주장 사이에서 균형을 잡는 '아시아적 해법'을 적극적으로 모색할 필요가 있다. 둘째, 분쟁 지역 문제를 해결함에 있어서 정치나 역사적인 접근을 취하기보다 공동의 경제적 공간의 구축을 통한 지속 가능한 공존 방식을 모색할 필요가 있고, 예컨대 '광역두만강개발계획'과 같은 경제적 협력은 동북아 개발 협력뿐 아니라 동북아 평화 구축을 위해 중요한 역할을 담당할 수 있을 것으로 기대할 수 있다. 셋째, 한국과 일본은 공존의 불가피성을 인정하고 아시아의 평화와 번영을 위해 민족주의적 시각을 상대화하고 역사를 탈민족주의화하는 일련의 과정을 마련할 필요가 있다. 넷째, '동아시아 문화도시 프로그램'과 같은 문화적 차원의 협력 증진 및 강화 과정은 한일 양국 간의 갈등 해소에 도움을 줄 것이라고 기대할 수 있다. 다섯째, 한반도 문제와 한일 관계는 이미 당사자 사이의 문제 수준을 벗어나 세계 질서를 바꿀 수 있는 사안으로 국제화되어 있기 때문에 당사자 사이의 합의 이행을 강제하는 규범적 힘으로서 국제적 지지를 이끌어낼 수 있는 정치 지도자의 유연한 대응이 중요하고 정치 지도자들은 궁극적으로 미래지향적인 정책에 대한 합의를 통해 동아시아 시민들의 지지와 참여를 이끌어낼 수 있어야 한다.

　이 가운데 특히 역사적 갈등 및 영토 분쟁으로 첨예하게 대립했던 유럽 국가들이 경제협력을 통해 새로운 관계 정립을 시도했던 사례는 우리의 통일 문제에도 많은 시사점을 제공한다. 라인 상류 지역에 대한 두 번째 사례연구처럼 경제적 실익을 보장하는 통합 계획은 영토 분쟁이라는 민감한 문제에도 불구하고 주변국의 참여와 협력을 독려하기 때문이다. 동북아 공동체 및 동북아 평화 구축을 위해서는 경제적 혜택을 매개로 북한의 참여를 끌어낼 수 있어야 한다. 북한은 경제적 이익을, 그리고 남한은 안보 이익을 얻을 수 있는, 예컨대 '광역두만강개발계획'과 같은 다양한 '협력 모델'의 개발이 필요하다. 한국, 북한, 중국, 러시아 그리고 몽골 정부 간 다자간 협의체인 '광역두만강개발계획'은 동북아 개발 협력의 도모에 그치는 것이 아니라 동북아 평화 구축을 위해 중요한 역할을 담당할 수 있는 것이다.

　역사 화해의 사례로서 프랑스와 독일의 관계 역시 한일 관계의 미래를 위해 중요한 시사점을 제공하고 있다. 종전 후 프랑스는 전쟁으로 파괴된 국가를 성장시킴과 동시에 독일을 견제해야 하는 두 가지 국가적 과제를 안고 있었다. 국가 성장과 평화를 위해서는 오랜 숙적 관계였던 독일과의 협력이 필수적이었다. 독일의 잠재적 성장 가능성은 프랑스의 경제 발전에 필수불가결한 요소였기 때문이다. 그렇지만 독일의 성장과 세력화는 프랑스와 유럽을 위협하는 요인이기도 하였다. 프랑스는 자국의 경제 복구를 위한 독일 경제 재건과 독일 세력의 견제라는 딜레마에 대한 해결책을 통합 정책에서 찾았다. 프랑스는 유럽적 공간의 창출을 통해 독일 경제를 활용할 수 있을 뿐 아니라 독일 세력을 견제할 수 있는 발판을 마련하였다. 유럽의 석탄철강공동체는 종전 후 프랑스가 처한 이와 같은 외교정책의 딜레마를 해결하기 위한 노력의 결과로 볼 수 있다. 결과적으로 프랑스는 독일로부터 석탄을 안정적으로 공급받는 한편, 유럽의 협력 관계에서 리더십을 발휘할 새로운 기회를 얻게 되었고, 이를 기반으로 한 프랑스의 외교적 힘은 미테랑 정부 시기까지 이어졌다. 오늘날 동북아시아와 한반도는 전후 유럽이 직면했던 것과 유사한 외교적 어려움에 처해 있다. 한반도 통일이라는 당면 과제도 주변국의 적극적인 협력 없이는 어려운 상황이다. 프랑스의 경우처럼 한국은 한일 관계에 있어서 일본 문제를 좀 더 전향적으로 생각할 필요가 있다. 일본 역시 독일이 그랬던 것처럼 과거사 문제에 더 책임 있고 진정성 있는 자세로 나설 필요가 있다. 독일이 유럽 통합에의 기여를 통해 세계무대에 정상 국가로 복귀했듯이 일본 역시 아시아의 구성원으로서 책임과 의무를 다하면서 세계무대에 정상 국가로 복귀해야 한다. 유럽의 역사 화해 과정에서 프랑스가 독일을 전쟁의 원인을 추궁하는 대상이 아닌 새로운 유럽 계획을 실현하기 위해 설득해야 할 상대로 여기고 새로운 협력 관계를 재정립한 역사적 사례는 우리에게도 많은 시사점을 제공한다.

참고 문헌

강태호, 2017, 「아일랜드 평화 프로세스서 남북화해 협력 해법 찾는다」, 『한겨레신문』 2017년 9월 21일.
곤도 다카히로, 2006, 『역사 교과서의 대화』, 박경희 옮김, 서울: 역사비평사.
구갑우, 2012, 「탈식민적 분단국가의 재생산: 남북한과 아일랜드-북아일랜드의 사회적 장벽 비교」, 『한국과 국제정치』 28권 3호.
구갑우, 2013, 「아일랜드섬 평화과정 네트워크의 형태변환: 합의 이후 실행 과정에서 나타난 이념과 세력의 변화를 중심으로」, 『한국과 국제정치』 29권 3호.
권송택, 2015, 「말러vs모더니즘」, 『음악논단』 33집.
김남국, 2017a, 「정치인은 왜 거짓말을 할까?」, 『한겨레신문』 2017년 4월 17일.
김남국, 2017b, 「북아일랜드 평화 프로세스의 성공 요인」, 『한겨레신문』 2017년 10월 2일.
김동주 외, 2010, 『글로벌 도시권 육성 방안 연구(I)』, 안양: 국토연구원.
김동진, 2015, 「북아일랜드 평화 프로세스와 지속 가능한 평화 구축」, 『통일과 평화』 제7권 2호.
김승렬, 2003, 「숙적 관계에서 협력 관계로: 독일 프랑스 역사 교과서 협의」, 『역사와 경계』 49호.
김승렬, 2004a, 「분단 시기 구서독의 역사문화, 역사교육 그리고 역사 교과

서」, 국사편찬위원회 엮음, 『북한의 한국사 연구동향(4)』, 서울: 국사편찬위원회

김승렬, 2004b, 「유럽 역사 분쟁지: 알자스로렌」, 『내일을 여는 역사』, 서해문집.

김승렬, 2007, 「"두 개의 시선"으로 바라본 관계사: 독일-폴란드 역사교과서 대화」, 『역사교육』 101호.

김승렬, 2008, 「독일·폴란드의 국경분쟁과 역사 분쟁 ― 슐레지엔·실롱스크의 경우」, 김승렬 외, 『유럽의 영토 분쟁과 역사 분쟁』, 서울: 동북아역사재단.

김영중, 장붕익, 1994, 『네덜란드사』, 서울: 대한교과서주식회사.

김용덕, 2005, 「2차 대전 후 강제 추방된 독일인의 재산 반환 요구에 대한 폴란드의 입장 연구」, 『동유럽발칸학』, 제7권 2호.

김용덕, 2010, 「폴란드 삼국분할과 영토 분쟁 연구」, 『동유럽연구』, 제24권.

김용덕, 2011, 「독일통일에 대한 폴란드의 입장 연구」, 『동유럽발칸학』, 제13권 1호.

김유정, 2012, 「장 모네와 미국 정치 엘리트와의 관계를 통해서 본 유럽 통합사, 1938-1963」, 『역사문화연구』 제42호(2012. 5).

김유정, 2017, 「영국이 없는 유럽: 1960년대 '프랑스의 유럽'을 위한 드골의 유럽 통합 정책」, 『프랑스사 연구』 제36호.

김유정·김남국, 2017, 「폴란드-러시아의 역사적 갈등요인 고찰」, 『EU연구』 45호.

김장수, 2012, 「팔라츠키의 정치활동과 그 한계성」, 『서양사연구』 제26집.

김장수, 2013, 「소슬라브민족회의(1866) 개최 원인, 진행 과정, 그리고 결과를 중심으로」, 『역사문화연구』 제48집.

김장수, 2014, 「오스트리아 제국 내 독일 자치주의자들의 활동과 목적: 쾨니히그래츠(Königgrätz) 패배이후부터 아우제(Ausee) 회담까지의 시기를 중심으로」, 『유럽연구』 제32권 4호.

김정노, 2015, 『아일랜드 평화 프로세스』, 서울: 늘품플러스.

김지영, 2008, 「오스트리아·헝가리제국 시대와 호르띠 시대의 헝가리 교육제도 연구」, 『동유럽발칸학』, 제10권 2호.

김지영, 2012, 「이상과 현실, 오스트리아·헝가리 제국의 공동외교정책과 독

립당의 활동」, 『독일연구』 제23호.

김지영, 2013a, 「두 가지 정체성의 공존: 헝가리인의 비유럽적 기원과 유럽적 '자기인식'」, 『통합유럽연구』 6호.

김지영, 2013b, 「부다페스트, 통일성과 다양성의 역사변주곡」, 통합유럽연구회 엮음, 『도시로 보는 유럽 통합사: 영원의 도시 로마에서 EU의 수도 브뤼셀까지』, 서울: 책과함께.

김지영·임상우, 2011, 「이중성과 전환기적 특성: 오스트리아·헝가리 이중 제국 시대 헝가리 사회 문화의 특성」, 『서양사학연구』 제24집.

김진호, 2003, 「핀란드 중립 정책에 대한 고찰과 교훈」, 『통일문제연구』 제15권 제1호.

김진호·강병철, 2007, 「스웨덴과 핀란드의 중립화의 정치: 국제-지역-국내 정치의 다이내믹스」, 『유럽연구』 제25권 제3호.

김철민, 2016, 「파리 2월 혁명(1848)과 크로아티아: 반(Ban) 옐라취치 활동과 전략적 선택을 중심으로」, 『동유럽발칸연구』 제40권 4호.

김필영, 2011, 「독일 3월 혁명 시기의 '슐레스비히-홀스타인(Schleswig-Holstein) 문제' 인식: 가톨릭 보수 언론을 중심으로」, 『대구사학』 제103집.

나무위키, 2017, "오스트리아·헝가리 제국". https://namu.wiki/w/%EC%98%A4%EC%8A%A4%ED%8A%B8%EB%A6%AC%EC%95%84-%ED%97%9D%EA%B0%80%EB%A6%AC (검색일: 2017. 7. 15.)

니시카와 마사오(西川正雄), 1987, 「역사 교과서 개선의 국제 협력: 서독-폴란드 교과서 회의」, 이광주 옮김, 이광주·오주환 엮음, 『역사이론』, 서울: 문학과지성사.

동북아역사재단, 2009, 『중유럽 민족문제』, 서울: 동북아역사재단.

『매일경제』, 2014, 「스웨덴과 러시아의 운명을 바꾼 폴타바 전투(2)」, 2014년 12월 30일 자. www.mk.co.kr/news/culture/view/2014/12/1579244/

모종린, 2000, 「보스니아, 북아일랜드 평화협정 사례연구 — 북아일랜드의 "성금요일(Good Friday)"평화협정」, 『전략연구』 18호.

몸젠, 볼프강 J., 2006, 『원치 않은 혁명 1848』, 최호근 옮김, 서울: 푸른역사.

문기상, 1983, 「독일의 역사교육」, 『역사교육』 34호.

문수현, 2008, 「'영원히 함께 머무르리' 대 '덴마크는 아이더강까지': 슐레스비히·홀슈타인의 경우」, 『유럽의 영토 분쟁과 역사 분쟁』, 동북아역사재단.

민경태, 2014, 『서울 평양 메가시티』, 서울: 미래의창.

박경미, 2009, 「정당정치와 사회갈등 재생산의 동학: 북아일랜드의 민족갈등을 중심으로」, 『분쟁해결연구』 7권 1호.

박성훈·윤성원·김장호, 2008, 『EU 문화 정책의 유립 통합에 대한 파급효과와 동아시아 통합에 대한 시사점: 유립문화수도 프로그램의 사례연구를 중심으로』, SNU-KIEP EU 센터 시리즈 08-03, 대외경제정책연구원.

박용희, 2008, 「'분쟁'의 역사학에서 '공존'의 역사학으로」, 김승렬 외, 『유럽의 영토 분쟁과 역사 분쟁』, 서울: 동북아역사재단.

박재영, 2007, 「오스트리아·헝가리 이중 제국의 국가 체제와 민족문제」, 『경주사학』 제26권.

박지향, 2002, 「버나드 쇼의 두 개의 섬」, 『영국연구』 7호.

박지현, 2015, 「유럽 통합과 프랑스 식민주의의 제 문제」, 『프랑스사 연구』 제32호(2015. 2).

배명복, 2017, 「북아일랜드서 본 한반도 위기」, 『중앙일보』 2017년 9월 26일.

볼프룸, 에드가, 2007, 『무기가 된 역사』, 이병련·김승렬 옮김, 서울: 역사비평사.

신종훈, 2015, 「1970·80년대 서독 유럽 정치의 성격」, 『독일연구』 Vol. 29.

신혜수, 1998, 「북아일랜드, 길고도 멀었던 대립과 갈등」, 『역사비평』 43호.

안병억, 2008, 「1960년대 초 유럽주의와 대서양주의: 드골의 "유럽" 대 미국의 "유럽"」, 『유럽연구』 26권 1호.

양동휴, 2012, 「금본위제의 성립은 역사적 진화인가: 복본위제 단상」, 『경제논집』 51권 1호.

오인제, 2005, 「러시아 정세, 핀란드 경제의 발목을 잡을까?」, 『KORTA 해외시장뉴스』 2005년 8월 12일 자. https://news.kotra.or.kr/user/globalBbs/kotranews/3/globalBbsDataView.do?setIdx=242&dataIdx=144422 (검색일: 2017. 5. 10.).

윤성원, 2017, 「유럽연합과 문화 이벤트: 유럽문화수도 프로그램의 통합적 기제로서의 역할 및 동북아공동체 구상에의 함의」, 『세계지역연구논총』 제35집 3호.

윤철기, 2015, 「북아일랜드 평화 구축의 정치경제학과 한반도를 위한 시사점」, 북한연구세계학술대회.

이기탁, 1983, 「핀랜드의 중립 외교정책(1914-1983)」, 『유럽연구』 제1권.
이동기, 2014, 「평화사란 무엇인가?」, 『역사비평』 통권 106호, 역사비평사.
이민호, 1990, 「독일-폴란드 교과서협의」, 『독일·독일민족·독일사: 분단 독일의 역사의식』, 서울: 느티나무.
이상협, 1996, 『헝가리사』, 서울: 대한교과서주식회사.
이상협, 2011, 「합스부르크 제국과 헝가리의 역사 문화적 자기이해」, 『동유럽연구』 제25권 특집기획호.
이용일, 2015, 「독일-폴란드 관계 정상화를 위한 '감정의 정치' ― 바르샤바조약과 브란트의 크니팔」, 『역사비평』 11호.
이용재, 2008, 「엘리제조약을 위하여 ― 유럽 통합과 독일-프랑스 화해의 샛길」, 『프랑스사 연구』 제19호.
이용재, 2009, 「드골과 제5공화국의 탄생 ― '공화주의 전통'의 연속과 단절」, 『역사학 연구』 제37호.
이우영, 2016, 「남아프리카공화국과 북아일랜드의 사례가 남북한 통합에 주는 시사점」, 『통일인문학』 67호.
이원경, 2011, 「유럽 통합에 있어서 지역 정체성 문제: 북유럽 선두주자 덴마크를 중심으로」, 『역사문화연구』 제38집.
이장훈, 2015, 「시진핑이 東北으로 간 까닭은?」, 『월간조선』 2015년 9월호. http://monthly.chosun.com/client/news/viw.asp?ctcd=D&nNewsNumb=201509100028&page=6 (검색일: 2019. 9. 13.)
이재승 외, 2016, 「지역 협력의 조건: 초기 유럽 통합의 재고찰과 동북아시아에의 함의」, 『KIEP 대외경제정책연구원』.
이정우, 1998, 「북아일랜드 평화협정의 의미와 전망」, 『통일한국』 16권 6호.
이정훈, 2000, 「보스니아, 북아일랜드 평화협정 사례연구 ― 보스니아 내전과 데이턴 평화협정의 교훈」, 『전략연구』 18호.
이종광, 2010, 「지스카르 데스탱의 유럽정책과 유럽 통합 발전에 미친 영향: 제도적 개혁과 경제통화동맹을 중심으로」, 『유럽연구』 제28권 1호.
이종원·윤성원·황기식, 2014, 『EU28: 유럽 통합의 이해』, 도서출판 해남.
이현주, 2002, 「유럽공동체의 개방공간상에서 보완지역 간의 초국경적 통합: 프랑스 접경 지역을 사례로」, 『지리학논총』 40호.
조홍식, 2008, 「드골과 미테랑의 유럽정책 비교 연구: 개인적 비전과 정책의 제약」, 『유럽연구』 제26권 2호.
주벨기에유럽연합대한민국대사관, 2017a, 「평화를 위한 동반자 관계(Partnership for Peace, PfP)」. http://overseas.mofa.go.kr/be-ko/wpge/m_7591/contents.do (검색일: 2017. 5. 9.)
주벨기에유럽연합대한민국대사관, 2017b, 「유럽, 대서양 동반자 관계이사회 (Euro-Atlantic Partnership Council, EAPC)」. http://overseas.mofa.go.kr/be-ko/wpge/m_7591/contents.do (검색일: 2017. 5. 9.)
주핀란드대한민국대사관, 2017, 「핀란드 개관」. http://fin.mofa.go.kr/korean/eu/fin/policy/overview/index.jsp (검색일: 2017. 5. 10.)
주한핀란드대사관, 2017. http://www.finland.or.kr/public/default.aspx?nodeid=35153&contentlan=26&culture=ko-KR (검색일: 2017. 9. 10.)
지정일, 1983, 「스칸디나비아 諸國의 안보 정책」, 『유럽연구』 제1권.
통합유럽연구회, 2013, 『도시로 보는 유럽 통합사: 영원의 도시 로마에서 EU의 수도 브뤼셀까지』, 서울: 책과함께.
프리츠 하르퉁, 김효전, 1996, 「오스트리아의 헌법 발전(1804-1867)」, 『동아법학』 제20호.
피츠더프, 마리, 2000, 「역사를 바꾼다: 북아일랜드 평화 구축」, 『여성과 평화』 1권.
하용출·박정원, 1998, 「약소국의 자주외교 전략: 유럽 사례를 통해 본 가능성과 한계」, 『전략논총』 제9호.
Hackmann, Jörg, 2002, 「서독의 과거정책과 폴란드에 대한 관계」, 부오지미에르즈·클라우스 찌머, 정영순 엮음, 『제2차 세계대전과 독일 폴란드의 과거 청산』, 최호근 옮김, 서울: 한국교육개발원.
한국무역협회 무역통계, 2018. http://stat.kita.net/stat/world/major/KoreaStats06.screen (검색일: 2018. 2. 1.)
한운석, 2002a, 「독일 폴란드간의 역사 교과서 협력이 한·일 역사 교과서 분쟁 해결에 주는 교훈」, 『서양사론』 75호.
한운석, 2002b, 「역사 교과서 수정을 통한 독일-폴란드간의 화해노력」, 『서양사론』 75호.
한운석, 2009, 「나치시대 폴란드에 관한 독일 역사 교과서 서술의 변화분석」, 『역사교육』 111집.

한운석·김용덕·차용구·김승렬, 2008, 『가해와 피해의 구분을 넘어: 독일·폴란드 역사 화해의 길』, 서울: 동북아역사재단.

홉스봄, 에릭 외, 2013, 『만들어진 전통』, 박지향·장문석 옮김, 서울: 휴머니스트.

황수환, 2017a, 「평화협정의 의미와 사례: 한반도에의 적용과 시사점」, 한양대 평화연구소 안보현안진단 특별 콜로키움 발표문(2017.11.22.).

황수환, 2017b, 「북아일랜드의 평화 구축 과정: 평화협정을 중심으로」, 『국제지역연구』 21권 4호.

A New Framework For Agreement, 1995. https://peacemaker.un.org/uk-ireland-framework95 (검색일: 2017. 11. 7.)

All Party Talk Plan, 1996. http://cain.ulst.ac.uk/events/peace/pp9398.htm (검색일: 2017. 11. 7.)

Anglo-Irish Agreement, 1985. http://cain.ulst.ac.uk/events/aia/aiadoc.htm (검색일: 2017. 11. 7.)

Aughey, Arthur, 2005, *The Politics of Northern Ireland: beyond the Belfast Agreement*, London: Routledge.

BAK Basel Economics, 2006, "L'espace du rhin supérieur en tant que région métropolitaine européenne".

Balassa, Béla, 1961, *The Theory of Economic Integration*, Irwin.

Barendregt, J., 1993, *The Dutch Money Purge. The monetary consequences of German occupation and their redress after liberation, 1940-1952*, Amsterdam: Thesis Publishers.

Bell, Jonathan and Aileen Stockdale, 2016, "Examining Participatory Governance in a Devolving UK: Insights from National Parks Policy Development in Northern Ireland", *Government and Policy* Vol. 34 No. 8.

Beller, Steven, 2006, *A Concise History of Austria*, Cambridge University Press.

Berdichevsky, Norman, 1999, "The German-Danish Border: A Successful Resolution of an Age-Old Conflict or its Redefinition?", *International Boundary Research Unit* Vol. 2 No. 7.

Bingen, Dieter, 2001, "Der lange Weg der 'Normalisierung': Die Entwicklung der Beziehungen zwischen der Bundesrepublik Deutschland und Polen 1949-

1990", Wolf Dieter Eberwein and Basil Kerski (eds.), *Die deutsch polnische Beziehungen 1949-2000. Eine Werte und Interessengemeinschaft?*, Baden-Baden: Opladen.

Blatter, Joachim K., 2003, "Debordering the World of States: Toward a Multi-Level System in Europe and a Multi-Polity System in North America? Insights from Border Regions", in Neil Brenner et al. (eds.), *State/Space: A Reader*, Blackwell.

Blumenwitz, Dieter, 1994, *This Is Germany: Germany's Legal Status After Unification*, Bonn: Kulturstiftung der deutschen Vertriebenen.

Bossuat, Gérard, 1996, *L'Europe des Français, 1943-1959*, Paris: Publication de la Sorbonne.

Bossuat, Gérard, 2012, *La France et la Construction de l'unitéeuropéenne, de 1919 à nos jours,* Paris: Armande Colin.

Bourlange, Jean-Louis, 1996, "From De Gaulle to Mitterrand-conflict and continuity in French European policy", in Martyn Bond, Julie Smith and William Wallace (eds.), *Eminent Europeans: Personalities who shaped contemporary europe*, London: The Greycoat Press.

Brandt, Willy, 1968, *Friedenspolitik in Europe,* Frankfurt: Fischer Verlag.

Brook-Shepherd, Gordon, 1996, *The Austrians: A Thousand-Year Odyssey*, London: Harper Collins.

Bürgschwentner, Joachim, 2013, "War Relief, Patriotism and Art: The State-run production of pictirue postcards in Austria 1914-1918", *Austrian Studies* Vol. 21.

Bund Deutscher Nordschleswiger, 2012, "The German Minority in Denmark". http://www.nordschleswig.dk/files/$misc/INFO2012-English.pdf (검색일: 2017. 9. 21.)

Byrne, Sean, Olga Skarlato, Eyob Fissuh and Cynthia Irvin, 2009, "Building Trust and Goodwill in Northern Ireland and the Border Counties: The Impact of Economic Aid on the Peace Process", *Irish Political Studies* Vol. 24 No. 3.

Campen, S. I. P., 1958, *The Quest for security. Some aspects of Netherlands foreign policy, 1945-1950,* The Hague: Martinus Nijhoff.

Central Bureau voor de Statstiek(CBS), 1970, *Zeventig jaar statistiek in ijdreeksen, 1899-1969,* The Hague: Central Bureau voor de Statstiek.

Clancy, Mary Alice, 2013, "The Lessons of Third Party Intervention?" in Timothy Jerome White, ed., *Lessons From the Northern Ireland Peace Process,* Madison: Wisconsin University Press.

Coakley, John, 2017, "Adjusting to Partition: from Irredentism to 'Consent' in Twentieth Century Ireland", *Irish Studies Review* Vol. 25 No. 2.

Cochrane, Feargal, 2007, "Irish-America, the End of the IRA's Armed Struggle and the Utility of Soft Power", *Journal of Peace Research* Vol. 44 No. 2.

Comitééconomique et social européen, 2004, "Avis sur les aires métropolitaines: implications socio-économiques pour l'avenir de l'Europe", *Avis.*

Coombes, Mike, 2007, "Defining Metropolitan Regions(MRs): Coping with complexities", OECD Paris 27th November 2007.

Cortright, David, 2008, *Peace. A History of Movemnets and Ideas,* London: Cambridge University Press.

Coulter, Colin, 2014, "Under Which Constitutional Arrangement would You still Prefer to be Unemployed? Neoliberalism, the Peace Process, and the Politics of Class in Northern Ireland", *Studies in Conflict and Terrorism* 37.

Crittenden, Camille, 1998, "Whose Patriotism? Austro-Hungarian Relations and 'Der Zigeunerbaron'", *The Musical Quarterly* Vol. 82 No. 2.

Czaplinski, Wladyslaw, 1993, "The New Polish-German Treaties and the Changing Political Structure of Europe", *The American Journal of International Law,* No. 1.

d'Estaing, Valéry Giscard, 1989, *Jean Monnet,* <Cahier rouge>, Lausanne: Fondation Jean Monnet pour l'Europe.

Daalder. H. and J. H. Gaemers (eds.), 1996, *W. Drees. Op de kentering. Toekomstbeschouwingen uit bezettingstijd,* Amsterdam: Uitgeverij Bert Bakker.

Daily Telegraph, May 15, 1998.

de Gaulle, Charles, 1970a, "Discours prononcéà Bar-le-Duc du 28 juillet 1946", *Discours et messages* t. II: Dans l'attente Février 1946-Avril 1958, Paris: Plon.

de Gaulle, Charles, 1970b, "Conférence de presse du 15 mai 1962", *Discours et messages* t. III: Avec le renouveau Mai 1958-Juillet 1962, Paris: Plon.

de Gaulle, Charles, 1970c, "Allocution prononcée à Bonn devant la foule", *Discours et messages*, t. IV: Pour l'effort Août 1962-Décembre 1965, Paris: Plon.

Deutsche Welle, 2017, "Polls open in Schleswig-Holstein state election", 07 May 2017. http://www.dw.com/en/polls-open-in-schleswig-holstein-state-election/a-38738882 (검색일: 2017. 5. 21.)

Dinan, Desmond, 2004, *Europe recast: A history of European Union*, Lynne Rienner.

Dixon, Paul, 2013, "An Honorable Deception? The Labour Government, the Good Friday Agreement and the Northern Ireland Peace Process", *British Politics* Vol. 8 No. 2.

Dixon, Paul, 2014, "There is Nothing Politically Right that is Morally Wrong?", *Irish Political Studies* Vol. 29 No. 2.

Dochartaigh, Neil, 2015, "The Longest Negotiation: British Policy, IRA Strategy and the Making of the Northern Ireland Peace Settlement", *Political Studies* Vol. 63 No. 1.

Downing Street Declaration, 1993. https://peacemaker.un.org/uk-ireland-shared-understanding95 (검색일: 2017. 11. 7.)

Eberwein, Wolf Dieter and Basil Kerski (eds.), 2001, *Die deutsch polnische Beziehungen 1949-2000. Eine Werte und Interessengemeinschaft?*, Baden-Baden: Opladen.

Economisch-Statistische Berichten(ESB), 1948, "Herstelplan en herstelbetalingen", 28 January 1948.

Eder, Susanne and Martin Sandtner, 2002, "Common Spirit in the Upper Rhine Valley", in D. H. Kaplan and J. Hakli (eds), *Boundaries and Place: European Borderlands in Geographical Context*, Lanham: Rowman & Littlefield.

Encyclopedia Britanica, 2017, "Constitutional experimentation, 1860-67". https://www.britannica.com/place/Austria/Constitutional-experimentation-1860-67 (검색일: 2017. 11. 7.)

EUR.AC, 2007, "Working with Each Other, for Each Other", Competence Analysis: National Minorities as a *Standortfaktor* in the German-Danish Border Region, European Academy.

European Centre for Minority Issues, 2017, "Minority Map and Timeline of Europe". http://mmte.eu/ (검색일: 2017. 9. 1.)

European Commission, 2015, *EU energy in figures*, Statistical Pocketbook 2015.

European Commission, 2017a, "Research, Development & Innovation". https://ec.europa.eu/growth/tools-databases/regional-innovation-monitor/base-profile/schleswig-holstein (검색일: 2017. 5. 21.)

European Commission, 2017b, "ERDF operational programme for Schleswig-Holstein 2014-2020". https://ec.europa.eu/growth/tools-databases/regional-innovation-monitor/policy-document/erdf-operational-programme-schleswig-holstein-2014-2020 (검색일: 2017. 9. 15.)

European Commission, 2017c, "Investment Fund for SME Schleswig-Holstein". https://ec.europa.eu/growth/tools-databases/regional-innovation-monitor/support-measure/investment-fund-sme-schleswig-holstein (검색일: 2017. 9. 15.)

European Commission, 2018, *EU energy in figures*, Statistical Pocketbook 2018.

Eyck, F. Gunther, 1959, *The Benelux Countries, An historical survey*, Canada: Van Nostrand Company.

Faulenbach, Bernd, 2002, "Flucht und Vertreibung der Deutschen aus den Gebieten jenseits von Oder und Neiße. Zur wissenschaftlichen und öffentlichen Diskussion in Deutschland", *Aus Politik und Zeitgeschichte,* Vol. 51-52. http://www.bpb.de/apuz/26557/die-vertreibung-der-deutschen-aus-den-gebieten-jenseits-von-oder-und-neisse (검색일: 2017. 5. 26.)

Febvre, Lucien, 1935, *Le Rhin, problèmes d'histoire et d'économie*, Paris: Armand Colin.

Fejtö, François, 1988, *Requiem pour un Empire défunt,* Paris: Lieu Commun.

Fellner, Frigyes, 1917, "Das Volkseinkommen Österrichs und Ungarns", *Statitsche Monatschrift*, September-October 1917.

Fitzmaurice, J., 1993, "Belgium and Germany: An Enigmatic Relationship", in Verheyen and Sø(eds.), *The Germans and Their Neighbors,* London: Routeledge.

FJME AMG 5/1/3: Note de réflexion de Jean Monnet(28.04.50).

FJME AMI 4/5/4: ex. N.1/11, New York le 25-9-50, N. 10. 302 à 321.

FJME(Fondation Jean Monnet pour l'Europe) AMF 23/4/177: Lettre de E. V. Rostow à Jean Monnet(11.05.48).

Flandreau, Marc and Clemens Jobst, 2006, "The Empirics of International Currencies Evidence from the 19th century", European Review of Economic History Vol. 10. No.1. https://hal.archives-ouvertes.fr/hal-01065619/document (검색일: 2017. 11. 7.)

Flandreau, Marc, 2006, "The logic of compromise: Monetary bargaining in Austria-Hungary, 1867-1913", *European Review of Economic History* Vol. 10 No. 1.

Forsberg, Tuomas and Matti Pesu, 2016, "The Finlandization of Finland: the Ideal typem the Historical model, and the Lessons learnt", *Diplomacy & Statecraft* Vol. 27 No. 3.

Forster, Kent, 1979, "Finland's Foreign Policy 1940-1941: An Ongoing Historiographic Controversy", *Scandinavian Studies – Menasha – Society for the advancement of Scandinavian Study* Vol. 51 No. 2.

François, Duchêne, 1994, *Jean Monnet: The first statesman of interdependence*, New York·London: W. W. Norton & Company.

Frank, Tibot, 2001, "The Austro-Hungarian Compromise of 1867 and its Contemporary Critics", *Hungarian Studies,* January 2001.

FUEN, 2017, https://www.fuen.org/about-us/facts/ (검색일: 2017. 9. 5.)

Gelissen, H., 1950, *Bijdrage tot de Wederopbouw der Nederlands-Duitse betrekkingen: Beitrag zum Wiederaufbau der Deutsch-Niederlandischen Beziehungen,* Maastricht: Nederlandse Kamer van Koophandel voor Duitsland.

German Wind Energy Association, 2009, "The German Wind Energy Market". http://www.windcomm.de/Downloads/windcomm_werkstatt/11_windcomm_werkstatt/Vortrag-Albers11_wcw.pdf (검색일: 2017. 5. 21.)

Gerschenkron, Alexander, 1962, *Economic Backwardness in Historical Perspective: a book of essays,* Cambridge, MA: Harvard University Belknap Press. http://www.eh.net/?s=Economic+backwardness (검색일: 2017. 11. 15.)

Gilley, Bruce, 2010, "How Finlandization of Taiwan Benefits U.S. Security", *Foreign Affairs* Vol. 89 No. 1.

Gillingham, John, 1991, *Coal, Steel, and the Rebirth of Europe, 1945-1955: The Germans and French from Ruhr Conflict to Economic Community.* Cambridge: Cambridge University Press.

Goddard, Stacie, 2012, "Brokering Peace: Networks, Legitimacy, and the Northern Ireland Peace Process", *International Studies Quarterly* Vol. 56 No. 2.

Goey, F. de and H. van Driel, 2009, *"Rotterdam und das Hinterland (1920-1995)"*, in Hein A. M. Klemann and Friso Wielenga, *Deutschland und die Niederlande*, Münster: Waxmann.

Goey, F. de, 1990, *Ruimte voor industrie. Rotterdam en de vestiging van industrie in de haven 1945-1975*, Rotterdam: Erasmus University Press.

Good, David, 1984, *The economic Rise of the Habsburg Empire, 1750-1914*, Berkeley: University of California Press.

Gormley-Heenan, Cathy and Arthur Aughey, 2017, "Northern Ireland and Brexit: Three Effects on the Border in the Mind", *British Journal of Politics and International Relations* Vol. 19 No. 3.

Griffiths, R. T., 1984, *Economic Reconstruction in the Netherlands and its International Consequences*, May 1945-March 1951, EUI Working Paper No. 76. European University Institute, Florence, Italy.

Griffiths, R. T., 1990, *The Netherlands and the integration of Europe 1945-1957*, Amsterdam: NEHA.

Groeneveld, G. W., 1947-1948, "De economische en financiele betrekkingen tussen Nederland en Duitsland", *Maandschrift Economie. Tijdschrift voor algemeen economische, bedrijfseconomische en sociale vraagstukken* 12.

Gruber, Karl, 1953, *Zwischen Befreiung und Freiheit. Der Sonderfall Österreich*, Vienna: Ullstein.

Guillen, Pierre, 1996, *La Question allemande, 1945 à nos jours*, Paris: Imprimerie nationale Editions.

Hamber, Brandon and Grainne Kelly, 2016, "Practice, Power and the Inertia", *Journal of Human Rights Practice* Vol. 8 No. 1.

Hayward, Katy, 2006, "Reiterating National Identities: The European Union Conception of Conflict Resolution in Northern Ireland", *Cooperation and Conflict* Vol. 41 No. 3.

Haze, Paul, 2002, "Russia and Austria-Hungary: empires under pressure", *Themes in modern European History 1890-1945*, Routledge.

Heberle, Rudolf, 1943, "The Political Movements among the Rural People in Schleswig-Holstein, 1918 to 1932, II", *The Journal of Politics*, Vol. 5.

Heilman, Jason Stephen, 2009, *Patriotic Music and Multinational Identity in the Austro-Hungarian Empire*, Duke University.

Heintze, Hans-Joachim, 1999, "The International Law Dimension of the German Minorities Policy", *Nordic Journal of International Law*, Vol. 68.

Herbert, Ulrich, 2014, *Geschichte Deutschlands im 20. Jahrhundert*, München: C.H.Beck.

Hirschman, A. O., 1945, *National Power and the Structure of Foreign Trade*, Berkeley and Los Angeles: University of California Press.

Hopkins, Stephen, 2015, "Sinn Fein, the Past and Political Strategy", *Irish Political Studies* Vol. 30 No. 1.

Howe, Phillip J., 2002, *Tempered Discontent: nationalism ethnic croup politics, electoral institutions and parliamentary behavior in the Western half of the Austro-Hungarian Nomarchy, 1867-1914*, University of California San Diego.

HStAD, 1946, NW 397-197 *Staatskanzlei;;'Memorandum*', 5 December 1946.

HStAD, 1947, NW 397-202 *Staatskanzlei; Brochure Vereniging van de Industrie en Handelkamers van het Land Nordrhein-Westfalen, 'De Nederlandsche Gebiedseisen*', 1 September 1947.

Irish News, May 22, 1998.

Israel, J. and Reinier Salverda, 2002, *Dutch Jewry, Its history and Secular Culture, 1500-2000*, Brill.

Jászi, Oscar, 1929, *The Dissolution of the Habsburg Monarchy*, Chicago: University of Chicago Press.

Jobst, Clemens and Thomas Scheiber, 2014, "II Austria-Hungary: from 1863 to 1914", *South-Eastern European Monetary and Economic Statistics from the 19th Century to World War II*, Bank of Greece, Bulgarian National Bank, National Bank of Romania, Oesterreichisch Nationalbank. http://www.bankofgreece.gr/BogDocumentEn/II.%20AUSTRIA.pdf (검색일: 2017. 11. 15)

Jonsson, Stefan, 2000, *Subject without Nation: Robert Musil and the History of Modern identity*, Durham NC: Duke University Press.

Joyce, Carmel and Orla Lynch, 2017, "Doing Peace: The Role of Ex-Political Prisoners in Violence Prevention Initiatives in Northern Ireland", *Studies in Conflict and Terrorism* Vol. 40 No. 12.

Kamusella, Tomasz, 2002, "Nation-Building and the Linguistic Situation in Upper Silesia", *European Review of History* Vol. 9 No. 1.

Kann, Robert A., 1950, *The Multinational Empire: Nationalism and National Reform in the Habsburg Monarchy, 1848-1918*, Columbia University Press.

Kann, Robert A., 1977, *A History of the Hapsburg Empire, 1526-1918*, London: California University Press.

Kaplan, Robert, 2004, *Asia's Cauldron: the South China Sea and the End of a Stable Pacific*.

Kellman, Klaus, 2012, *Insights into Schleswig-Holstein: Politics – Economy – History*, Centre for Political Education of Schleswig-Holstein.

Kersten, A. E., 2003, "Mr. E.N. van Kleffens, minister van Buitenlandse Zaken 1939-1946", in B. van der Zwan, A. Kersten en T. van Zeeland (eds.), *Het Londens Archief. Het Ministerie van Buitenlandse Zaken tijdens de Tweede Wereldoorlog*, Amersfoort/Moerkapelle.

Kim, Nam-Kook, 2008, "Consensus Democracy as an Alternative Model in Korean Politics", *Korea Journal* Vol. 48 No. 4.

Kiss, Alexandre CH. and Michel Prieur, 1976, "La coopération transfrontière: Région du Rhin supérieur", *Environmental Policy and Law*, Vol. 2.

Kivimäki, T., 2015, "Finlandization and the Peaceful Development of China", *Chinese Journal of International Politics* Vol. 8 No. 2.

Kleffens, E. N. van, 1944, "If the Nazis Flood Holland", *Foreign Affairs* 22(May 1944).

Kleffens, E. N. van, 1983, *Belevenissen II 1940-1958*, Alphen aan den Rijn.

Knox, Colin, 2016, "Northern Ireland: Where is the Peace Dividend?"*Policy and Politics* Vol. 44 No. 3.

Konirsh, Suzanne G., 1995, "Constitutional Aspects of the Struggle between Germans and Czechs in the Austro-Hungarian Monarchy", *The Journal of Modern History* Vol. 27 No. 3.

Koukoutsaki-Monnier, Angeliki, 2015, "Towards a Trans-border identity in the Upper Rhine Area? Regional Cohesion in the Grip of the Nation-State", *Studies in Ethnicity and Nationalism* Vol. 15 No. 2.

Kuusisto, Allan A., 1959, "The Paasikivi line in Finland's Foreign Policy", *Political research quarterly* Vol. 1.

Lademacher, H., 1983, "Die Niederlande und Deutschland 1945-1949: Wirtschaftsfragen und territoriale Korrekturen", in W. Ehbrecht and H. Schilling, *Niederlande und Nordwestdeutschland. Studien zur Regional- und Stadtgeschichte Nordwestkontinentaleuropas im Mittelalter und in der Neuzeit,* Cologne/Vienna: Böhlau Verlag.

Lak, M., 2008, "The Trust Company and its efforts to reconstruct the bilateral Dutch-German trade, 1945-1949". Paper presented at the 12th annual congress of the *European Business History Association,* Bergen, Norway, 22 August 2008.

Lak, M., 2011, *German-Dutch Relations after Occupation: Economic Inevitability and Political Acceptance, 1945-1957*, PhD thesis, Erasmus University Rotterdam.

Lammers, K. C., 2006a, "Introduction: The Nordic Countries and the German Question after 1945", *Contemporary European History* 15.

Lammers, K. C., 2006b, "Living Next Door to Germany: Denmark and the German Problem", *Contemporary European History* 15.

LeCloannec, A. M., 1993, "France, Germany, and the New Europe", in D. Verheyen and C. Sø, *The Germans and Their Neighbors,* London: Routledge.

Leffler, M. P., 1999, "The Cold War: What Do 'We Now Know'", *American Historical Review* 104 No. 2.

Libera, Martial, 2014, "Les historiens et la coopération transfrontalière une rencontre tardive, mais fructueuse", in Birte Wassenberg (ed.), *L'approche pluridisciplinaire de la coopération transfrontalière*, Paris: L'Harmattan.

Lichtenauer, W. F., 1948, "De havens in het Deltagebied van de Rijn", in W. F. van Gunsteren and T. Lighthart, *Physisch- en Economisch-Geografische Beschouwingen over de Rijn als Europese rivier.*

Londens Archief, 1942, "Lezing W. Chr. Posthumus Meyes", *Archief 2.05.80, inv. nr. 2660,* 26 October 1942.

Londens Archief, 1944, 2.05.80, inv. nr. 2610; G.J. Sas, "Memorandum betreffende de militaire maatregelen van internationalen aard, welken, ter bevestiging van den vrede, met betrekking tot Duitschland na den wapenstilstand dienen te worden genomen", 31 August 1944.

Maas, P. F. (ed.), 1991, *Parlamentaire geschiedenis van Nederland na 1945, Deel 3. Het kabinet-Drees-Van Schaik 1948-1951. Band A: Liberalisatie en sociale ordening*, Nijmegen: Centrum voor Parlementaire Geschiedenis.

Mai, G., 2004, "The United States in the Allied Control Council. From Dualism to Temporary Division", in D. Junker (ed.), *The United States and Germany in the Era of the Cold War, 1945-1990. A Handbook. Volume I: 1945-1968*, Cambridge/Washington: German Historical Institute.

Mallon, Seamus, 1998, "Sunningdale for Slow Leaners", *Irish Times* (April 6, 1998).

Martin, Garret, 2010, "Conclusion: A Gaullist Grand Strategy?", in Christian Nuenlist, Anna Locher and Garret Martin eds., *Globalizing de Gaulle: International Perspectives on French Foreign Policies, 1958-1969*, Lanham, MD: Lexington Books.

McAuley, James and Neil Ferguson, 2016, "Us and Them: Ulster Loyalist Perspectives on the IRA and Irish Republicanism", *Terrorism and Political Violence* Vol. 28 No. 2.

McDermott, Susan, 2014, "The Dimensions of Irish Government Involvement in the Pursuit of a Settlement of the Northern Ireland Conflict", *Irish Political Studies* Vol. 29 No. 1.

McDowell, Sara, Maire Braniff and Joanne Murphy, 2017, "Zero-sum Politics in Contested Spaces: The Unintended Consequences of Legislative Peace Building in Northern Ireland", *Political Geography* Vol. 61 No. 1.

McIntyre, Anthony, 2008, *Good Friday: The Death of Irish Republicanism*, New York: Ausubo Press.

McMahon, Edwina, 2015, "Does the Peace Process in Northern Ireland Offer a Model for Resolving Historic Conflict?" *American Foreign Policy Interest* 37.

McQuaid, Sara, 2017, "Parading Memory and Re-member-ing Conflict", *International Journal of Political Culture and Society* Vol. 30 No. 1.

McVeigh, Robbie, 2015, "Living the Peace Process in Reverse", *Race and Class*

Vol. 56 No. 4.

Meissner, Boris, 1970, *Die Deutsche Ostpolitik 1961-1970: Kontinuität und Wandel — Dokumentation,* Koeln: Verl. Wissenschaft u. Politik.

Meyer, Enno, 1956, *Über die Darstellung der deutsch-polnischen Beziehungen im Geschichtsunterricht,* Braunschweig: Albert Limbach Verlag.

Milward, Alan S., 1984, *The Reconstruction of Western Europe, 1945-1951*, London: Routledge.

Monnet, Jean, 1976, *Mémoires*, Paris: Fayard.

Monte, Vito, 1992, *La Dynamique des communautes européennes: de la coopération politique européenne à l'Acte unique,* Lausanne: Université de Lausanne-Faculté des sciences sociales et politique.

Morrow, Duncan, 2012, "The Rise of Reconciliation in Northern Ireland", *Peace Research* Vol. 44 No. 1.

Mulholland, Marc, 2003, *Northern Ireland: A Very Short Introduction*, Oxford: Oxford University Press.

Münch, Ingo, 1971, *Ostverträge II. Deutsch-polnische Verträge*, Berlin: Walter de Gruyter.

Musil, Robert, 2017, *Der Mann ohne Eigenschaften,* BoD-Books on Demand. http://www.rowohlt-theaterverlag.de/fm90/131/Musil_Der_Mann_ohne_Eigenschaften_I.pdf (검색일: 2017. 11. 24.)

Nagelschmidt, Martin, 2005, "Les systèmes àniveaux multiples dans les régions transfrontalière en Europe. Le cas du Rhin supérieur et des nouvelles coopérations à la frontière est de la RFA", *Revue internationale de politique comparée*, Vol. 12.

Nawratil, Heinz, 1997, *Deutschlands Nachkriegsverluste unter Vertriebenen, Gefangenen, Verschleppten*, Müchen: Ullstein Tb.

New York Times, 2017, "Angela Merkel's Party Wins Unexpectedly in German State Elections", 07 May 2017. https://www.nytimes.com/2017/05/07/world/europe/german-state-vote-schleswig-holstein-merkel.html?_r=0 (검색일: 2017. 9. 30.)

Nove, A., 1992, *An Economic History of the USSR 1917-1991,* London: Penguin Books.

O'Hearn, Denis, 2008, "How has Peace changed the Northern Irish Political Economy?", *Ethnopolitics* Vol. 7 No. 1.

O'kane, Eamonn, 2013, "The Perpetual Peace Process? Examining Northern Ireland's Never-ending, but Fundamentally Altering Peace Process", *Irish Political Studies* Vol. 28 No. 4.

O'Kane, Eamonn, 2015, "Talking to the Enemy? The Role of the Back-Channel in the Development of the Northern Ireland Peace Process", *Contemporary British History* Vol. 29 No. 3.

OECD, 2006, "The emerging role of Metropolitan Regions", *Competitive cities in the global economy*, Paris: OECD Territorial Reviews.

Offices statistiques du Rhin supérieur, 2016, *Faits et chiffres*, brochure. https://www.conference-rhin-sup.org/fr/economie/faits-et-chiffres.html.

Okey, Robin, 2001, *The Habsburg Monarchy, C. 1765-1918: From Enlightenment to Clipse*, Courier Corporation.

Overy, R., 2007, *Russia's War,* London: Penguin Books.

Paasi, Anssi, 2002, "Regional Transformation in the European Context: Notes on Regions, Boundaries and Identity", *Space and Polity* 6(2), 2002.

Palosaari, T., 2013, "Still a Physician rather than a Judge? The Post-Cold War Foreign and Security Policy of Finland", *Schweizerische Zeitschrift fuer Politikwissenschaft* Vol. 19 No. 3.

Parool, H., 1943, "Wat moet er met Duitschland gebeuren?", 28 May 1943.

Pedersen, Karen Margrethe, 2000, "A National Minority with a Transethnic Identity: the German Minority in Denmark", Stefan Wolff (ed.), *German Minorities in Europe: Ethnic Minority and Cultural Belonging*, Berghahan Books.

Poidevin, Raymond (dir.), 1986, *Histoire des débuts de la construction européenne, mars 1948-mai 1950 — Origins of the European Integration,* March 1948-May 1950, Actes du colloque de Strasbourg 1984, Bruxelles: Bruylant.

Popova, Zora, Inga Marken and Lavina Bădulescu, 2016, "Inter-cultural Coexistence and Cooperation: Is the Model of Schleswig-Holstein Transferrable?", ECMI Working Paper #94.

Quester, George H., 1990, "Finlandization as a Problem or an Opportunity?"

ANNALS, AAPSS No. 512(November 1990).

Rafferty, Rachel, 2017, "Engaging with the Violent Past to Motivate and Direct Conflict Resolution Practice in Northern Ireland", *Conflict Resolution Quarterly* Vol. 35 No. 2.

Ranki, Gyorgy, 1984, *Hungaran History: World History*, Indian Univ. studies on Hungary, Budapest: Akademiai kiado.

Reifowitz, Ian, 2009, "Francis Joseph's Fatal Mistake: The Consequences of Rejecting Kremsier", *Nationalities Papers* Vol. 37 No. 2.

René, Girault (dir.), 1994, *Identitéet Conscience européennes au XXe siècle,* Paris: Hachette.

Renewable Energy Network Agency, 2017. http://ee-sh.de/en/windenergie-an-land.php (검색일: 2017. 5. 21.)

Rosler, Nimrod, 2016, "Not as Simple as That: How Leaders faces the Challenges of Pursuing the Peace Process in Northern Ireland", *Peace and Conflict: Journal of Peace Psychology* Vol. 22 No. 2.

Roster, Nimrod, 2016, "Not as Simple as That: How Leaders faced the Challenges of Pursuing the Peace Process in Northern Ireland", *Peace and Conflict: Journal of Peace Psychology* Vol. 22, No. 2.

Roth, Magrit, 1981, *Zwei Staaten in Deutschland: Die sozialliberale Deutschlandpolitik und ihre Auswirkungen 1969-1978,* Opladen: Westdeutscher Verlag.

Roussel, Éric, 2002, *Charles de Gaulle,* Paris: Gallimard.

Roussel, Éric, 2015, *François Mitterrnad: de L'intime au politique,* Paris: Éditions Robert Laffont S.A.

Rueter, Gero, 2013, "Northern Germany spearheads energy transition", *Deutsche Welle*, 09 October 2013. http://www.dw.com/en/northern-germany-spearheads-energy-transition/a-17144616 (검색일: 2017. 5. 21.)

Ruthner, Clemens, 2002, "Central Europe goes Postcolonial: New Approaches to the Habsburg Empire around 1900", *Cultural Studies* Vol. 16 No. 6.

Sahlins, Peter, 1990, "Natural Frontiers revisited: France's Bounderies since the Seventeenth Century", *The American Historical Review* Vol. 95 No. 5(Dec, 1990).

Sandberg, Marie, 2016, "Restructuring locality: practice, identity and place-making on the German-Polish border", *Identities* Vol. 23 No. 1.

Sanson, Nicole, 1683, *L'Europe en plusieurs cartes et en divers traités de géographie et d'histoire*, Paris: Chez l'autheur.

Sariola, Sakari, 1982, "Finland and Finlandization", *History today* Vol. 32 No. 3.

Sauer, Walter, 2012, "Habsburg Colonial: Austria-Hunary's Role in European Overseas Expansion Reconsidered", *Austrian Studies,* Vol. 20.

Schaefer-Rolffs, Adrian and Kai-Uwe Schnapp, 2013, "Paternalistic versus participation oriented minority institutions in the Danish-German border region", European Centre for Minority Issues Working Paper #67.

Schaefer-Rolffs, Adrian and Kai-Uwe Schnapp, 2014, "Special Politics for Minority Political Participation in the Danish-German Border Region", *International Journal on Minority and Group Rights*, Vol. 21.

Schaefer-Rolffs, Adrian, 2014, "Minority Politics in Practice: Protection and Empowerment in the Danish-German Border Region", *Journal on Ethnopolitics and Minority Issues in Europe* Vol. 13 No. 2.

Schaper, H. A., 1985, "Wij willen zelfs niet Möchen-Gladbach!", De annexatiekwestie 1945-1949', *Internationale Spectator* 39.

Schleswig-Holstein State Government, 2017a, http://www.schleswig-holstein.de/EN/StateGovernment/V/v_node.html (검색일: 2017. 9. 21.)

Schleswig-Holstein State Government, 2017b, http://www.schleswig-holstein.de/EN/Home/_documents/education.html (검색일: 2017. 5. 21.)

Schneider-Sliwa, Rita, 2010, "Enjeux et transformation des régions métropolitaines du sud du Rhin supérieur", *Revue Géographique de l'Est* Vol. 48 No. 3-4.

Schueddekopf, Otto Ernst, 1966, *Zwanzig Jahre westeuropaeische Schulgesichtsbuchvision 1945-1965: Tatsachen und Problem*, Braunschweig: Albert Limbach Verlag.

Scott, James Wesley and Kimberly Collins, 2011, "Inducing Transboundary Regionalism in Asymmetric Situations: The Case of the German Polish Border", *Journal of Borderlands Studies* Vol. 12 No. 1-2.

Shirlow, Peter, 2014, "Northern Ireland: 20 Years after the Cease Fire", *Studies in Conflict and Terrorism* Vol. 37 No. 9.

Sir Woodward, Llewellyn, 1972, *Prelude to Modern Europe, 1815-1914*, London:

Methuen.

Skarlato, Olga and Sean Byrne, Kawser Ahmed and Peter Karari, 2016, "Economic Assistance to Peacebuilding and Reconciliation Community Based Project in Northern Ireland and the Border Counties", *International Journal of Politics, Culture, and Society* 29.

Sked, Alan, 2001, *The Decline and Fall of the Habsburg Empire, 1815-1918*, Second ed., New York: Longman.

Sluga, Glenda, 2001, "Bodies, Souls and Sovereignty: The Austro-Hungarian Empire and the Legitimacy of Nations", *Ethnicities* Vol. 1 No. 2.

Sorel, Albert, 1885, *Europe et la Révolution française: Les Moeurs politiques et les traditions*, Paris: Plon.

Spencer, Graham, 2017, "Leading a Peace Process: an interview with Bertie Ahern", *Irish Political Studies* Vol. 32 No. 4.

St. Friday Agreement, 1998. https://www.gov.uk/government/uploads/system/uploads/attachment_data/file/136652/agreement.pdf (검색일: 2017. 11 7.)

Statistics Finland, 2017. http://www.stat.fi/tup/suoluk/suoluk_kotimaankauppa_en.html (검색일: 2017. 10. 1.)

Statment by Gerry Adams, 2005. http://cain.ulst.ac.uk/issues/politics/docs/sf/ga060405.htm (검색일: 2017. 11. 15.)

Su, Hungdah, 1998, *Jean Monnet face à la politique européenne du général de Gaulle de 1958 à 1969*, Universitéde Paris-Sorbonne: Paris Ⅳ.

Sunningdale Agreement, 1973. http://cain.ulst.ac.uk/events/sunningdale/agreement.htm (검색일: 2017. 11. 7.)

Sutela, Pekka, 2005, "Finnish trade with the USSR: Why was it different?", *BOFIT Online* 2005 No. 7. https://helda.helsinki.fi/bof/bitstream/handle/123456789/12616/118461.pdf?sequence=1 (검색일: 2017. 10. 1.)

Szabo, Stephen F., 1992, *The Diplomacy of German Unification*, N.Y.: St. Martin's Press.

Tannam, Etain, 2007, "The European Commission's Evolving Role in Conflict Resolution: The Case of Northern Ireland 1989-2005", *Cooperation and Conflicts* Vol. 42 No. 3.

The Danish Consulate General, 2014, "From Confrontation to Cooperation:

The Danish-German Minority Model", The Danish Consulate General in Flensburg.

The Economist, 2012, "The Danish answer", 02 June 2012. http://www.economist.com/node/21556295 (검색일: 2017. 5. 21.)

Tihany, Leslie C., 1969, "The Austro-Hungarian Compromise, 1867-1918: A Half Century of Diagnosis: Fifty Years of Post-Mortem", *Central European History*, vol. 2 no. 2.

Touchard, Joan, 1978, *Le gaullisme 1940-1969*, Paris: Seuil.

Velbinger, Hartmut, 1977, *Eindaemmung und Entspannung*, München: Tuduv Verlagsgesellschaft mbH.

Vervaet, Stijn, 2009, "Cultural Politics, Nation Building and Literary Imagery", Cultural politics, nation building, and literary imagery: towards a post-colonial reading of the literature(s) of Bosnia-Herzegovina 1878-1918, *Kakanien Revisited*. https://biblio.ugent.be/publication/1092891/file/6745133.pdf (검색일: 2017. 11. 15.)

Wank, Solomon, 1997, "The Habsburg Empire", Karen Barkey and Mark von Hagen (eds.), *After Empire: multiethnic societies and nation-building: the Soviet Union and the Russian, Ottoman, and Habsburg Empires*, Boulder, Colo.: Westview Press.

Waselikowski, Lisa, 2015, "Highlight of the Month: The First German State Achieves 100% Renewable Energy", Worldwatch Institute Europe. http://www.worldwatch-europe.org/node/285 (검색일: 2017. 5. 21.)

Wassenberg, Birte, 2010a, "Le voisinage de proximité: les eurorégions géopolitiques aux frontières externes de l'UE(1993-2009)", *Matériaux pour l'histoire de notre temps*, Vol. 1 No. 97-98.

Wassenberg, Birte, 2010b, "L'eurorégion du Rhin supérieur. Mythe ou réalité?", In Birte Wassenberg (ed.), *Vivre et penser la coopération transfrontalière (vol. 1): les régions frontalières françaises*, Stuttgart: Franz Steiner Verlag.

Weisenfeld, Ernst, 1989, *Quelle Allemagne pour la France?*, Paris: Armand Colin.

Weisz, C., H-D. Kreikamp en B., 1983, Steger, *Akten zur Vorgeschichte der Bundesrepublik Deutschland 1945-1949. Band 4: Januar-Dezember 1948,* Munich: De Gruyter Oldenbourg.

Wemelsfelder, J., 1954, *Het herstel van de Duits-Nederlandse economische betrekkingen na de Tweede Wereldoorlog,* Leiden: Stenfert Kroese.

Wharton, R. M., 1978, "Finlandization-Neutering of a Nation", *Human events* Vol. 38 No. 15.

Wielenga, F., 1989, *West-Duitsland: partner uit noodzaak. Nederland en de Bondsrepubliek 1949-1955,* Utrecht: Het Spectrum.

Wielenga, F., 1996, "Streep onder het verleden? Den Haag, Bonn en de 'Generalbereinigung'van 1960/63", in F. Wielenga (ed.), *De Duitse buur. Visies uit Nederland, Belgie en Denemarken 1945-1995,* The Hague. http://www.cpb.nl/nl/pub/cpbreeksen/bijzonder/16/bijz16.pfd (검색일: 2017. 7. 1.)

Wilson, Andrew, 2000, "The Ulster Unionist Party and the US Role in the Northern Ireland Peace Process, 1994-2000", *Policy Studies Journal* Vol. 28 No. 4.

Wolf, Sonja, 2015, "The Funding of Minority Organizations in Schleswig-Holstein: A Source of Empowerment?", *Journal on Ethnopolitics and Minority Issues in Europe* Vol. 14 No. 3.

Wolfrum, Edgar, 2006, *Die geglückte Demokratie. Geschichte der Bundesrepublik Deutschland von ihren Anfängen bis zur Gegenwart,* Stuttgart: Klett-Cotta.

Worden, Elizabeth Anderson and Alan Smith, 2017, "Teaching for Democracy in the Absence of Transitional Justice: the Case of Northern Ireland", *Comparative Education* Vol. 53 No. 3.

Wright, Quincy, 1947, *A Study of War,* The University of Chicago Press.

Yoon, Sung-Won, 2009, "Shaping European Identity Through Cultural Policy of the European Union: The Case Study of European Capital of Culture", PhD dissertation, Korea University.

Young, Robert A., 1994, "How do peaceful secessions happen?", *Canadian Journal of Political Science* Vol. 27 No. 4.

Zeller, Gaston, 1926, *La Réunion de Metz à la France (1552-1648),* en 2 vols, Paris: Les Belles Lettres.

Zeller, Gaston, 1933, "La Monarchie d'Ancien Régime et les frontières naturelles", *Revue d'histoire moderne,* Vol. 8.

Zeller, Gaston, 1936, "Histoire d'une idée fausse", *Revue de synthèse,* Vol. 11-12.

지은이 소개

김남국

서울대학교를 졸업하고 미국 시카고대학교에서 정치학 박사 학위를 받았으며 현재 고려대학교 정치외교학과 교수로 재직 중이다. 유럽연합으로부터 장 모네(Jean Monnet) 석좌교수를 수여받았으며 『한국정치학회보』와 『유럽연구』의 편집위원장을 역임하였다. 주로 현대정치철학, 인권, 유럽정치, 법과 정치사상을 강의하고 있으며 아시아와 유럽에서 다문화의 도전과 이러한 도전이 민주주의에 미치는 영향에 대해 비교 분석하고 있다. 저서로 『문화와 민주주의』(2019), *Deliberative Multiculturalism in Britain*(2011), 편저서로 *Multicultural Challenges and Sustainable Democracy in Europe and East Asia*(2014) 등이, 논문으로 "Asia of Citizens beyond Asia of States"(2018), 「북아일랜드 평화프로세스의 성공요인」(2018), 「다문화사회에서 표현의 자유의 범위와 한계」(2017) 등이 있다. 이메일 nkim98@korea.ac.kr

김유정

한국외국어대학교를 졸업하고 프랑스 세르지퐁투아즈대학교에서 프랑스 현대사(유럽통합사)로 역사학 박사 학위를 받았으며, 현재 한국외국어대학교와 경상대학교에 출강 중이다. 주로 유럽통합사, 프랑스 현대사 그리고 서양사를 강의하고 있으며, 주요 관심 분야는 '유럽통합의 아버지' 중 한 사람인 '장 모네(Jean Monnet)의 유럽통합 활동', '유럽통합과 여성' 그리고 '유라프리카(Eurafrica)'에 관한 문제들이다. 공저서로 『박물관 미술관에서 보는 유럽사』(2018), 『20세기 서양의 일상과 풍경』(2019) 등이, 논문으로 「장 모네(Jean Monnet)의 지식인 네트워크와 유럽통합」(2013), 「영국이 없는 유럽: 1960년대 '프랑스의 유럽'을 위한 드골의 유럽통합 정책」(2017), 「여성의 정치적 리더십과 유럽통합: 시몬느 베이유(Simone Veil)의 삶과 유럽통합 정치를 중심으로」(2019) 등이 있다. 이메일 sylvie12@daum.net

박선희

이화여자대학교를 졸업하고 프랑스 스트라스부르대학교 유럽학 고등연구소(IHEE)의 20세기 유럽현대사 박사준비과정(D.E.A.)을 마치고 파리8대학교에서 정치학 박사 학위를 취득했다. 서울대학교 국제대학원 연구교수를 거쳐 현재 몬트리올대학교 초빙학자로 캐나다에서 체류 중이다. 주로 유럽연합의 정책 및 이론에 대해서 강의하고 있으며 주요 관심 분야는 유럽연합의 이주정책과 유네스코의 문화다양성협약과 관련된 문제들이다. 논문으로 "The Evolution of the Concept and Practical Application of Cultural Diversity in

Korea"(2019), 「프랑스 이중국적자의 국적박탈 논쟁과 안보화(securitization)」(2018), 「유럽연합-터키 관계와 EU 이주 난민정책 외재화의 문제점」(2017) 등이 있다. 이메일 europaparksh@gmail.com

박채복

숙명여자대학교를 졸업하고 독일 마르부르크대학교에서 정치학 박사 학위를 취득했으며, 현재 숙명여자대학교 인문학연구소 연구교수로 재직 중이다. 유럽정치와 다문화 및 이주 문제, 그리고 젠더 및 여성 관련 분야를 연구하고 있다. 저서로 『유럽연합과 젠더: 정책, 제도, 행위자적 고찰』(2019), 공저서로 『저출산시대의 가족정책』(2019), 『다문화주의와 페미니즘』(2017) 등이, 논문으로는 「'포스트팍티쉬(postfaktisch)' 정치와 대안적 진실을 넘어: 정치적 포풀리즘과 독일 이주문제」(2019), 「독일 출산지원정책의 젠더적 함의」(2018), 「'이주노동자'에서 '한인여성'으로: 한인여성의 독일이주의 역사화」(2018) 등이 있다. 이메일 elan1109@gmail.com

고주현

한국외국어대학교를 졸업하고 영국런던대학교(UCL)에서 정책학 석사를, 이화여자대학교에서 유럽지역학 박사 학위를 받았다. 현재 연세대학교 동서문제연구원 장모네유럽연합센터에서 연구교수로 재직 중이다. 주로 유럽통합과 유럽연합의 정치제도 및 문화정책에 관해 강의하고 있으며, 주요 관심 분야는 유럽연합의 규범권력과 남유럽지역의 민주화와 정당체계 등 유럽통합 및 유럽지역에 관련된 문제들이다. 저서로 『유럽연합의 문화정책과 유럽통합』(2013),

공저서로 『유럽정치론』(2018), 『EU와 국제개발협력』(2017), 『EU 자본주의와 민주주의』(2017) 등이 있으며, 논문으로 「EU 규범권력과 대북한 관여정책」(2018), 「스페인 카탈루냐지역 분리독립과 인정의 정치」(2018), 「민주화 이후 포르투갈 정당체제 변화: 통치체제와 선거제도를 중심으로」(2017), 「포르투갈의 민주주의 이행과정 분석」(2016) 등이 있다. 이메일 joohyun.go@yonsei.ac.kr

윤성원

한국외국어대학교와 고려대학교를 졸업하고 영국 런던정치경제대학교에서 유럽학 석사를, 고려대학교에서 국제통상학 박사 학위를 받았다. 현재 수원대학교 교수로 재직 중이다. 주로 유럽통합과 통상 관련 과목을 강의하고 있으며, 유럽연합이 지원한 아태 지역에서의 EU 인식연구 프로젝트에 다년간 참여해온 바 있다. 공저서로는 『EU28: 유럽통합의 이해』(2014), 『박물관/미술관에서 보는 유럽사』(2018), 『한-EU 관계론』(2019) 등이, 논문으로는 「EU-Korea at 50: Main Issues, Perceptions and Prospects」(2013), 「한-EU 문화협력: 애니메이션 산업을 중심으로」(2016), 「유럽연합과 문화이벤트: 유럽문화수도 프로그램의 통합적 기제로서 역할 및 동북아공동체 구상에의 함의」(2017) 등이 있다. 이메일 syoon@suwon.ac.kr

김새미

이화여자대학교를 졸업하고 이화여자대학교 지역학과에서 정치학 박사 학위를 받았으며 현재 한양대학교 평화연구소 연구교수로 재직 중이다. 영국을 비롯한 유럽지역의 문화정책과 정치사회현상의 문화적 요인 전반에 관심을 가지고 있으며, 문화도시, 문화외교, 국제문화교류, 정체성을 중심으로 다양한 연구를 하고 있다. 최근 연구로는 공저로 『지역협력의 조건: 초기 유럽통합의 재고찰과 동북아시아에의 함의』(2015), 『한국의 문화정책과 세계의 문화정책』(2017), 『박물관 미술관에서 보는 유럽사』(2018) 등이, 논문으로 「외교대상(target)과 실행체계를 중심으로 본 문화외교의 쟁점과 추이」(2018), 「도시재생에서 나타난 문화접근법의 대안: 시민성 회복으로서의 문화 공간」(2018), 「신지역주의 관점에서 본 EU-동아시아 문화교류 연구」(2019) 등이 있다. 이메일 saemeekim@naver.com

안상욱

서울대학교를 졸업하고 프랑스 파리정치대학교와 파리3대학교에서 수학했다. 파리3대학교에서 경제학(유럽지역학) 박사 학위를 받았으며 현재 부경대학교 국제지역학부 교수로 재직 중이다. 유럽연합의 경제 및 국가 간 관계에 대한 강의를 하고 있으며, 주요 관심 분야는 EU 내 다국적기업 생산관계, EU의 항공사유화와 항공시장 재편, EU 및 EU회원국의 에너지정책이다. 대표 논문으로는 「프랑스 원자력 에너지 운영 및 에너지 정책의 연속성: 독일과의 비교」(2013), 「러시아 천연가스 도입에 따른 문제점 및 전망: EU와 한국의 사례 비교」(2013), 「다국적기업의 중동부유럽 이전: 자동차 산업의 경우를 중심으로」(2014), 「경제통합과 저가항공 네트워크 발전: EU와 ASEAN 사례를 중심으로」(2016) 등이 있다.